中国律师实训经典
基础实务系列

刑事诉讼律师基础实务

第二版

钱列阳 娄秋琴◎著

中国人民大学出版社
·北京·

序

中国人民大学律师学院组织编写我国第一套大型律师基础实务教材“中国律师实训经典·基础实务系列”的情况介绍已经收悉，看后甚喜。这套教材，集实用性、基础性和系统性于一体，内容全面翔实，对完善我国的律师制度，强化律师管理、规范律师行为、防范律师的职业风险有着重要作用；对提高律师基础实务技能、使律师积极参与诉讼和仲裁活动有重要的指导意义；对加强律师业务、实务管理和律师职业管理，增强常规业务必备知识和实务操作技能，也是非常有价值的。《中华人民共和国律师法》颁布施行不到20年，我国律师还很年轻，还需要从理论上、实践中不断探索。

我国法律教育一直偏重于理论研究，将法律实践成果总结提升为理论常常显得滞后。中国人民大学律师学院编写的这套教材，是我看到的第一套系统性法律实务教材，从这个角度说，它开创了我国法律实务教育之先河。律师业是法律职业中有条件全面接触各种法律实务工作情况的职业。从律师的客观和主观、实体和程序角度进行法律实践教育，可使法律人比较全面地了解掌握各项法律实务工作技能，特别是对于学生将来从事各类法律工作会有启发和帮助。这套教材不失为各高校法律实务教育的有益参考书目。

肖　扬

中国人民大学博士生导师、最高人民法院原院长、首席大法官

2014年3月

序　言

中国正在经历一场深刻的社会变革，变革的方向之一，就是政府越来越多地退出对经济和社会生活的直接管控，而交由市场自行调节和社会自我管理。伴随这一变革进程的，将是对各类社会服务需求的大量增加，向社会提供法律服务的律师业也将迎来又一个发展的黄金时期。可以预期，未来若干年，律师从业人员数量将会呈现高速增长。

大量新人进入律师行业，必将对我国的律师教育提出新的挑战。如何从一个“菜鸟”迅速成长为一名合格的律师，是每个律师界新人或准律师关心的问题，而这正是律师正规化专业教育的目标之一。我国的律师教育目前还处在手工作坊阶段，基本上是以师傅带徒弟的方式培养律师。新人入行后，先跟着老律师做实习律师、律师助理等，慢慢积累经验，逐渐成长。这一方式的局限性是显而易见的。主要问题是，缺乏科学系统的培养计划和考核标准，导致年轻律师的培养随意性较强，且受所跟师傅及所在律师事务所的业务范围、业务水平及责任心等方面的局限，培养质量难以保证，年轻律师成长速度参差不齐，甚至一些人长期难以进入角色，无法成为一名合格律师。这种状况，显然难以适应我国律师业高速发展的需要。

中国人民大学律师学院自成立之初，就把探索构建我国律师正规化专业教育体系作为重要目标，并自 2011 年起，把律师实务教育引入国民教育体系，在法律硕士教学中开设了律师方向课程，目前已连续招收了三届学生。在三年教学实践的基础上，我们组织编写了这套律师基础实务教材。

本套教材共 14 本，大体包括三部分。第一部分为律师执业基础，主要包括律师制度、律师管理、律师执业行为规范、律师执业风险防范等执业律师必须了解的基本知识；第二部分为律师基础实务技能，包括律师参与刑事、行政、民事三大诉讼活动及参与仲裁活动必备的知识和基本操作技能，以及律师办理非诉讼业务的基本技能；第三部分为一些最常见的律师业务实务，包括公司、合同、房地产、知识产权、侵权、劳动与社会保障、婚姻家庭、企业法律风险管理等律师常规业务所必备的知识和实务操作技能等。这些课程是在参考国外尤其是英国律师教育经验的基础上，结合我国律师业务的具体情况而设置的。我们认为，这 14 本教材涵盖了最基本的律师业务要求和技能，读者如能全面掌握 14 本教材的内容，就基本具备了作为一名合格执业律师的业务能力。

将本套教材命名为“中国律师实训经典·基础实务系列”，故教材的编写强调了实用性、基础性和系统性。实用性，即完全根据律师业务的实际情况安排教材内容，对每项具体律师业务的基本要求、处理思路、工作规范及具体操作技能等逐一进行介绍，并适当配以具体案例演示，力求使读者按照书中介绍的方法去操作，能够独立完成相关的律师业务工作。基础性，即本套教材主要面向律师界的新人，故在内容安排上只涉及最基础、最常见的律师业务，所介绍的也都是最基本的律师业务技能和操作方法，对于高级的、尖端的律师业务门类和技巧并不涉及。系统性，是指本套教材虽为基础实务教材，但每本教材对所涉及律师业务领域的具体工作要求均做系统、全面的介绍，以帮助读者全面掌握处理该项律师业务的基本技能。

本套教材各册的主编，均由国内律师界相关业务领域的顶级专家担任，各位作者也都具有多年的律师执业经历，且在相关领域术业有专攻，经验丰富。其中多数主编及多位作者曾在我院讲授过相关律师专业课程。每册教材都是主编和作者们多年实务工作的结晶以及律师专业教学经验的总结。可以说，本套教材既贴近律师工作实际，又符合一般教育规律，因此，适合作为各高校法学院律师专业课程教材和各地律协律师岗前教育教材，也可作为实习律师、律师助理及有志进入律师行业者的自学教程。

我国律师的正规化专业教育毕竟还处于起步探索阶段，无成熟经验可循，本系列教材作为我院三年律师专业教育成果的总结，必定还存在不足和疏漏，有待于进一步探索、完善。我们希望全国律师及律师教育界多提宝贵意见，帮助我们不断改进、完善本套教材，共同为探索建设符合中国实际的律师正规化教育体系奠定基础。

本套丛书各位作者在繁忙的工作之余承担了本书的编写工作，将自己的经验和智慧奉献于律师教育事业；各册教材的主编在教材的整体设计、内容安排与统筹、全书审稿统稿等方面付出了辛勤劳动，保证了教材的高品质；中国人民大学出版社法律分社领导和各位编辑，在时间紧、稿件多的情况下，为本套丛书的如期出版做了大量细致有效的工作。在此我们特对以上人员表示特别感谢。

徐　建　龙翼飞

2014 年 3 月

前 言

中国人民大学律师学院在2012年成立后，律师行业对各项专业的学习、提升和渴求，在该院各类培训班的招生中充分体现了出来，其中刑事辩护法律业务的培训班更是从第一期的32名学员加增到第四期的120名学员。同时，中国人民大学律师学院自身面向全国从本科非法律专业的学生中招录的律师专业法律硕士研究生（每届20名），今年也送走了首期毕业生。对这批正规在校生的律师业务学习和训练成为一大有待探索与实践的教学新领域。刑事辩护法律业务为律师业务中的常规业务和基本业务，我们编写的这本教材主要针对的，不是前述人大律师学院各期刑事辩护法律业务研修班的学员，而是历届本科非法律专业的法律硕士研究生，目的是让他们初步了解、掌握最基本的刑事诉讼律师业务操作规范，侧重点不是专业技能的提高和各种技巧的灵活应用。因此，从严格意义上说，本书也可以作为实习律师执业的参考书。

作为一直专门从事刑事诉讼业务且执业多年的律师，我们认为律师的实务操作技能可分为基本技能、主要技能和前沿技能三个层次。本书所涉及的就是基本技能，重在规范操作，做好扎实的基础工作。而主要技能是在此基础上的强化训练，熟练操作和灵活运用，它涉及各类不同性质案件的办案技巧、辩护切入点和风险防范，是一个专业刑辩律师必须具备的能力，这方面已经百花齐放、百家争鸣，有不少书籍、光碟、资料可供大家选择、参考。第三阶段是刑事辩护的前沿技能，它是紧贴国家、社会最新、最前沿的政治问题、社会问题，联系到现行立法中可能存在的漏洞，司法中可能存在的扭曲和缺失，作为刑事法律人，我们可以思考、提出意见和建议并在实务操作中不断进行实践和探索。在当今中国社会，“前沿问题”可作为一个永恒的话题，常念常新，每年都会有最前沿、最新的刑事法律问题摆在我们面前，这方面详尽的著作还没有产生，各类文章较为多见，各展一家之言。

本书共分十一章，第一章、第二章和第十一章主要谈及的是刑事诉讼律师制度概述以及接收案件和结案的操作规范，第三章至第十章则围绕刑事诉讼律师辩护和代理这两大块业务的实务操作展开，涉及侦查阶段、审查起诉阶段、第一审程序、第二审程序、死刑复核程序、审判监督程序、代理和特别程序的律师实务。我们希望本书作为中国人民大学律师学院刑事诉讼律师实务的第一本教材，能够给学生们提供初入门的参考，为的是使其在执业初期尽量少走弯路，为其将来成为一名优秀的刑事律师打下一个扎实的基础。

2013年1月1日起开始实施新修改的《刑事诉讼法》，最高人民法院、最高人民检察院和公安部都据此出台了相关的司法解释和具体执行办法，但司法部和全国律师协会针对《刑事诉讼法》所配套的“刑事诉讼格式文书”尚未最终定稿。故本书中涉及的部分格式文书只能以讨论稿作为写作依据，以便给大家提供参考，待正式“刑事诉讼格式文书”定稿后，我们会再对本书作出相应修订。由此给读者带来的不便，敬请谅解。本书尚有其他诸多不当、不妥之处，敬请广大读者提出批评、指正，我们会努力改正、补足。

钱列阳、娄秋琴

2014年8月7日

目　　录

第一章

概　　述

本章要点

本章主要讲述刑事诉讼律师制度的历史、刑事诉讼中律师的地位与职责、刑事诉讼中律师的基本素质、刑事诉讼律师的职业道德与执业纪律四方面的内容，为学习和掌握刑事诉讼律师实务操作规范打好基础。

第一节　我国刑事诉讼律师制度的历史沿革

相比西方国家，我国的律师制度起步较晚。同时，由于中国几千年来纠问式的刑事诉讼模式，律师制度在建立和完善的过程中遇到了一定阻力。我国刑事诉讼律师制度的发展经历了三个阶段：清末初创阶段，在西方国家的影响下产生了律师制度的萌芽；民国发展阶段，逐渐形成了较为完整的律师制度；新中国重建与发展阶段，本着保护当事人合法权益的目的，结合我国社会发展的实际情况，建立起符合我国国情的律师制度。

一、清末初创阶段

我国的律师制度肇始于清末的法律修订，光绪三十二年（1906 年），修订法律大臣沈家本、伍廷芳仿照西方国家的法律形式，拟定了《刑事民事诉讼法草案》，该草案于第四章第一节规定了律师的权利："第一，可以代被告僐具诉讼，详细辩诉所控事件，并检齐有益于被告各证据以备呈上堂；第二，同被告上堂辩护其案及留心料理，使公堂审讯该案悉合证据，依律裁判；第三，代被告对诘原告及其证人；第四，原告及其证人供词已毕，该律师需要将被告辩词陈其大略，然后传被告之证人上堂作证；第五，供证毕，然后该律师将被告辩词尽情援案例讨论，毋使屈抑。"该草案赋予了律师调查取证权、出庭辩护权等权利，是纠问式刑事诉讼模式下保护公民权利的重大进步，但遗憾的是该草案并未予最终公布实施。1910 年，清政府推出了《刑事诉讼律草案》，该草案规定了律师的资格及其阅卷、复制、会见、通信等内容。1910 年修订法律馆又奏颁《法院编制法》，最终确立了律师辩护制度。

二、民国发展阶段

辛亥革命以后，清王朝覆灭，中华民国成立。中华民国在完善司法制度层面作出了很多努力。在诉讼制度方面，民国沿用了清末的法律，对律师的地位作出了进一步的认可，在这样的背景下苏杭两地的留学生创立了中国最早的律师组织——辩护士会。1912 年 9 月，北洋政府颁布实施了《律师暂行章程》《律师登录暂行章程》《律师惩戒暂时规则》《律师甄别章程》等，标志着我国现代律师制度的建立。1921 年 11 月 4 日《刑事诉讼条例》颁布，对辩护人和辅佐人作出了进一步的规定。1928 年 7 月南京国民政府司法部在北洋政府《刑事诉讼条例》的基础上修改制定了中国了第一部《刑事诉讼法》，规定“被告于起诉后得随时选任辩护人，辩护人得接见羁押之被告”，明确了辩护人的会见权。随后，国民政府又颁布了《律师章程》，进一步明确律师的法律地位。1930 年，成立了中国第一个全国性的律师公会。1935 年 1 月 1 日，国民政府颁布了第二部《刑事诉讼法》，规定“被告于起诉后，得随时选任辩护人，被告之法定代理人、配偶、直系或三亲等内旁系血亲或家长、家属，得独立为被告选任辩护人”，“辩护人应选任律师充之，但非律师经审判长许可，亦得选任为辩护人”，对辩护人的资格作出了明确的规定。1941 年，国民政府颁布了第一部《律师法》，并相继颁布了《律师法实施细则》《律师登录规则》《律师惩戒规则》《律师公会平民法律扶助实施办法大纲》《外国人在中国充任律师办法》《律师检核办法》等相关配套规定，对律师的身份、地位、权利义务等作出了系统的规定。1945 年 6 月，国民政府司法部又颁布了《公设辩护人服务原则》，对公设辩护人的监督管理及职责等内容作了简略规定。综合来看，在南京国民政府时期，我国在总结几十年来的经验教训，学习西方相关制度的基础上，最终形成了比较完整的律师制度，律师在司法领域的地位和作用逐渐提高。

三、新中国重建与发展阶段

我国社会主义律师制度的建立，经历了一条漫长、坎坷的发展道路。1932 年 6 月中华苏维埃共和国中央执行委员会颁布了《裁判部暂行组织及裁判条例》，规定：“被告人为本身的利益，可派代表出庭辩护，但须得到法庭的许可。”1936 年颁布的《川陕法庭条例草案》中规定“劳动者有委托辩护人”。1946 年颁布的《晋察冀法庭工作指示》中则规定“允许被告自己和委托别人辩护”。中华人民共和国成立以后，将国民政府的很多制度推倒重建，司法部于 1950 年发布了《关于取缔黑律师及讼棍事件的通报》，规定取缔国民政府的旧律师制度，停止律师活动，酝酿建立新的律师制度，培养自己的律师。1953 年，上海市人民法院设立“公设辩护人室”，不久，公设辩护人改为律师。1954 年，新中国的第一部宪法将“人民有权获得辩护”规定为宪法原则。为了贯彻这一宪法原则，1954 年《中华人民共和国人民法院组织法》第 7 条规定：“被告人有权获得辩护。被告人除自己行使辩护权外，可以委托律师为他辩护，可以由人民团体介绍的或者经人民法院许可的公民为他辩护。人民法院认为必要的时候，也可以指定辩护人为他辩护。”1956 年 1 月，司法部向国务院提出《关于建立我国的律师工作的请示报告》，建议通过国家立法确认律师制度，这一建议当年就获得了批准。1957 年上半年《律师暂行条例（草案）》完成起草。到 1957 年 6 月，全国共有 33 个市开展了律师工作，建立了 19 个律师协会、817 个法律顾问处，有专职律师 2 500 多人、兼职律师 300 多人，全国律师工作朝气蓬勃健康发展。① 但

---

① 茅彭年，李必达主编．中国律师制度研究．北京：法律出版社，1992：28.

是到了20世纪50年代末期，由于受“左”的思想路线的干扰和影响，刚刚建立起来的律师制度旋即遭到严重破坏，到了“文化大革命”时期更是发展到极致，1975年宪法直接取消了有关被告人享有辩护权的规定，律师制度完全夭折。

党的十一届三中全会后，实行拨乱反正，在进行改革开放、推进经济建设，加强社会主义民主和法制的方针指导下，我国律师制度开始恢复并在实践中不断发展完善。1978年宪法重新确立了辩护权，律师制度得以恢复。1979年颁布的《刑事诉讼法》对辩护作出了专章规定，明确规定了被告人的辩护权，并且确立了律师辩护制度。其后又通过大量司法解释、批复、通知等文件进一步明确和具体化，增强了辩护制度的可操作性。1979年12月9日，司法部发出了《关于律师工作的通知》，明确宣布恢复律师制度。1980年8月26日颁布的《律师暂行条例》规定了律师及律师事务所的性质、律师的任务职责、律师资格的取得、律师的业务范围等，这使得我国律师制度以法律的形式固定下来。1980年11月20日至1981年1月25日，在对林彪、江青反革命集团案进行审判时为他们指定了律师辩护人，让律师这一职业出现在全国数亿民众的共同视野中。1986年全国第一次律师代表大会召开，律师工作进入了为市场经济服务的阶段，中华全国律师协会也于1986年7月正式成立，标志着律师制度进入新的发展阶段。

1996年3月，全国人民代表大会在总结《刑事诉讼法》实施16年来的实践经验的基础上对原《刑事诉讼法》进行了修改，规定了代理制度，使得律师制度得以完善。该次修改进一步扩大了犯罪嫌疑人的辩护权，提前了辩护人和辩护律师介入诉讼的时间，明确了辩护人的诉讼资格，扩大了指定辩护的范围，增加了律师和其他辩护人的诉讼权利。1996年5月，全国人大颁布了《律师法》，明确规定律师是“依法取得律师执业证书，为社会提供法律服务的执业人员”，确认和巩固了律师工作改革的成果，规范和引导律师事业的健康发展，进一步发挥律师在政治、经济和社会生活中的作用。这两部法律的颁布与实施标志着我国律师制度进入了前所未有的新的发展时期。2007年10月28日，全国人大常委会对《律师法》进行了修订，增加了律师权利，提高了律师地位，对我国的律师制度进行了充分的完善，更加有效地规范和引导我国律师行业的发展。2012年、2018年，全国人大对《刑事诉讼法》进行了进一步修订，更加注重保障律师权利，提高律师地位。自此，律师在社会中的重要性越来越高，我国的律师制度正朝着更加完善、更加自信的方向发展。

第二节　刑事诉讼中律师的法律地位和职责

根据我国《律师法》第2条规定，律师是指“依法取得律师执业证书，接受委托或者指定，为当事人提供法律服务的执业人员”。在刑事诉讼过程中，律师接受委托人的委托，成为当事人的辩护人或者诉讼代理人，为其提供法律帮助，对保护当事人的合法权益，进而准确认定案件、保障司法程序公平，从而维护法律正确实施具有重要意义。

一、刑事诉讼中律师的法律地位

我国刑事诉讼呈现控审分离、控辩对抗和审判中立的模式：法院中立审判，不承担也不能承担侦查、控诉、辩护等职能；提起公诉的检察院和提起自诉的自诉人履行控诉职能，提出认定被告人有罪的证据；被告人享有辩护权，有权自己或者委托辩护人为自己提供辩护，提出自己无罪、罪轻或者可以减轻、免除刑事责任的材料和意见。律师以不同的角色参与到刑事诉讼，具有不同的法律地位。在我国现行诉讼模式下，律师主要以辩护人和诉讼代理人的角色参与刑事诉讼。

（一）辩护人

当律师受犯罪嫌疑人、被告人及其亲属的委托，担任犯罪嫌疑人、被告人的辩护人时，律师的法定身份是“辩护律师”。辩护律师在刑事诉讼中，属于法律规定的诉讼参与人，具有独立的法律地位；同时由于其参与刑事诉讼是基于犯罪嫌疑人、被告人的委托，所以又具有一定的依附性；此外，由于其执业性和专业性，法律赋予了辩护律师更多的诉讼权利而使其具有特殊的诉讼地位。

1. 独立地位

我国《律师法》第3条第4款规定：“律师依法执业受法律保护，任何组织和个人不得侵害律师的合法权益。”因此，辩护律师在刑事诉讼中依法履行辩护职责，根据事实和法律独立提出自己的辩护意见，不受任何机关、团体和个人的非法干预和约束，具有一定的独立性。具体体现为：一是不受司法机关和承办人员的干涉，依法独立地对案件提出材料和意见，履行自己的辩护职责，不得违背事实和法律去迎合侦查人员、检察人员和审判人员以及其他司法机关工作人员的意志。二是不受案外人的干涉，即使是犯罪嫌疑人、被告人的监护人、近亲属，如果提出非法要求，辩护律师也不得为了迎合他们的要求而违背事实和法律，如果他们利用律师提供的服务从事违法活动，辩护律师有权拒绝辩护。三是不完全受犯罪嫌疑人、被告人意见的左右，例如，犯罪嫌疑人、被告人认罪的案件，辩护律师根据事实和法律认为犯罪嫌疑人、被告人不构成犯罪或者证据不足的，可以独立发表无罪的辩护意见，在策略上应当与犯罪嫌疑人、被告人进行充分的沟通；犯罪嫌疑人、被告人故意隐瞒与案件有关的重要事实，辩护律师有权拒绝辩护。由此可见，辩护律师既不是犯罪嫌疑人、被告人的“代言人”“传达人”，也不是司法机关的陪衬和“应声虫”，具有相对独立的诉讼地位。

2. 依附地位

辩护律师在刑事诉讼中具有独立地位，但对于犯罪嫌疑人、被告人而言，这种独立性是相对的，辩护律师可以完全独立于司法机关和承办人员，可以完全独立于案外人，但唯独不能完全独立于犯罪嫌疑人、被告人。具体表现为：一是辩护律师能够参与刑事诉讼是基于犯罪嫌疑人、被告人的委托或者同意。根据刑事诉讼法的规定，不论在哪个诉讼阶段，有权委托辩护律师的都是犯罪嫌疑人、被告人；犯罪嫌疑人、被告人在押的，其监护人、近亲属也只是代为委托，最终也需经得犯罪嫌疑人、被告人的同意；即使是法律援助机构指派的辩护律师，最终也仍然需要征得犯罪嫌疑人、被告人的同意。二是辩护律师是否能够继续辩护，也取决于犯罪嫌疑人、被告人。因为根据律师法及刑事诉讼法的规定，辩护律师接受委托或者指派后，无正当理由的，均不得拒绝辩护，但犯罪嫌疑人、被告人则有权拒绝辩护律师继续为其辩护，不论其是否具有正当理由。三是辩护律师的辩护意见不能完全独立于犯罪嫌疑人、被告人，因为从辩护人的职责来说，辩护律师只能提出犯罪嫌疑人、被告人无罪、罪轻或者减轻、免除其刑事责任的材料和意见。不能提出犯罪嫌疑人、被告人有罪或者罪重的材料和意见。例如犯罪嫌疑人、被告人不认罪的案件，辩护律师就不能基于独立地位提出其构成犯罪的辩护意见，否则就违反了辩护人的职责。四是辩护律师的很多权利来源于犯罪嫌疑人、被告人，例如上诉权，刑事诉讼法虽然规定了辩护人也可以提出上诉，但前提是必须经被告人同意，因为上诉权是被告人的一项专属权，辩护律师只能帮助被告人行使上诉权，而无权独立行使上诉权。由此可见，辩护律师的整个辩护活动就是帮助犯罪嫌疑人、被告人行使辩护权，维护犯罪嫌疑人、被告人的合法权益，从而决定了辩护律师对犯罪嫌疑人、被告人的依附性。

案例分析

在某抢劫案件的庭审过程中，公诉机关指控被告人犯抢劫罪，被告人拒不认罪。被告人的辩护人王律师在庭前通过查阅案卷和会见被告人认为，公诉机关事实认定清楚，证据充分，但适用法律错误，根据相关的事实和法律，被告人的行为虽然不构成抢劫罪，但构成抢夺罪。在庭前会见被告人时，王律师向被告人解读相关法律，告知抢夺罪的量刑比抢劫罪要轻，如果认下抢夺罪，具有悔罪表现的话，可以获得从轻处罚，同时还向被告人核实了相关证据，但被告人仍坚持自己不构成任何犯罪。于是王律师制作了一份详尽的会见笔录，在笔录中记载了告知被告人拒不认罪的法律后果，并让被告人签字确认。

在法庭审理过程中，王律师将辩护意见的重点放在了被告人的行为不符合抢劫罪的构成要件上，在面对公诉机关提出的问题："你认为被告人不构成抢劫罪，那你认为被告人的行为构成什么犯罪"时，作出了"认定被告人构成什么罪不是辩护律师的职责"的回应，将辩护的重心集中在被告人不构成公诉机关指控的抢劫罪上，未直接提出"被告人的行为只构成抢夺罪"的意见，既对公诉机关的指控进行了强有力的反驳，又避免得出新的犯罪结论而违背当事人的意志，最终也收获了法院以抢夺罪判处被告人刑罚的判决。

3. 特殊地位

在法律规定的辩护人中，律师是最主要，也是最有能力来保障犯罪嫌疑人、被告人合法权益的。辩护律师的特殊地位是相对于其他辩护人来讲的，主要表现在以下两个方面：一方面，律师是经过严格考试考核取得执业证的职业法律工作者，具有丰富的法律知识和办案经验。同时，律师必须遵守严格的执业纪律，具有崇高的职业道德，更能圆满完成辩护业务。另一方面，法律又赋予了律师较其他辩护人更多的权利，比如律师依法执行职务受保障的权利、查阅案卷权、会见通信权、调查取证权、为犯罪嫌疑人、被告人申请变更强制措施权、提出证据权、拒绝权等等。其中，调查取证权是辩护律师特有的一项权利，其他辩护人不能享有。此外，相对于其他辩护人，对律师行使辩护权的限制相对较少，例如：同在押的犯罪嫌疑人、被告人会见和通信，其他辩护人必须经过人民法院、人民检察院的许可，而辩护律师不受以上限制；查阅、摘抄、复制本案的案卷材料，其他辩护人必须经过人民法院、人民检察院的许可，但辩护律师不受以上限制。由此可见，辩护律师享有很多其他辩护人所不能享有的特殊权利，这些特殊权利使得辩护律师能够更好地履行自己的辩护职责，也奠定了辩护律师的特殊地位。

（二）诉讼代理人

当律师受被害人、自诉人和附带民事诉讼当事人及其法定代理人和近亲属的委托，为被害人、自诉人以及附带民事诉讼当事人提供法律服务时，律师的法定身份是“诉讼代理人”。根据刑事诉讼法的规定，诉讼代理人也是刑事诉讼参与人之一，具有独立的诉讼地位，但一般认为，由于法律中将诉讼代理人规定为“代为参加诉讼的人”，其在参与刑事诉讼的过程中应当充分尊重当事人的意见，在当事人意见的基础上利用自己的专业技能为其提供法律服务，不能超越委托人的代理权限，因此其独立性低于辩护人。我国刑事诉讼法中对诉讼代理人的诉讼权利并没有详细规定，一般认为，由于诉讼代理人的职责是“接受当事人等的委托代为参与诉讼”，所以经过委托人的授权，其享有被害人、自诉人、附带民事诉讼当事人所享有的诉讼权利，但法律规定只能由当事人享有的权利除外。此外，律师担任诉讼代理人，还享有一些特殊的权利，如调查取证权。

二、刑事诉讼中律师的职责

律师执业的过程就是维护委托人合法权利、实现委托人合法利益的过程。律师无论是作为辩护人还是诉讼代理人，其基本职责都是利用自己的法律技能为委托人提供法律咨询和法律帮助，保护当事人的合法权益。《联合国关于律师作用的基本原则》第 15 条明确指出：“律师应始终尊重其委托人的利益”。律师在刑事诉讼中的角色不同，其职责的体现也就不同。

（一）辩护人

根据我国《刑事诉讼法》第 37 条的规定，辩护人的责任是“根据事实和法律，提出犯罪嫌疑人、被告人无罪、罪轻或者减轻、免除其刑事责任的材料和意见，维护犯罪嫌疑人、被告人的诉讼权利和其他合法权益”。具体体现为：

1. 辩护人责任的核心在于维护犯罪嫌疑人、被告人的诉讼权利和其他合法权益。这里的诉讼权利是犯罪嫌疑人、被告人在刑事诉讼中依法享有的权利，如委托辩护人、申诉、控告、申请回避、申请复议、申请变更或者解除强制措施、提供证据、质证、自行辩护、最后陈述、提起上诉、提起申诉等权利；其他合法权益是指诉讼权利以外的其他合法权益。需要注意的是，辩护人的责任只是维护犯罪嫌疑人、被告人的合法权益，不是所有权益，不包括不正当利益甚至非法权益，如犯罪嫌疑人、被告人要求辩护人通过请客送礼、行贿，甚至伪造证据、指使他人作伪证等手段，以达到使犯罪嫌疑人、被告人从轻、减轻、免除处罚的目的，这维护的是犯罪嫌疑人、被告人不正当利益或者非法利益，对社会是有害的，甚至可能触犯刑律，构成犯罪。

2. 辩护人维护犯罪嫌疑人、被告人的合法权益应当根据事实和法律。“根据事实”，就是要实事求是地提出犯罪嫌疑人、被告人无罪、罪轻或者减轻、免除刑事责任的材料和意见，必须以事实为根据，而不是猜想、推测，更不是凭空捏造。“根据法律”，就是在事实证据的基础上，以法律作为辩护的准则和依据，无论是无罪、有罪、罪轻、罪重，都要以法律规定为依据。“根据事实和法律”，是辩护人为犯罪嫌疑人、被告人进行辩护、维护其合法权益的行为准则。如果为了使犯罪嫌疑人、被告人免受刑事追究或者减轻处罚而弄虚作假、违背事实和法律，则不能认为是正当履行职责。

3. 辩护人为了维护犯罪嫌疑人、被告人的合法权益，应当提出犯罪嫌疑人、被告人无罪、罪轻或者减轻、免除其刑事责任的材料和意见。这是辩护人应当进行的主要工作，也是辩护人维护犯罪嫌疑人、被告人合法权益的重要途径。“提出犯罪嫌疑人、被告人无罪、罪轻或者减轻、免除其刑事责任的材料和意见”，是指辩护人按照法律规定的程序，向犯罪嫌疑人、被告人了解案情，向证人或者被害人进行调查取证或者申请司法机关调查取证，了解和收集犯罪嫌疑人、被告人没有实施犯罪行为、或者虽有犯罪行为但同时具有可以从轻、减轻、免除处罚情节的各种证据，比如犯罪嫌疑人是不是未成年人或者精神病人，有没有坦白、自首、立功表现，在共同犯罪中是否起次要或者辅助作用，犯罪是否存在预备、未遂、中止等未完成形态等等，然后向司法机关提出有关材料和辩护意见。

（二）诉讼代理人

根据我国刑事诉讼法的规定，诉讼代理人有权根据事实和法律，维护被害人、自诉人或者附带民事诉讼当事人的诉讼权利和其他合法权益。可见，律师担任诉讼代理人，核心维护的也是诉讼权利和其他合法权益，维护权益的对象是被害人、自诉人或者附带民事诉讼当事人，且必须根据事实和法律，而不是违背事实和法律通过非法手段帮助当事人取得不正当或者非法利益。因此，律师担任诉讼代理人的职责与担任辩护人的职责大同小异，只是服务对象不同，在此不作赘述。

附：本节相关法律规范性文件

《中华人民共和国刑事诉讼法》（2018 修正）（2018 年 10 月 26 日施行）第 37 条

《中华人民共和国律师法》（2017 修正）（2018 年 1 月 1 日施行）第 3 条、第 31 条

第三节 刑事诉讼中律师应当具备的基本素质

律师不论是作为辩护人还是诉讼代理人参与刑事诉讼，都应当利用自己的法律知识和专业技能为当事人提供法律服务，切实、充分地保护当事人的合法权益。这就要求律师应当具备基本的素质和职业道德。关于律师职业道德的部分，我们在第四节中全面展开，本节仅对律师基本素质的要求作出介绍。律师的基本素质，主要包括良好的业务能力、良好的职业形象和良好的政治素养。

一、良好的业务能力

（一）具备完善的知识体系

根据《律师法》的规定，成为律师的法定要求之一即通过国家司法考试，依法取得律师执业证书，具备全面而系统的法律专业知识。作为参与刑事诉讼的律师，理解和掌握的法律和知识既要突出重点，又要系统全面。

1. 熟练掌握刑法、刑事诉讼法、司法解释甚至刑事政策及司法判例

律师参与刑事诉讼，熟练运用刑法、刑事诉讼法及相关司法解释是最基本的能力要求。刑法是刑事实体法，刑事诉讼法是刑事程序法，而司法解释则是有权机关作出的具有普遍司法效力的解释，它们都是律师参与刑事诉讼的法律依据和指引，律师应当熟练掌握，才能依法参与刑事诉讼，行使权利并履行义务，找准和发现案件的切入点和方向，然后运用自己的法律知识和专业技能维护当事人的合法权益。除此之外，律师还应当掌握相关的刑事政策，比如我国“少杀慎杀”的死刑政策、对毒品犯罪和涉黑犯罪的刑事政策等。我国虽然不是判例法国家，但掌握、了解最高人民法院发布的指导性案例对办理刑事案件也有很大的帮助作用。

2. 掌握、了解其他部门法

由于刑法是其他法律贯彻实施的保证，是法律体系中的最后一道屏障，因而它调整的社会关系最为广泛，包括政治、经济、人身、财产、文化、婚姻家庭、社会管理等各方各面。一般说来，刑法所规制的犯罪行为往往也违反了其他部门法的规定，如知识产权犯罪，必然也违反了商标法、专利法或者著作权法；生产、销售伪劣产品罪必然也违反了产品质量法；证券犯罪必然也违反了证券法；重婚罪必然也违反了婚姻法等。如果不了解、掌握其他部门法的规定，律师很难把握犯罪的构成要件，也很难找准案件的切入要点。由此可见，律师参与刑事诉讼过程，仅仅掌握刑事法律是远远不够的，还应当同时掌握和了解包括宪法、行政法、民法、商法、经济法、环境法、劳动法等各项法律在内的其他部门

法，以应对各种各类的犯罪案件。

由于我国法律体系十分庞大、繁杂，律师要全面而熟练地掌握每一个部门法是不现实的，这就要求律师应当具备强大的法律学习能力，通过阅读相关的法律条文及司法解释、阅读相关领域的理论书籍和研究成果、向其他法律界人士请教等方法尽快地学习并运用，结合案件实际情况找到案件切入点。

3. 了解其他人文知识和社会科学

律师在执业过程中要解决的是法律问题，但所有的法律问题都是社会问题。这就要求律师既要是专业的法律人才，也要是博学的复合型人才。律师只有对社会的方方面面均具有丰富的实践经验和完备的认知体系，才能更深刻、到位地把握案件，从一个更高的视角全面地理解案件，从而能够游刃有余地为客户发现问题、解决问题。

（二）优秀的语言使用能力

1. 书面语言的运用能力。律师应当具备一定的书面表达能力。在整个刑事诉讼过程中，律师与司法机关进行沟通和交流通常需要以书面的形式予以完成，如法律意见书、辩护词，还有各式各样的申请书。因此，律师要有深厚的文字功底和优秀的书面表达能力。律师书写法律文书，论点要明确，论证要充分，做到有理有据，行文应当尽量简洁明了、措辞严谨、逻辑严密，最好做到一针见血。

2. 口头语言的运用能力。刑事律师应当具备出色的口头表达能力。无论是在与当事人的日常交往中，还是在与司法工作人员的业务沟通和交流中，都要求律师具备良好的与人沟通的能力和语言表达能力。与当事人交流，应当表达精确、逻辑严密、吐字清晰；与司法工作人员交流，应当切中要害、灵活应变、反应机敏，尤其是刑事案件的开庭审理，对律师口头语言应用能力的要求尤为突出，因为庭审的过程是集中体现律师质证观点和辩护意见的过程，律师能否运用良好的口头语言组织及表达自己的观点和意见，对庭审的效果和案件的处理均具有重大而直接的影响。

（三）良好的职业控制能力

1. 律师应具有法律信仰和职业尊严。律师在刑事诉讼过程中应当严格遵守以事实为依据、以法律为准绳的原则，以自己的实际行动，坚守对法律的信仰，维护法律的尊严和权威，捍卫律师的职业荣誉和尊严。

2. 律师应具有良好的心理素质。面对复杂的案件，律师要善于控制自己的情绪和行为，做到处变不惊、机敏果断，从而对所办案件的进程作出正确的判断，制定出合理、合法的应对策略。同时，复杂案件的诉讼过程时间跨度可能比较大，在实践中还可能存在司法机关处理案件久拖不决的现象，这就要求律师在参与诉讼的过程中有耐心，始终保持清醒的认识，对事态发展作出准确判断。

3. 律师应具有良好的沟通能力。律师作为提供法律服务的人员，与人打交道是必不可少的。具备良好的沟通能力，能够更快地抓住客户的心，获得优质的客户和案源；

具备良好的沟通能力，能够更快地打动司法人员的心，让他们更愿意倾听律师的意见和建议，获得好的案件结果。因此，是否具备良好的沟通能力，体现了一个律师的职业素养。

案例分析

在 1991 年至 1993 年间，河北省承德市发生了有名的“商禄案”。这是一起典型的违背国家改革开放的基本方针，错判具有开拓精神的优秀企业家的冤案。为了这一案子，主办律师十下承德，在承德、石家庄、北京三地来回奔波，遍访相关证人、当地及上级司法机关，有时一连几天都不能休息。白天奔跑、调查，晚上翻阅案卷、整理材料，此案历时三年多才得以了结。期间，主办律师投入了大量精力，前前后后写下 4 万多字的辩护词，各种材料累计 10 万多字。最终，在律师的努力下，一桩冤案得以纠正，当事人由四罪并罚有期徒刑 16 年改判无罪。此类案件，如果主办律师没有巨大的热情和坚韧的意志，没有全身心的投入，是不可能成功的。①

二、良好的职业形象

律师职业是与人交往的职业，给人留下良好的形象是十分重要的。律师，尤其是在刑事诉讼程序中的律师，应当以专业、沉稳的形象示人，这对年轻律师提出了不低的要求。

（一）内在气质要求

律师如何给当事人一个好的职业形象呢？通常有以下几个方面的表现：适当的热情；自信、沉稳、机智的性格；丰富的阅历和干练严谨的作风。

1. 适当的热情主要体现在与客户的交往过程中。首先，律师应对当事人陈述的委托事项表现出应有的兴趣和关注；其次，律师应对当事人谈论委托事项时所表露的情感和态度表示出相应的理解和同情，以达到感情的共鸣；最后，律师在接受委托时要表示出相当程度的期待和积极主动的工作态度。

2. 律师的自信来源于行业的自豪感和工作的专业性。律师行业是门槛较高、非常具有挑战性的行业之一，作为这个行业里的律师，应当有职业荣誉感，与其他行业的人员相处应当不卑不亢，关注为他们提供法律帮助的事务本身，而不是当事人。自信不是狂妄自大、目中无人，而是在胸有成竹的情况下表现出的坦荡、平和及自然，有时甚至是谦逊。

3. 沉稳是不急不躁、有条有理的性格。律师在处理法律事务的时候，在没有经过认

---

① 田文昌主编．刑事辩护学．北京：群众出版社，2003：446－447.

真的研究、论证和斟酌的情况下，一般不会草率发表意见，发表意见时也应不急不躁、不温不火，做到有理有据，力图观点成熟，表述清楚。

4. 律师的机智不在于耍小聪明，而是在将事情琢磨清楚、透彻后，在事物自行发展变化的过程中，善假于物，正中七寸，抓住问题的核心和关键。当然，律师的机智也在于他的敏锐度，能否在第一时间察觉到问题，如在刑事案件的法庭辩论阶段，律师能否准确快速找到破解公诉意见的突破口，直接决定了法庭辩论的效果。

5. 阅历是靠积累和反思形成并进一步丰富的。律师行业是一个能够直接接触社会、体验人生的行业，律师有机会接触形形色色的人，处理千奇百怪的事，但仅仅是经历和接触还是远远不够的，在处理每一个案件之后都需要不断地进行反思、总结、提炼精华，为下一个案件的处理积累经验和丰富阅历。

6. 干练严谨的工作作风在律师行业尤为重要。律师的干练表现在分析问题抓住关键、解释问题注重实效。律师既要有从大处着眼的干练，又要有从小处入手、能处理细节问题的硬功夫。严谨的工作作风要求律师不但不能犯原则上的大错误，在文件中也力图不会出现错别字。严谨是一种态度，是一种作风。

（二）着装要求

着装是一种礼貌，反映着一个人的修养、品位、情调和物质生活水平。对于律师而言，着装也反映了一名律师的执业责任感。律师是为当事人提供法律服务的，不管其是在与当事人打交道的过程中，还是作为辩护律师或者代理律师参加诉讼活动或者与司法工作人员进行业务上的沟通和交流时，都应当注意自己的着装和职业形象。一般的正式场合应当穿正装，男性律师应当上着深色西装、领带、浅色衬衫，下着深色西装裤、深色皮鞋，女性律师也可着深色西装套裙，服装应保持整洁干净，不得有污秽或者有破损。

律师作为辩护律师或者代理律师参加法庭审理，应当根据 2016 年 5 月 1 日《中华人民共和国人民法院出庭规则》第 12 条的规定，按照职业着装规定着装。根据中华全国律师协会《律师出庭服装使用管理办法》第 4 条的规定，律师出庭统一着装时，应按照规定配套穿着：内着浅色衬衣，佩带领巾，外着律师袍，律师袍上佩带律师徽章。下着深色西装裤、深色皮鞋，女律师可着深色西装套裙。律师穿着律师出庭服装时，应表现出严肃、庄重的精神风貌。律师出庭服装外不得穿着或佩带其他衣物或饰品。

三、良好的政治素养

律师虽然是接受委托或者指定为当事人提供法律服务的执业人员，但也应具备良好的政治素养，除了应当维护当事人的合法权益，也应当维护法律的正确实施，维护社会的公平和正义。为此，律师的执业还应当接受国家、社会和当事人的监督。这些都是政治素养的体现。

附：本节相关法律规范性文件

1. 法律

《中华人民共和国律师法》(2017 修正)(2018 年 1 月 1 日施行) 第 5 条

2. 规范性文件

《中华人民共和国人民法院出庭规则》(2016 年 5 月 1 日施行) 第 12 条

《律师出庭服装使用管理办法》(2003 年 1 月 1 日施行)

第四节　刑事诉讼中律师职业道德和执业纪律

我国关于律师职业道德和执业纪律的相关规范主要有《中华人民共和国律师法》《律师职业道德和执业纪律规范》《律师执业行为规范》等。《中华人民共和国律师法》中专章明确规定了律师可以从事的业务和具体的权利、义务。律师法生效后，为了维护律师的职业声誉，全面提高律师队伍的道德水准，进一步规范律师的执业行为，中华全国律师协会又先后制定了《律师职业道德和执业纪律规范》和《律师执业行为规范》，对律师执业的行为规范作出了详细的规定，要求律师在执业中应当严格遵守职业道德和执业纪律。

一、职业道德

律师的职业道德是指从事律师职业的人在履行职务活动中所应遵守的道德规范。在刑事诉讼中，律师的职业道德包括：守法忠职、守信尽责、敬业勤业、重视声誉、保守秘密、尊重同行等。

(一) 守法忠职

维护法律的正确实施，维护当事人的合法权益，是律师执业的基本宗旨。2001 年实施的《律师职业道德和执业纪律规范》规定，律师应当忠于宪法、法律，坚持以事实为依据，以法律为准绳，严格依法执业；应当忠于职守，坚持原则，维护国家法律和社会正义。这是律师职业道德的核心价值所在。

1. 忠于宪法和法律。国家的法律制度是律师开展执业活动的基础和依据。律师通过其执业活动，为社会主义经济建设和改革开放服务，为社会主义民主与法治建设服务，为维护当事人的合法权益服务。律师执业，首先要忠于宪法和法律，在国家法律范围内进行执业活动。如果律师认为现行法律不正确有待完善、修改甚至废止，可以向有关机关或者部门提出修改或者废止法律的建议和意见，但在法律尚未经过合法程序被修改或者废止之前，仍应当依法执业。

2. 以事实为根据，以法律为准绳。所谓以事实为根据，是指以案件事实为根据，要求律师进行任何业务活动，都要实事求是，尊重客观事实，使自己的全部意见和材料都建立在充分可靠的客观事实和证据的基础之上。这要求律师在开展业务时，应深入调查研究，积极搜集证据，善于发现事实的真相，反对主观臆想。同时又要无私无畏，忠于事实，不能为了迎合当事人的意图而歪曲事实真相，更不能因外界的非法干涉而动摇立场。所谓以法律为准绳，是指以法律法规和司法解释等规范性文件为准则。律师在开展业务时，一方面要认真学习、分析和理解法律条文的内涵，全面掌握法律规定与法学基本理论；另一方面要严格依法办事，维护法律尊严，根据案情恰当地运用法律。既不能为满足委托人的要求而曲解法律，也不能按指示、多数人意见为判断是非的标准而违背法律。

3. 忠于职守，维护正义。律师在执业活动中，必须忠于职守，坚持依法独立执行职务的原则，不畏权势，敢于抵制和排除非法干预，以维护国家法律和社会正义。目前，由于我国法制还不够健全，当事人的合法权益受到侵害而得不到保护、受害者有冤无处申诉、被告人的诉讼权利被剥夺的情况经常出现，这就需要律师富有正义感，同时敢于承担起社会责任，维护国家法律和社会正义。

（二）守信尽责

律师能为当事人提供有效法律服务的前提是双方能够在建立起足够信任的基础上进行充分的交流，因此，与当事人建立起足够的信任关系是律师工作的重要基础。这就要求律师在参与刑事诉讼的过程中，应当时刻注意诚实守信、勤勉尽职。

1. 诚实守信。律师的专业性质与工作方式使得律师业成为全社会诚信度要求最高的行业之一。诚实信用要求律师本着公平、真诚和恪守信用的精神为当事人提供优质法律服务，并贯穿于提供服务的全过程。具体来说，律师在接受委托时，应当对当事人委托的法律事务进行清晰的理解与准确的把握，既要掂量自己能否胜任该项法律事务，又要考虑自己有无充足的时间与精力去办理该项法律事务。同时，对案件可能出现的风险也应如实向委托人说明，不能来者不拒，轻易作出承诺，更不能为了谋取代理或辩护业务而恶意欺骗当事人，骗取当事人的信任。在接受委托后，律师应当信守承诺，严格履行委托合同，积极主动完成所委托的法律事务。此外，不得擅自中止合同、解除委托，更不能滥用委托人的授权或超出委托范围进行执业活动。

2. 勤勉尽责。律师在接受委托后，必须代表委托人的利益全力处理所委托的事项，采取一切合法的手段维护委托人的利益，尽心尽力、尽职尽责地为委托人的利益工作，勇于为委托人的合法权益而斗争。这要求律师应及时有效地工作，不得拖拉，不得敷衍。律师对委托的事项，应有充分的关注，对每一情况尽可能想得周到、严密，对每一行动尽可能考虑得仔细、审慎，使每一项法律事务尽可能地得到圆满解决。

（三）敬业勤业

律师应当敬业勤业，努力钻研业务，掌握所应具备的法律知识和服务技能，不断提高执业水平。这就要求律师在向社会提供法律服务的同时，应努力学习、不断提高自己的能力。律师职业是为当事人提供法律服务的职业，它要求律师具备对当事人认真负责的服务精神和兢兢业业的工作态度。律师自身的业务知识和技能水平，往往决定了办案的质量。面对复杂的案件事实与激烈的市场竞争，只有热爱律师职业，才能在工作中保持热情与精力，提供优质的法律服务；只有具备高层次的专业知识、娴熟的执业技能和丰富的社会经验，才能得到不断的开拓与发展。

（四）珍惜声誉

由于律师职业的特殊性，公众对律师的道德修养也有很高的期望。因此，律师应当珍视和维护律师职业声誉，模范遵守社会公德，注重陶冶品德和职业道德修养。律师应当是公平和正义的守护者，在执业中应当正确对待人情、金钱、名利，始终保持廉洁自律的高尚品德。律师还要加强自身外在修养，应做到语言文明规范，举止庄重大方，仪表质朴整洁，维护律师职务的严肃性和良好的公众形象。当前，由于受到拜金主义、享乐主义、极端个人主义等各种因素的影响，律师的职业道德屡屡受到冲击，一些律师不能正确处理职责和金钱名利的关系，违背职业道德，唯利是图，私受财物，导致民众认为律师大多数是“黑律师”，甚至有人认为司法官员的腐败也跟律师的行贿有关系。因此，律师职业的声誉亟须律师自身的珍视与维护。

（五）保守秘密

律师对在执业活动中知悉的有关委托人的有关情况和信息，均有权予以保密，尤其是具有隐秘性且不宜公开的事项，或者可能对委托人不利的事项，应当予以保密，未经委托人许可，不得向外界散布泄露。保守秘密的范围包括律师在执业过程中接触和了解到的国家秘密、商业秘密、技术秘密、个人隐私及其他秘密。当然，根据《刑事诉讼法》第 48 条的规定，对于“辩护律师在执业活动中知悉委托人或者其他人，准备或者正在实施危害国家安全、公共安全以及严重危害他人人身安全的犯罪的”，应当及时告知司法机关，不在保密范围之内。

（六）尊重同行

律师执业的目的都在于维护当事人的合法权益，保证法律的正确实施，因此律师之间应当相互理解、相互尊重、相互帮助。尊重同行，要求律师不得出于争夺案源等目的而诋毁、诽谤同行。同时应当尊重其他律师依法执业，不得用任何方式介入其他律师正在办理的案件。在自诉案件或者附带民事诉讼中，不得用不正当的手段损害对方律师的声望和名誉或者妨碍、干扰对方律师依法执业等。律师之间还应团结协作、相互帮助，接受共同代理或委托的律师要尊重当事人的选择和律师事务所的指派，明确分工和责任，谦让团结，共同办好相关法律事务。

（七）其他职业道德

律师应当关注并积极参加社会公益事业，这主要体现在提供法律援助辩护服务上。律师参加各类社会公益活动，是律师服务于社会、奉献于社会的表现。律师通过参加社会公益活动，既可以锻炼自身素质，向社会介绍自己的业务领域和专业特长，扩大社会影响，扩大法律服务领域，也有益于树立律师良好的社会形象。

律师必须遵守律师协会章程，履行会员义务。律师协会是律师的自律性社会组织。律师和律师事务所，作为律师协会的个人会员和团体会员，都应当自觉遵守律师协会章程，切实履行章程规定的各项会员义务。

二、执业纪律

律师的执业纪律是指律师在执行职务过程中所应遵守的行为规则。刑事诉讼中律师的执业纪律包括：在执业机构中的纪律、在刑事诉讼活动中的纪律、与当事人交往的纪律、与同行交往的纪律等内容。

（一）在执业机构中的纪律

1. 律师应当接受律师事务所的监督和管理。律师事务所是律师的执业机构，其基本职责是管理监督律师开展业务工作。律师与委托人签订合同应当通过律师事务所完成。律师事务所可以结合司法行政机关颁布的规范律师工作的行政规章、律师协会制定的律师行为规范以及自身生存与发展的需要制定相应的工作规范和纪律，律师执业应当尊重、遵守这些规范和纪律，接受律师事务所的管理、监督。

2. 律师不得同时在两个以上律师事务所执业。为了便于对律师的管理和监督，也便于区分律师的执业风险和责任，我国相关法律法规明确规定律师不得同时在两个以上律师事务所执业，同时在一个律师事务所和一个法律服务所执业的视同在两个律师事务所执业。律师应当遵守这些规定。

3. 曾任法官、检察官的律师，离任后未满两年，不得担任诉讼代理人或者辩护人。律师事务所不得指派非律师人员以律师身份或以其他变相方式提供法律服务。律师事务所不得为本所非律师人员以律师身份或以其他变相方式提供法律服务提供任何便利。

4. 律师不得以个人名义私自接受委托，收受费用。为了保障律师在执业活动中恪守职业道德，廉洁执业，杜绝违法乱纪的现象，稳定律师事务所的内部关系，增强律师事务所的凝聚力，我国要求律师不得私自接受委托承办法律事务，不得私自收取费用、额外报酬、财物或可能产生的其他利益。这是国家通过律师事务所管理律师的重要制度，也是律师事务所对律师进行监督管理的重要手段。

5. 律师不得违反收费制度和财务纪律。我国要求律师不得违反标准收费，收费时应当履行必要的手续，收取费用后应当如实入账，并按照规定进行收支结算。禁止律师挪用、私分和侵占业务经费。

（二）在刑事诉讼中的纪律

1. 律师不得以影响案件的办理为目的，与本案侦查人员、检察人员、审判人员在非办公场所接触，也不得自己或者指使、诱导当事人向其馈赠财物，不得以许诺、回报或提供其他便利等方式与承办案件的执法人员进行交易。

2. 律师不得通过向委托人宣传自己与有管辖权的执法人员及相关人员的便利关系招揽业务。律师在执业中应当遵纪守法，通过上述方式招揽业务本身含有对自身执业工作以及相关司法机关工作中存在违法活动的暗示，对司法秩序存在一定的破坏。律师应当凭自己的专业知识和技能、敬业精神及社会信誉取得当事人的信任与委托。

3. 律师应当依法调查取证，不得伪造证据，不得怂恿委托人伪造证据、提供虚假证明，不得暗示、诱导、威胁他人提供证据。律师应通过调查核实以求真的态度搜集证据，不能为了证明某事项而提供虚假证据。

4. 律师在执业活动中不得从事或者协助、诱使他人从事以下行为：一是具有恶劣社会影响的行为；二是欺骗、欺诈的行为；三是妨碍国家司法、行政机关依法行使权力的行为；四是明示或暗示具有某种能力，可能不恰当地影响国家司法、行政机关改变既定意见的行为；五是协助或怂恿司法、行政人员或仲裁人员进行违反法律的行为。

5. 律师应当遵守法庭纪律。律师出庭进行辩护，应当遵守法庭纪律，主要包括尊重法官，按时提交法律文书，按时出庭等。律师出席法庭，不得在法庭内随意走动、大喊大叫、随意打断他人讲话，在庭审中应当服从法官的安排，发言之前需要取得审判长的同意。

6. 律师出席法庭要注意着装、举止和言语文明。律师出庭时要按规定着装，注意自己的仪表形象，举止文明礼貌，态度严肃，动作大方，使用规范、文明的语言，应当避免轻蔑傲慢的神态和侮辱性、诽谤性的语言。

（三）与当事人交往的纪律

1. 律师应当充分运用自己的专业知识和技能，尽心尽职地根据法律的规定完成委托的事项，最大限度地维护委托人的合法权益。律师提供法律服务时，应当进行独立的职业思考与判断。律师不得向委托人就某一案件的判决结果作出承诺。律师在依据事实和法律对某一案件作出某种判断时，应向委托人表明作出的判断仅是个人意见。律师提供法律服务时，不仅应当考虑法律规定，还应考虑到道德、经济、社会、政治以及其他与委托人的状况相关的因素。律师提供法律服务时，应当庄重、耐心、有礼貌地对待委托人、证人、司法人员和相关人员。

2. 律师不应该接受自己不能办理的法律事务。随着社会分工的细化，一名律师不可能对每一方面的业务都很熟悉和精通。现代社会要求每一名律师都应当朝着专业化的方向发展，每一名律师都应当有自己的专长。律师应当充分运用自己所掌握的专业知识和技能，不能盲目接受超出自己能力范围的案件。

3. 律师应当遵循诚实信用原则，客观地告知委托人所委托事项可能出现的法律风险，不得故意对可能出现的风险作不恰当的表述或者虚假表述。

4. 律师不得在同一案件中为双方当事人担任代理人。

5. 律师应当合理开支办案费用，注意节约。

6. 律师应当严格按照法律规定的期限、时效以及与委托人约定的时间，及时办理委托的事务。

7. 律师应当在委托授权范围内从事代理活动，如需特别授权，应事先取得委托人的书面确认，律师不得超越委托人委托的代理权限，不得利用委托关系从事与委托代理的法律事务无关的活动。

8. 律师在接受委托后无正当理由不得拒绝为委托人代理。未经委托人同意，不得擅自进行转委托。

9. 律师应当谨慎保管委托人提供的证据和其他法律文件，确保其不丢失或毁损。不得挪用或侵占代委托人保管的财物。

10. 律师不得从对方当事人处接受利益或向其要求或约定利益。律师不得与对方当事人或第三人恶意串通，侵害委托人的权益。这不仅违背了律师职业道德，也违反了律师执业纪律，应当承担相应的民事责任和行政责任，严重的还要承担刑事责任。

11. 律师不得非法阻止和干预对方当事人及其代理人进行的活动。这是指律师不得以非法手段阻碍对方当事人及其代理人的合法行为，也不得以非法手段干扰对方当事人及代理人进行的合法活动，如不得阻碍对方行使调查取证权，不得威胁对方要调查的证人的人身、财产安全，不得干预对方向法院提供证据等。

12. 律师对与委托事项有关的保密信息，在委托关系结束后仍有保密义务。委托代理关系结束后，与原先委托事项有关的许多保密信息，如商业秘密、个人隐私等，对与之有利益冲突的他方来说，仍有利用价值，律师不能背弃保守当事人秘密的承诺。

13. 律师应当恪守独立履行职责的原则，不应迎合委托人或满足委托人的不正当要求，丧失客观、公正的立场，不得协助委托人实施非法的或具有欺诈性的行为。律师在接受当事人委托之前，如果已经得知委托人的动机和行为是非法的或是具有欺诈性的，律师应当拒绝接受委托，不能为其提供法律服务。如果是在接受委托后才知道委托人的行为是非法的或具有欺诈性的，应当及时解除委托关系。

（四）与同行交往的纪律

1. 律师应当遵守行业竞争规范，公平竞争，自觉维护执业秩序，维护律师业的荣誉和社会形象。根据相关规定，律师不得以下列方式进行不正当竞争：（1）不得以贬损同行的专业能力和水平等方式招揽业务；（2）不得以提供或承诺提供回扣等方式承揽业务；（3）不得利用新闻媒体或其他手段向其提供虚假信息或夸大自己的专业能力；

（4）不得在名片上印有各种学术、学历、非律师职称、社会职务以及所获荣誉等；（5）不得以明显低于同业的收费水平竞争某项法律事务。

2. 律师应该尊重同行，相互学习、帮助，共同提高执业水平，不应诋毁、损害其他律师的品德与信誉。

3. 律师、律师事务所应用正当的方式向社会介绍自己。律师可以通过以下方式介绍自己的业务领域和专业特长：（1）可以通过文字作品、研讨会、简介等方式以普及法律，宣传自己的专业领域，推荐自己的专业特长；（2）提倡、鼓励律师、律师事务所参加社会公益活动。

附：本节相关法律规范性文件

1. 法律

《中华人民共和国刑事诉讼法》（2018 修正）（2018 年 10 月 26 日施行）第 48 条

《中华人民共和国律师法》（2017 修正）（2018 年 1 月 1 日施行）第 3 条、第 38～41 条

2. 规范性文件

《律师职业道德和执业纪律规范》

《律师执业行为规范》

练习与测试

1. 如何理解刑事诉讼中律师的地位与职责？
2. 如何理解刑事诉讼中律师的基本素质？
3. 如何理解刑事诉讼中律师的职业道德与执业纪律？

第二章

接收案件

本章要点

本章介绍刑事诉讼中律师接收案件的规则与方式，具体讲述了刑事法律实务中如何接待客户、商谈律师费用和办理委托手续。除此之外，本章还简单介绍了法律援助案件的接收情况和具体操作，让读者对刑事案件的接收有个较为全面的了解。

第一节 接待客户

接收案件是律师开展刑事诉讼业务的第一步，而接待客户则是接收案件的首要环节，是律师取得委托人信任并确认委托辩护或代理关系的重要步骤。律师应当做好接待委托人的工作，无论是犯罪嫌疑人、被告人本人，还是其近亲属、法定代理人，律师都应当认真接待。律师对于接待情况最好形成文字记录，必要时可要求委托人签字，并对委托人提供的与本案相关的资料出具收据。律师在接待客户的过程中，应了解如下情况：犯罪嫌疑人、被告人的基本情况、身体情况、主要简历、主要社会关系、简要案情、本案的主要诉讼过程及目前所处的诉讼阶段、司法机关对犯罪嫌疑人、被告人是否采取了强制措施、是否有与案件相关的资料、是否有调查取证的对象或线索等。律师应对本所、本人作简要介绍，同时要说明辩护律师的工作程序、执业纪律、收费标准、双方权利义务等。①

一、接待客户的目标

接待客户，是接收案件的前期工作。在这一阶段，律师应当本着专业、真诚的态度进行，设身处地地为委托人着想，充分理解委托人的心情，一方面解答委托人的各种咨询、疑问和问题，展现律师的专业水平和能力；另一方面尽量争取促成正式的委托，深入开展法律服务。

二、接待客户的地点

律师接待客户，尤其是第一次会见客户时，应当尽量安排在工作时间在律师事务所的接待室或会议室里进行，既表现出对客户的尊重，又反映了律师工作的严肃性。当然，如果时间紧迫或者客户提出特殊要求而来不及安排到律师事务所进行会面的，也应当尽量让会面正式化、规范化，维护律师的职业形象。

① 李益民主编．律师制度与实务．北京：法律出版社，2003：197－198.

三、厘清客户的身份

律师接待客户时，还应当厘清客户的身份，因为在来访的客户中，有的可能是未被羁押的犯罪嫌疑人、被告人，有的可能是犯罪嫌疑人、被告人的近亲属或者其他亲属，有的可能是犯罪嫌疑人、被告人的朋友或者特殊关系人，如情夫、情妇，有的可能是犯罪嫌疑人、被告人的利害关系人，如债权人、债务人或者共同犯罪中的其他当事人，还有的甚至是尚未被侦查机关发觉的其他涉案人员或者冒充当事人近亲属的人。这些人员都有可能以客户的身份出现在律师面前。由于他们的利益和出发点各不相同，有的是关心当事人的安危，有的是关心自身的安危和财产，因而律师在接待客户时应当辨别每个人的身份，确定他们与当事人之间的关系，在解答咨询和问题时应当根据不同的对象进行选择性回答。确定正式委托关系后，应当留下委托人的身份证复印件及能证明亲属关系的证明。

案例分析

有一天四个人一同来到某律师事务所咨询案件，张律师进行了接待工作，其中一人称是已被羁押的犯罪嫌疑人黄某的家属，黄某是某家公司的法定代表人，因生产销售伪劣产品罪被公安机关刑事拘留了，并陈述黄某虽然是公司的法定代表人，但没有真正管理公司，请求张律师对该案进行分析与判断。张律师没有一一核对来访者的身份，便开始分析案情，认为黄某如果没有真正管理公司，不属于直接负责的主管人员和其他直接责任人员，应当由该公司的总经理来承担责任，然后还进行了详细的专业分析和阐述。四人听后便走了，没有要签署正式委托的意思。张律师很纳闷，事后才知道这四人中有一个人就是该公司的总经理，也是黄某的亲属，强烈反对委托张律师。

在本案中，如果张律师在接待时问清楚来访人员的身份及与犯罪嫌疑人黄某的关系，然后针对不同的情况作出多方位多角度的分析，提出多种辩护策略和思路，可能更容易被客户接纳。

四、接待客户时的交流

对于第一次接待客户，由于律师不了解案件具体情况，因而在与客户的交流过程中，律师应当以倾听为主，让客户全面完整地陈述他所了解的情况，掌握客户找律师的需求和目标，然后针对案件的具体情况，针对客户的疑惑和咨询，进行有针对性的专业回答，然后契合客户的需求和目标，确定自己是否愿意或者是否有能力接受客户的委托。在正式确定委托之前，律师有可能不止接待一次，对于相同客户的多次接待，律师应当根据客户提出的新的情况和问题进行有针对性的解答，语言应当明确、简练、通俗和流畅，还要展现律师分析问题和解决问题的专业水平。

（一）听取客户的陈述

客户的陈述是律师进行法律分析和判断的基础，律师在接待客户时应当认真、全面地听取客户的陈述，不要轻易打断对方的陈述，让其能自由陈述案件情况和真实想法。对于客户遗漏的地方，律师可以进行补充发问。但同时也应当注意，如果客户不是犯罪嫌疑人、被告人本人，没有亲身经历案件的过程，其陈述的情况不一定是客观真实的，所以律师应当保持理性中立的思维，对案件存在的多种可能性作出独立的分析和判断。

案例分析

当事人来到律所向某律师咨询一起刑事案件。当事人一开始只是提到了这个案件是涉及交通肇事的案件，并且是在北京某地发生事故而被抓的。该律师一听到交通肇事就似乎明白了整个案情，于是就开始大谈其以前曾经成功办理过什么样的有关交通肇事案件，或者在北京都代理过什么样有名的案件之类的，夸夸其谈了很长时间。当事人在此期间几次要补充发言，都被律师打断。直到律师全部说完，当事人才抢着说道：“律师，我们这个案子是因为交通肇事引起的，但公安机关将此案定为危害国家公共安全罪。”律师显得十分尴尬，一时不知说什么才好。由此可见，律师在接待客户时充分、完整地听取客户的陈述对于准确把握案情并进行分析判断是十分重要的。

（二）回答客户的问题

认真全面地听取完客户的陈述后，律师应当针对案件情况和客户的疑问作出全面的解答，减少客户的不安和疑虑。

如果是犯罪嫌疑人、被告人及其亲友前来咨询的，应当向其讲明刑事案件办理的基本程序，包括：（1）刑事案件侦查、审查起诉、一审、二审、再审、死刑复核程序（涉及可能处死刑的）的程序及其诉讼期限；（2）所涉罪名的构成要件及相应刑罚；（3）强制措施的种类和适用条件；（4）法定和酌定的从轻情节；（5）犯罪嫌疑人及其亲友的合法权益；（6）刑事法律服务方案；（7）所咨询案件的发展趋势和可能的结果；（8）律师事务所收案程序与收费标准。

如果是被害人及其亲友前来咨询的，应着重向其讲明：（1）被害人权利及其实现途径；（2）刑事案件侦查、审查起诉、一审、二审等程序及其诉讼期限；（3）刑事法律服务方案；（4）案件的发展趋势和可能取得的结果；（5）律师事务所收案程序与收费标准。

在与客户进行交流的过程中，律师不应当作出任何关于公关的承诺，不得贬损同行，也不得违反规定私下收费。

五、会面结束后的沟通

与委托人的会面结束后，无论是否已经签订了委托合同，都不意味着律师与客户之间交流的结束。客户在律师解答后可能会产生新的疑问，或者根据案件进展需要对案件事实进行补充陈述并产生新的问题，这样都会产生新的沟通需求。因此，在律师与客户会面之后，还可以通过电话、信函等方式进行进一步的沟通。

（一）电话沟通

电话沟通是律师与客户沟通的一种重要形式，由于在电话交谈中能够互相传递信息的方式只有声音，而不能看到对方的面部表情和肢体语言，其不可能完全达到当面沟通那样的效果，但由于其方便快捷，在实践中运用非常广泛，是每一位律师应当掌握的沟通方式。

在进行电话沟通之前，律师应当对沟通事项的严肃性、重要性、复杂性作出充分的评估，判断该事项是否适合电话交谈。在事项重大复杂，或者有其他不适宜电话交流的情况时，应当尽量安排当面交流以保证交流的效果。律师与客户电话沟通的基本步骤如下：问好，通报姓名，确认通话是否方便，通过适当“闲谈”了解对方所处的场景和当时的心情是否适合谈话，谈论正题，扼要概括结论，结束问候。为表示礼貌，律师应在当事人挂断电话后再挂电话。

案例分析

宋律师在查阅刘某涉嫌强奸案件的案卷时，发现了一些问题，急需与委托人即刘某的妻子王某联系，得知王某在外地出差，不在本地，遂直接给王某打电话，也没有问清王某是否方便接听电话，电话一通开口便说：“王女士你好，我是宋律师，现在就你丈夫强奸案件中的一些问题向你核实一些情况”。恰好王某当时正在开一个重要会议，原本王某对其丈夫犯下强奸罪的事情就一直讳莫如深，在单位无人知晓，而宋律师的这个电话让其极度尴尬，王某对宋律师的表现极度不满，之后解除了与其的委托关系。

在这个案件中，宋律师虽然是基于对案子负责任的态度，但其没有掌握好电话沟通的技巧，也没有设身处地地考虑到委托人的情绪，最终既没有得到应有的沟通效果，还丢失了客户。

（二）书面沟通

书面沟通是最能体现律师专业性的一种沟通方式。律师可以在起草写作的过程中梳理思路，可以从容地选择恰当的词句，可以反复修改而尽量使文件达到完美的程度。律师书面交流的信函文件应当是严谨和周密的。如果是手写信函文件，应当做到工整、清楚，表现出律师对工作的认真，潦草的字体既妨碍交流的顺畅，也会影响客户对律师的印象。

附：本节相关法律规范性文件

《中华人民共和国刑事诉讼法》（2018 修正）（2018 年 10 月 26 日施行）第 34 条

第二节　商谈律师费用

律师接待客户之后，如果双方确定委托意向，接下来便是商谈确定律师费了。虽然律师费一般是由律师和客户协商确定的，但根据国家发展改革委员会和司法部于 2006 年联合颁布的《律师服务收费管理办法》的规定，为刑事案件犯罪嫌疑人提供法律咨询、代理申诉和控告、申请取保候审，担任被告人的辩护人或自诉人、被害人的诉讼代理人等服务的，律师服务收费实行的是政府指导价，各省、自治区、直辖市人民政府价格主管部门会同同级司法行政部门，依据本办法制定律师服务收费管理的具体实施办法，报国家发展改革委和司法部备案。

一、律师费的标准

对于刑事案件的收费，可以采取计件收费和计时收费两种方式，实行的是政府指导价。

（一）计件收费

计件收费是律师事务所为委托人提供法律咨询、办理法律事务或制作法律文书等服务，按照服务的件数收取服务报酬的收费方式。计件收费中有按整个案件收费的，也有按诉讼进行的阶段来收费的。

目前我国有些地区制定了律师服务收费的政府指导价标准，而有些地区尚未制定。

如北京市律师代理刑事案件按照各办案阶段分别计件确定的收费标准是：侦查阶段，每件收费 2 000～15 000 元；审查起诉阶段，每件收费 2 000～15 000 元；一审阶段，每件收费 4 000～45 000 元；上述收费标准下浮不限。同时规定，二审、死刑复核、再审、申诉案件按照一审阶段的收费标准收取律师服务费。被害人提起刑事附带民事诉讼案件的，按照民事诉讼案件收费标准收取律师服务费。犯罪嫌疑人、被告人同时涉及几个罪名或者数起犯罪事实的，可按照所涉罪名或犯罪事实分别计件收取。下列案件经律师事务所与委托人协商一致，可按照不高于规定收费标准的 5 倍收费，协商不成的，执行规定的收费标准：（1）案件法律关系复杂，律师办案时间明显多于同类案件的；（2）案件涉及疑难专业问题，对律师专业水平要求明显高于同类案件的；（3）重大涉外案件及有重大社会影响的案件。一个律师事务所代理一个案件的多个阶段，可自第二阶段起酌减收费。

在上海市，律师代理刑事案件服务计件收费的政府指导价标准是：在侦查阶段提供法律咨询、代理申诉、控告、申请取保候审的，每件收费 1 500～10 000 元；审查起诉阶段，每件收费 2 000～10 000 元；一审阶段，每件收费 3 000～30 000 元。代理刑事自诉案件或担任被害人代理人的，按照上述标准酌减收费。

在广东省，律师代理刑事案件服务计件收费的政府指导价标准是：侦查阶段，每件收费2 000～6 000 元；审查起诉阶段，每件收费 5 000～16 000 元；审判阶段，每件收费 6 000～33 000 元。对因时间或地域跨度极大、属犯罪集团犯罪和其他案情重大复杂的案件可在不高于上列标准的 1.5 倍的范围内协商确定收费。刑事自诉、担任被害人代理人的按上列标准执行。

（二）计时收费

计时收费是律师事务所按照确定的单位时间收费标准，根据律师提供法律服务所付出的有效工作时间，计算收取服务报酬的收费方式。这种收费方式在西方国家甚为流行，在我国目前适用不广泛。如上海市和广东省均规定，采用计时收费方式时，律师代理刑事案件的计时收费标准为每小时 200～3 000元，而北京市的标准为每有效工作小时 100～3 000元。

二、律师费的商谈

律师在掌握并了解国家对刑事案件律师服务收费的政府指导标准后，接下来便是与客户商谈律师费了。商谈律师费是接收案件中的一个敏感问题，也是决定能否谈下委托的重要环节。一般说来，律师费的商谈应当遵循公开公平、自愿有偿、诚实信用的原则，一方面，客户希望能支付较低的律师费获得优质的法律服务；另一方面，律师希望能收取到更高的律师费以体现自己的专业价值。所以商谈律师费的过程，其实是律师和客户心理博弈的过程。律师应当尽量通过展现自己的专业能力和水平取得客户的信任和认可，商定符合自己要求和标准的律师费。但一定要把握以下两个原则：

1. 坚决杜绝私下收费

不论律师与客户最终商定多少律师费，律师都应当通过律师事务所与客户签订委托协议，通过律师事务所收取客户的律师费，由律师事务所向客户出具收费凭证，而不能私自接受委托，私下收取费用，这种行为是要坚决杜绝的，以免产生执业风险。

2. 不进行风险代理和承诺结果

根据《律师服务收费管理办法》第 12 条的规定，刑事诉讼案件禁止实行风险代理收费。因此，律师可以根据委托人提供的事实和证据，依据法律规定进行分析，向委托人提出分析性意见，但绝不能约定达到某种结果后再额外收取律师费或者为了收取高额律师费而盲目承诺结果。

三、律师费的收取

根据2006年颁布的《律师服务收费管理办法》，为刑事案件犯罪嫌疑人提供法律咨询、代理申诉和控告、申请取保候审，担任被告人的辩护人或自诉人、被害人的诉讼代理人的律师服务收费，实行政府指导价。政府指导价的基准价和浮动幅度由各省、自治区、直辖市人民政府价格主管部门会同同级司法行政部门制定。政府制定律师服务收费，应当广泛听取社会各方面意见，必要时可以实行听证。政府制定的律师服务收费应当充分考虑当地经济发展水平、社会承受能力和律师业的长远发展，收费标准按照补偿律师服务社会平均成本，加合理利润与法定税金确定。在收取律师费用的过程中，应遵守如下要求：

1. 律师为委托人提供法律服务时，由律师事务所与委托人签订协议，依照规定的收费标准向委托人收取律师服务费，并向委托人出具收费票据。律师个人不得私自收费。律师事务所在与委托人签订的委托协议中，应载明计费方式、收费标准、收费总额以及支付时限。律师事务所与委托人签订合同后，不得单方变更收费项目或者提高收费数额。确需变更的，律师事务所必须事先征得委托人的书面同意。

2. 律师事务所需要预收异地办案差旅费的，应当向委托人提供费用预算，经协商一致，由双方签字确认。确需变更费用预算的，律师事务所必须事先征得委托人的书面同意。律师事务所异地提供法律服务，可以执行律师事务所所在地或者提供法律服务所在地的收费规定，具体办法由律师事务所与委托人协商确定。结算有关费用时，律师事务所应提交有效凭证。

3. 律师事务所向委托人收取律师服务费，可在确定委托关系后预收全部或部分费用，也可与委托人协商约定在提供法律服务期间分期收取。委托人事前交纳律师服务费确有困难的，律师事务所应与委托人协商约定，先由律师事务所垫付全部费用，事后向委托人收取。

4. 委托人因律师过错而提出终止委托关系的，律师事务所应当退还预收的全部律师服务费；非因律师过错而终止委托关系的，律师事务所已经收取的费用不予退还。律师的过错应由律师事务所所在地的县级以上的司法行政部门认定。委托人或律师事务所对过错的认定结果不服的，可以依法提起诉讼。

5. 律师事务所因委托人过错或委托人的要求超出合理范围而终止委托关系的，律师事务所应当根据承办该项法律事务的实际支出进行相应的扣除，余额部分退还委托人。律师事务所无故终止委托关系的，律师事务所应当退还已收取的全部律师服务费；给委托人造成损失的，根据有关规定，律师事务所负责赔偿。

6. 律师事务所、律师不按规定公示律师服务收费管理办法和收费标准的；提前或者推迟执行政府指导价的；超出政府指导价范围或幅度收费的；采取分解收费项目、重复收费、扩大范围等方式变相提高收费标准的；以明显低于成本的收费进行不正当竞争的；其他价格违法行为，将受到政府价格主管部门依照《价格法》和《价格违法行为行政处罚规定》实施的行政处罚。

7. 律师事务所、律师违反律师事务所统一接受委托、签订书面委托合同或者收费合同规定的；违反律师事务所统一收取律师服务费、代委托人支付的费用和异地办案差旅费规定的；不向委托人提供预收异地办案差旅费用预算，不开具律师服务收费合法票据，不向委托人提交代交费用、异地办案差旅费的有效凭证的；违反律师事务所统一保管、使用律师服务专用文书、财务票据、业务档案规定的，将受到司法行政部门依照《律师法》以及《律师和律师事务所违法行为处罚办法》实施的行政处罚。

8. 因律师服务收费发生争议的，律师事务所应当与委托人协商解决。协商不成的，可以提请律师事务所所在地的律师协会、司法行政部门和价格主管部门调解处理，也可以申请仲裁或者向人民法院提起诉讼。

四、律师费的确定

当律师事务所与客户商定律师费后，应当通过书面合同或者收费条款予以确定，具体应当包括下列内容：

1. 提供的服务内容、收费项目、收费方式、收费标准及费用计算方法；

2. 办案差旅费概算及收取方式；

3. 诉讼费、仲裁费、鉴定费、检验费、评估费、公证费、查档费等需要由委托人另行支付的费用概算及收取方式；

4. 收费争议的解决方式。

律师事务所与委托人签订合同后，不得单方变更收费项目、收费范围、提高或者变相提高收费数额、比例。有正当理由确需变更的，律师事务所必须事先征得委托人的书面同意。

附：本节相关法律规范性文件

1. 法律

《中华人民共和国律师法》（2017 年修正）（2018 年 1 月 1 日施行）第 40 条

2. 规范性文件

《律师服务收费管理办法》（2006 年 12 月 1 日施行）

《律师职业道德和执业纪律规范》（2001 年 11 月 26 日施行）

《北京市律师诉讼代理服务收费政府指导价标准（试行）》（2010 年 5 月 30 日施行）

《上海市律师服务收费政府指导价标准》（2009 年 7 月 1 日施行）

《广东省物价局、司法厅律师服务收费管理实施办法》（2017 年 1 月 10 日施行）

第三节　办理委托手续

律师接待客户，达成委托意向，商定律师费并确定委托关系之后，客户应当与律师事务所办理委托手续。

一、签订委托协议

律师与客户确定委托关系后，律师应当以律师事务所的名义与客户签订委托协议，明确双方的权利和义务，商定的律师费既可以单独签订法律服务收费合同，也可以以收费条款规定在委托协议中。一般说来，委托协议包括以下内容：

1. 委托人和受托方的名称（或姓名）及住所。委托人是客户，受托方是律师事务所，他们的名称（或姓名）都应当写全称，不可简化或使用代号。

2. 委托事项：即委托人委托律师提供法律服务的目标。由于刑事案件可以按照各办案阶段分别进行委托，双方应当在委托协议中明确约定委托的事项，即什么人因什么案由在什么阶段的什么事项，以确定律师提供法律服务的范围。

3. 受托的权限范围：对于刑事辩护业务，受托方的权限就是刑事诉讼法赋予律师的权利，是否在协议中注明无关紧要，但对于诉讼代理业务，如担任刑事附带民事诉讼原告、被告的代理人、担任被害人的诉讼代理人的，应当在协议中明确委托的权限，是否具有调解、和解、变更、放弃诉讼请求等权利。

4. 委托期限：是指自委托协议签字生效之日起，至委托事项完成终结之日止的具体时间。

5. 双方的权利和义务：在委托协议里应当明确委托人与受托方的权利和义务，以便约束双方按合同规定，履行自己的职责。如委托人应当如实陈述案件情况，如实提供与委托事项相关的文件和材料，按时足额支付律师费和工作费等；受托方律师应当勤勉、尽责地完成委托事项，应当根据办案机关的要求，及时提交证据，按时出庭，对其获知的委托人的商业机密、个人隐私负有保密责任，应当保存完整的工作记录，对涉及委托人的原始证据、法律文件和财物应当妥善保管，等等。

6. 收费标准：双方既可以在委托协议中约定律师费和工作费用收取的方式、标准、金额、支付期限等内容，也可以就上述内容单独签订法律服务收费合同，但为避免手续繁杂，一般都在委托协议中直接约定收费条款。

7. 违约责任：委托协议中应明确规定违约责任，以便守约方能在合同一方违约时追究违约责任。

8. 协议纠纷解决方式：是指委托人和受托方因协议发生争议并协商不成时，是通过某仲裁机构解决，还是诉请某法院解决。

9. 其他约定事项。

律师在与客户对委托协议的每个条款达成一致意见后，应当报律师事务所主任或受委托行使收案审批权的人审核同意，由委托人和律师或者律师事务所代表在委托协议上分别进行签字，由律师事务所在受托方进行盖章。

二、签署委托书

律师事务所与委托人签订委托协议之后，律师还应当让委托人签署相关阶段的委托书，签署委托书一般是一式三份，一份交委托人，一份交律师事务所存档，一份交相应的办案机关。在司法实践中，委托书是证明律师是受委托的重要文件，在向有关承办机关提交委托手续、到羁押场所会见当事人、向有关单位或者个人调查取证时都会使用，否则无法正常开展相关的委托事项，所以签署委托书是办理委托手续的一个重要环节。

（一）签署的格式文书

司法部针对刑事案件不同的诉讼阶段和诉讼活动发布了三种不同的格式委托书，它们分别是律师刑事诉讼格式文书五、十一和十九，范本如下：

1. 律师刑事诉讼格式文书五

委托书　　　　编号：

委托人________根据法律的规定，特聘请________律师事务所律师________为________案件的________的辩护人。本委托书有效期自即日起至________日止。

委托人：

年　月　日

注：本委托书一式三份，委托人、律师事务所各持一份，交人民检察院或人民法院一份。

2. 律师刑事诉讼格式文书十一

委托书　　　　编号：

委托人根据法律的规定，特聘请________律师事务所律师________为________案件的诉讼代理人。

委托律师代理权限：____

____

本委托书有效期自即日起至________日止。

委托人：

年　月　日

注：本委托书一式三份，委托人、律师事务所一份，交人民检察院或人民法院一份，用于刑事公诉、刑事自诉、刑事附带刑事诉讼案件。

3. 律师刑事诉讼格式文书十九

<table>
<tr><td>

委托书 编号：

委托人________根据《中华人民共和国刑事诉讼法》第三十四条的规定，特聘请________律师事务所律师________为涉嫌________案件的犯罪嫌疑人________的律师。

本委托书有效期自即日起至本案侦查终结止。

委托人：

年 月 日

注：本委托书一式三份，委托人、律师事务所各持一份，交侦查机关一份。

</td></tr>
</table>

上述三个格式文书，格式文书十九用于担任侦查阶段犯罪嫌疑人的辩护律师的案件，格式文书五用于担任审查起诉阶段、一审阶段、二审阶段、再审阶段、死刑复核阶段被告人、上诉人、申诉人辩护律师的案件，格式文书十一则用于担任被害人的诉讼代理人、刑事附带民事诉讼的诉讼代理人以及特别程序的诉讼代理人的案件。因此，律师应当根据委托事项的不同，安排委托人签署相对应的格式文书中的委托书。

需要注意的是，在2012年《刑事诉讼法》修改之后，律师在侦查阶段为犯罪嫌疑人提供法律服务的，也属于辩护人身份，是否仍需要将担任侦查阶段辩护律师与其他阶段辩护律师的委托书进行分开，需要关注司法部是否会作出相应的调整，只要委托书中体现格式文书五中的内容，司法机关一般予以认可。

（二）委托书的签署

律师接收刑事案件，可以在侦查、审查起诉、一审、二审、再审、死刑复核各阶段分别办理签订委托协议，或者选择其中的几个阶段进行委托，甚至还可以一次性签订委托协议。但不管签订哪类委托协议，都应当让委托人分阶段按照对应的格式文书签署委托书。由于委托书使用范围较广，既要交办案的侦查机关、审查起诉机关、审判机关、死刑复核机关，还要交羁押犯罪嫌疑人、被告人的看守所，有些看守所还要求每会见一次犯罪嫌疑人、被告人则要留看守所一份委托书的原件，所以为了备不时之需，建议办理委托手续时让委托人多签署几份。

委托人签署委托书之后，如果犯罪嫌疑人、被告人未被羁押的，应当让犯罪嫌疑人、被告人在委托书上进行签字确认，如果犯罪嫌疑人、被告人被羁押的，在第一次会见犯罪嫌疑人、被告人之后，也应当让其在委托书上进行签字确认，表明其同意委托人对律师的委托，进一步确定委托关系。

三、办理其他委托手续

委托人与律师事务所签署委托协议，签署委托书之后，律师还应当注意办理以下事项：

1. 留存委托人的身份证明复印件和其与当事人的关系证明复印件，包括身份证、结婚证、户口本、派出所证明等。

2. 委托人向律师事务所支付律师费之后，律师事务所应向委托人出具收费凭证，律师最好能够复印收费凭证，并让委托人在复印件上签字确认已经签收原件。

附：本节相关法律规范性文件

《中华人民共和国合同法》（1999 年 10 月 1 日施行）第 296～413 条

第四节　法律援助案件的接收

在司法实践中，律师事务所接收刑事案件并指派律师办理共有两大类案件，一类是接受委托人的委托办理的案件，另一类是接受法律援助机构指派办理的案件。律师办理这两类案件的过程中所提供法律服务的方法、内容并无差异，只是在服务对象、办理手续等方面有些差别，本节将对这些特殊情况进行简单介绍。

一、提供法律援助的对象

（一）法定援助对象

1. 盲、聋、哑人；
2. 未成年人；
3. 尚未完全丧失辨认或者控制自己能力的精神病人；
4. 可能被判处无期徒刑、死刑的人。

（二）酌定援助对象

1. 犯罪嫌疑人、被告人经济困难；
2. 有证据证明犯罪嫌疑人、被告人属于一级或者二级智力残疾的；
3. 共同犯罪案件中，其他犯罪嫌疑人、被告人已委托辩护人的；
4. 有重大社会影响的案件；
5. 人民检察院抗诉的案件；
6. 犯罪嫌疑人、被告人的行为可能不构成犯罪的；
7. 有必要指派的其他情形。

二、提供法律援助的阶段

根据 1996 年《刑事诉讼法》的规定，无论是法定援助还是酌定援助，都只能向处在审判阶段的被告人提供，在侦查和审查起诉阶段，犯罪嫌疑人很难获得法律援助，指派到律师事务所的案件都是已到审判阶段的案件。

2012 年《刑事诉讼法》对此作出了很大的调整，将提供法律援助的诉讼阶段，从审判阶段提前至侦查阶段和审查起诉阶段，对于在侦查阶段和审查起诉阶段的犯罪嫌疑人，只要符合法定援助条件的，公安机关和人民检察院就应当通知法律援助机构指派律师为其提供辩护；符合酌定援助条件的，本人及其近亲属则可以向法律援助机构提出申请，对符合法律援助条件的，法律援助机构则应当指派律师为其提供辩护。

三、律师接收法律援助案件

不论是法定援助案件还是酌定援助案件，都是由法律援助机构作出《给予法律援助的决定书》，然后向律师事务所发放《指派通知书》，律师事务所须在接到通知书之日起在规定的时间内安排承办的律师，并将承办律师的姓名和联系方式告知法律援助机构，然后承办律师再与法律援助机构取得联系，由法律援助机构向承办律师出具《法律援助中心（处）介绍信》和《法律援助公函》，然后承办律师持该《法律援助中心（处）介绍信》《法律援助公函》和律师事务所出具的《律师事务所函》到承办机关办理手续。具体格式文书如下：

1. 法律援助文书格式十二

指派通知书

援指字〔　　〕第　号

____________________：

本中心（处）决定对________一案提供法律援助，现指派你单位承办该案。请自收到本通知书之日起____个工作日内安排合适承办人，并自安排之日起 5 个工作日内将承办人姓名和联系方式告知受援人及本中心（处），与受援人或者其法定代理人、近亲属签订委托代理/辩护协议。

特此通知。

法律援助中心（处）地址：

联系人：

联系方式：

（公章）

年　月　日

2. 法律援助格式文书十九

法律援助中心（处）介绍信

援介字〔　　〕第　号

____________________：

兹介绍______等______人前往贵单位办理______。 请予协助。 联系人： 联系方式： （公章） 年　月　日

3. 法律援助文书格式十四

法律援助公函 援函字［　］第　号 ______________： 本中心（处）对________（受援人）________一案，已指派________（承办机构）________（承办人）担任其代理人/辩护人。 特此函告。 承办人联系方式： （公章） 年　月　日

4. 律师刑事诉讼格式文书六

指定辩护函 ［　］第　号 ____人民法院： 根据《中华人民共和国刑事诉讼法》第三十五条的规定及贵院的来函，本所指派________律师担任________案件被告人（上诉人）________的辩护人。 特此函告。 （律师事务所章） 年　月　日

注意：由于法律援助的范围不再局限于刑事辩护业务，还包括诉讼代理业务，所以律师事务所出具的函件应作出相应的调整，以下格式文书可供参考：

指派辩护律师、诉讼代理人函 ［　］第　号 ______________： 根据《中华人民共和国刑事诉讼法》第三十五条、第三百零四条的规定及（法

律援助机构）的来函，本所指派______律师担任______案件犯罪嫌疑人（被告人或被申请人）______的______（辩护人或诉讼代理人）。

特此函告。

律师事务所、律师信息如下：

律所名称：

电话：传真：邮编：邮箱：

地址：

律师姓名：电话：邮箱：

（律师事务所章）

年　月　日

注：本函用于担任法律援助机构指派的刑事案件或强制医疗案件诉讼代理人时，向侦查机关、检察机关、审判机关提交。

律师在办理法律援助案件时的费用，由当地财政部门按照一定标准进行补贴支出。法律援助律师行使相关权利时，比如复制必要的案卷材料等，相关司法机关应当免收或者减收费用。

此外，律师应当遵守有关法律法规和法律援助业务规程，做好会见、阅卷、调查取证、解答咨询、参加庭审等工作，依法为受援人提供法律服务。此操作与后续章节大体相同，在此不再赘述。

附：本节相关法律规范性文件

1. 法律

《中华人民共和国刑事诉讼法》（2018 修正）（2018 年 10 月 26 日施行）第 35 条、第 304 条

《中华人民共和国律师法》（2017 修正）（2018 年 1 月 1 日施行）第 28 条、第 33 条、第 42 条、第 47 条、第 50 条

2. 规范性文件

最高人民法院《关于适用〈中华人民共和国刑事诉讼法〉的解释》（2021 年）（2021 年 3 月 1 日施行）第 44 条、第 48～50 条、第 564 条、第 565 条

《法律援助条例》（2003 年 9 月 1 日施行）

《关于刑事诉讼法律援助工作的规定》（2013 年 3 月 1 日施行）

最高人民检察院《人民检察院刑事诉讼规则（试行）》（2013 年 1 月 1 日施行）第 36 条、第 41～44 条、第 49 条、第 57 条、第 485 条

《律师办理刑事案件规范》（2017 年 8 月 27 日施行）第 18 条

练习与测试

1. 律师应当如何接待刑事案件的客户？
2. 律师与客户签订刑事案件委托协议时应当注意哪些问题？
3. 律师在商谈、收取律师费用时有哪些注意事项？
4. 律师参与刑事法律援助案件在办理手续方面有什么不同？

第三章 侦查阶段的律师辩护实务

本章要点

本章主要学习辩护律师在侦查阶段的工作内容和实务操作，包括前期准备工作、会见与通信、收集证据、申请变更、解除强制措施、代为申诉、控告以及提供法律意见等法律服务。

2018年《刑事诉讼法》第34条规定，“犯罪嫌疑人自被侦查机关第一次讯问或者采取强制措施之日起，有权委托辩护人；在侦查期间，只能委托律师作为辩护人”。可见，犯罪嫌疑人在侦查阶段即可以委托辩护人，将辩护人介入刑事诉讼的时间进一步提前，改变了1996年《刑事诉讼法》规定的辩护人只能在审查起诉阶段之后介入，律师在侦查阶段只能担任“提供法律帮助的律师”的规定，明确了律师在侦查阶段的“辩护人”身份。与此同时，随着“辩护人”身份的确立，新刑事诉讼法还扩充了律师在侦查阶段的诉讼权利，为其在侦查阶段发挥辩护职能创造了条件。这些都是刑事诉讼法修改的重大亮点。在这样的立法背景之下，律师应当把握立法的精神，依法行使辩护权利，维护当事人正当合法的权益。

第一节　前期准备工作

一、办理委托手续

（一）委托的主体

委托是律师介入侦查阶段的首要环节，实务中聘请律师的可能是犯罪嫌疑人本人，可能是犯罪嫌疑人的监护人或者近亲属，也可能是单位或者单位的人员，还可能是朋友或者其他关系的人员。这些人员虽然可以作为当事人一方与律师事务所签署委托协议，支付律师费，但不一定都能作为签署委托书的委托人，因为法律对委托人的范围是有限制规定的。

根据《刑事诉讼法》第34条及其他相关法律规定，在侦查阶段，有权委托辩护人的有两类人员，一是犯罪嫌疑人本人，二是犯罪嫌疑人的监护人、近亲属。第一类主要发生在犯罪嫌疑人未被羁押的情况下，第二类则主要发生在犯罪嫌疑人在押的情况下，监护人、近亲属是代为委托辩护人，其委托的辩护人最终还需要经得犯罪嫌疑人本人的同意。

因为存在这样的法律规定，不论是承办案件的侦查机关还是羁押犯罪嫌疑人的看守所，在接受辩护人递交的委托手续时，有的还需要审查委托人与犯罪嫌疑人的关系，如要求提供相关人员的身份证、结婚证、户口簿等的复印件。因此，律师在接受委托时，应当提前做好准备。

案例分析

犯罪嫌疑人李某因涉嫌犯虚开增值税专用发票罪被刑事拘留，李某在被抓前尚欠王某 10 万元钱未归还，王某听说李某被公安机关抓获，特别着急，遂到某律师事务所找到陈律师，愿意出 3 000 元律师费，希望陈律师担任李某的辩护人到看守所会见李某，让李某告知如何归还其债务。于是，陈律师与王某签订了委托协议，复印了王某的身份证后，便拿着律师执业证、律师事务所证明和王某签署的委托书到看守所要求会见李某。看守所审查材料后问委托人王某与犯罪嫌疑人李某的关系，陈律师告诉接待警官王某系李某的债权人后，看守所拒绝安排陈律师会见犯罪嫌疑人李某。后陈律师只能与王某解除委托协议，退还 3 000 元律师费。

在本案中，陈律师忽略了《刑事诉讼法》第 34 条的规定，认为辩护律师根据《刑事诉讼法》第 39 条的规定持着三证即可会见在押的犯罪嫌疑人，导致白跑一趟看守所，最终也没有接下这个案件。在司法实践中，虽然也存在有些看守所审查并不严格，只要律师持有律师执业证书、律师事务所证明和委托书就安排会见的情况，但作为执业律师，应当依法执业，不能因看守所审查不严而抱有侥幸心理，在接受委托时就应当明确委托人的身份，要求犯罪嫌疑人本人或其监护人、近亲属在委托书的委托人上签字，其他人员作为委托人的，不但可能白费精力，无法办理案件，还可能因接受犯罪嫌疑人同案犯的委托帮助犯罪嫌疑人串供而产生严重后果，甚至承担刑事责任。

（二）委托的时间

《刑事诉讼法》第 34 条规定，“犯罪嫌疑人自被侦查机关第一次讯问或者采取强制措施之日起，有权委托辩护人；在侦查期间，只能委托律师作为辩护人”。由此可见，在侦查阶段，委托辩护律师，是在犯罪嫌疑人被侦查机关第一次讯问后或者自采取强制措施之日起进行；犯罪嫌疑人尚未被讯问或者尚未被采取强制措施的，无权委托辩护人。因此，律师在接受委托时，应当注意了解犯罪嫌疑人的基本情况。

当然，侦查机关在第一次讯问犯罪嫌疑人或者对犯罪嫌疑人采取强制措施的时候，应当告知犯罪嫌疑人有权委托辩护人。犯罪嫌疑人在押期间要求委托辩护人的，侦查机关也应当及时转达其要求。

（三）委托的手续

本书第二章已经详细介绍了如何办理委托手续，现仅就侦查阶段的委托手续概述如下：一是了解案件情况，达成委托意向；二是签署委托协议；三是让委托人签署委托书，最好在签字上加按手印；四是复印能够证明委托人与犯罪嫌疑人关系的证件，如身份证、结婚证、户口簿，户口簿最好要留有户主、委托人和犯罪嫌疑人页的复印件；五是律师事务所收取律师费。

案例分析

犯罪嫌疑人周某被抓，其妻子李某很着急，便委托张律师作为周某的辩护人尽快会见其丈夫。经了解，周某被羁押在离市中心20公里外的某县看守所。张在了解相关情况后，便拿着律师执业证、律师事务所证明和李某签署的委托书到该县看守所要求会见周某。看守所要求张律师提供委托人李某与犯罪嫌疑人周某的关系证明，张律师说刑事诉讼法只要求三证就可以会见，而且他原来在市看守所会见时也都是带着三证就可以的，再三沟通，看守所还是坚持要看关系证明，否则无法确定李某与周某系夫妻关系。无奈，张律师只能回到城里找到李某复印李某与周某的结婚证，第二次再驱车赶往看守所才会见上周某。李某因此也不满意律师的工作，到审查起诉阶段另行聘请了其他律师。

在本案中，张律师因为在办理委托手续时准备不充分，不但来回跑了两趟那么远的看守所，浪费了时间和精力，而且让委托人产生了律师不专业的印象，由于张律师没有第一时间会见到周某，李某不满意律师工作而委托了其他律师，最终丢了客户。可见，律师在委托阶段将手续准备充分也是非常重要的。

（四）委托后的工作

在办理完必要的委托手续后，受委托的律师还应当与委托人及相关人员进行充分的交流，进一步了解必要的信息，为下一步的工作做准备。

1. 犯罪嫌疑人的基本情况。如：年龄，是否患有重大疾病，是否为人大代表，担任何种职务，具体的工作职责，等等。

2. 犯罪嫌疑人被抓的情况。如：什么时候被抓，是在什么情况下被抓，是否存在主动投案，被哪个机关抓获，家属是否收到拘留证或逮捕证，等等。

3. 犯罪嫌疑人涉嫌犯罪的情况。如：犯罪嫌疑人涉嫌什么罪名，与其他人有无纠纷，因何事被抓，等等。

4. 案件的承办情况。如：案件由哪个侦查机关办理，可以具体到哪个部门，哪个警官，联系电话；犯罪嫌疑人被采取什么强制措施；被羁押在哪个看守所或者其他地点，等等。

当然，这并不是说律师应当要求委托人必须提供或者告诉以上全部信息，只是说律师在委托人或者其他人员知道的情况下尽量做些前期了解，这样可以节约时间，提高效率，有利于尽快展开工作。律师对于向家属或者其他人员了解到的情况，还应当在联系到侦查机关，或会见到犯罪嫌疑人本人后进行核实。

二、与侦查机关联系

（一）及时告知侦查机关

《刑事诉讼法》第34条第4款规定，“辩护人接受犯罪嫌疑人、被告人委托后，应当及时告知办理案件的机关”。

1. 告知的义务。《刑事诉讼法》在第 34 条对于告知办理案件的机关使用的是“应当”一词，可见，在侦查阶段，辩护人接受犯罪嫌疑人委托的，及时告知侦查机关是一种义务，而非权利。

2. 告知的时间。虽然《刑事诉讼法》第 34 条及其相关司法解释均未明确辩护人在接受委托后多长时间内应当告知侦查机关，只是泛泛规定了“及时”告知，但在实务中，律师在接受委托后应当尽量尽早地告知侦查机关，避免有些符合法律援助条件的案件指派辩护律师或者其他近亲属委托其他辩护人，给自己的辩护工作产生不利的影响。

案例分析

犯罪嫌疑人刘某（19 岁）因故意伤害罪被某县公安局刑事拘留，其父母在刘某 10 岁时就已经离异了，刘某一直跟着他的母亲王氏生活。刘某出事后，其母王氏为其聘请了白律师担任辩护人，王氏告诉白律师刘某的实际年龄其实不到 19 岁，6 岁时为了早上学而改了户口。白律师所在的律师事务所与王氏签完委托协议后，白律师提出刘某的年龄非常重要，如果不到 18 周岁，刘某就属于未成年人，依法应当从轻甚至减轻处罚，让王氏尽快提供当年给刘某改户口的证据。白律师原本打算等王氏的证据拿到手后再去联系侦查机关，但等了十多天，王氏因客观原因迟迟也没有拿到证据。随后，白律师才携带着委托手续到某县公安局递交，但被承办人告知，刘某的父亲在两天前已经委托了两名律师作为刘某的辩护人，而且这两名辩护律师已经正式向公安机关递交了委托手续，并且也已经前往看守所会见了刘某，刘某也同意其父亲对这两名律师的委托。由于法律规定，一名犯罪嫌疑人最多只能有两名辩护人，该公安机关无法再接受刘某母亲对白律师的委托手续。最后，王氏对白律师所在的律师事务所极度不满，不但要求解除委托，还要求赔偿。

在本案中，白律师在接受犯罪嫌疑人刘某母亲的委托后，本应及时告知侦查机关并递交委托手续，但为了偷懒省事，拖了十多天才联系侦查机关，没有及时告知，最后因犯罪嫌疑人其他近亲属委托的律师占了辩护律师的名额，不但丧失了业务，还可能面临赔偿的风险。

3. 告知的方式。刑事诉讼法及相关司法解释并未规定辩护人告知侦查机关的方式，因此，律师可以选择口头方式，也可以选择书面方式；可以到侦查机关当面告知，也可以通过电话、传真、快递等方式告知。需要注意的是，这里的告知只是告知律师接受了犯罪嫌疑人的委托，并非等同于办理了委托手续。但实践中，一般都是通过递交委托手续的方式履行告知义务。

4. 告知的对象。根据刑事诉讼法的规定，在侦查阶段，律师当然应向侦查机关告知。但在实务中，律师的告知还应当具体到侦查机关中具体的承办人员。查询具体承办人的方式很多，不同侦查机关的要求也五花八门，有的可以直接通过拨打侦查机关的电话查询，有的则必须律师本人前往侦查机关问询，有的敏感案件可能一时半会儿都查询不到具体的承办人，有的则专门设立了律师接待室进行专门接待，因此，律师应根据实际情况采取对应的方式。

（二）递交委托材料

律师在接受委托后，应当及时告知侦查机关，并递交有关委托材料。

《公安机关办理刑事案件程序规定》（2020 年修正）第 48 条规定，“辩护律师接受犯罪嫌疑人委托或者法律援助机构的指派后，应当及时告知公安机关并出示律师执业证书、律师事务所证明和委托书或者法律援助公函”。

《人民检察院刑事诉讼规则》第 45 条规定，“负责案件的管理部门对办理业务的辩护律师，应当查验其律师执业证书、律师事务所证明和授权委托书或者法律援助公函”。

在实务中委托辩护的情况下，侦查机关查验的是律师执业证书、律师事务所证明和授权委托书的原件，不能是复印件，可将律师执业证书的复印件交侦查机关留存，但递交的律师事务所证明和授权委托书必须是原件。这里的律师事务所证明和授权委托书有专门的格式文书，分别是律师刑事诉讼格式文书一和格式文书十九，格式分别如下：

1. 律师刑事诉讼格式文书一

律师事务所函

[　　]第　号

____________________：

本所接受________的委托，指派________律师担任________案件犯罪嫌疑人________的律师。

特此函告。

（律师事务所章）

年　月　日

附：授权委托书一份。

需要注意的是，2012 年刑事诉讼法修改之后，侦查阶段的辩护律师也具备了辩护人的身份，现有的刑事诉讼格式文书一和刑事诉讼格式文书二可能会合二为一，参考格式文书如下：

律师事务所刑事辩护函

[　　]第　号

____________________：

根据《中华人民共和国律师法》以及《中华人民共和国刑事诉讼法》第三十四条的规定，本所接受________的委托，指派________律师担任________案中犯罪嫌疑人________的辩护人。

特此函告。

律师事务所、律师信息如下：
律所名称：
电话：　　　　　　　　传真：
邮编：　　　　　　　　邮箱：
地址：
律师姓名：
电话：　　　　　　　　邮箱：

（律师事务所章）
年　月　日

附：授权委托书一份

2. 律师刑事诉讼格式文书十九

授权委托书　　　　　　编号：

委托人________根据《中华人民共和国刑事诉讼法》第三十四条的规定，特聘请________律师事务所律师________为涉嫌________案件的犯罪嫌疑人________的律师。

本委托书有效期自即日起至本案侦查终结止。

委托人：
年　月　日

注：本委托书一式三份，委托人、律师事务所各持一份，交侦查机关一份。

需要注意的是，2012年刑事诉讼法修改之后，侦查阶段的辩护律师也具备了辩护人的身份，现有的刑事诉讼格式文书十九和刑事诉讼格式文书五可能会合二为一，参考格式文书如下：

委　托　书

委托人________系犯罪嫌疑人之________。根据《中华人民共和国律师法》以及《中华人民共和国刑事诉讼法》的规定，聘请________律师事务所________律师为涉嫌________案中的辩护人。

本委托书有效期自即日起至________日止。

委托人：
年　月　日

（三）了解案件情况

根据《刑事诉讼法》第38条的规定，辩护律师在侦查期间有权向侦查机关了解犯罪嫌疑人的罪名和案件有关情况。

根据《公安机关办理刑事案件程序规定》（2020 年修正）第 50 条的规定，这里的“案件有关情况”主要包括：（1）犯罪嫌疑人涉嫌的罪名；（2）当时已查明的该罪的主要事实；（3）犯罪嫌疑人被采取、变更、解除强制措施；（4）延长侦查羁押期限；（5）其他需要律师了解的情况。以上都是公安机关依法应当告知并记录在案的情况。

这些作为公安机关的义务，能够有效地改变以往公安机关以侦查秘密为由不告知辩护律师案件情况，甚至不允许辩护律师会见犯罪嫌疑人时交谈案情的状况。辩护律师应当掌握依法向侦查机关了解案件情况的权利，以便有效、有目的地进行辩护，维护犯罪嫌疑人正当的合法权益。

案例分析

陈律师在接受犯罪嫌疑人方某某父亲的委托后，前往承办案件的某区公安分局递交委托手续，当陈律师向承办案件的侦查人员刘某某了解案件情况时，侦查人员告知方某某涉嫌两个罪名，一个是故意伤害罪，另一个是诈骗罪。陈律师继续问询方某某实施了什么故意伤害的事实和诈骗的事实，侦查人员以案件还处于侦查阶段，属于侦查秘密，不能向律师透露为由拒绝回答陈律师。陈律师随后持相关法律手续到某区看守所会见了方某某，方某某供述其只是把闹过矛盾的邻居张某打成了轻微伤，但从未实施过任何诈骗行为。在这种情况下，陈律师应当怎么做?

根据相关法律规定，向侦查机关了解案件有关情况（包括但不限于已查明的犯罪事实）是辩护律师的权利，侦查机关未依法告知是阻碍辩护人依法行使诉讼权利。在这种情况下，陈律师应当根据《人民检察院刑事诉讼规则》第 57 条的规定，向同级或者上一级人民检察院申诉或者控告，即向与某区公安分局同级的某区人民检察院或者上一级的某市人民检察院申诉或者控告。相关检察部门应当接受并依法办理，相关办案的侦查部门应当予以配合，依法告知辩护律师案件的有关情况。

（四）申请安排会见

根据《刑事诉讼法》第 39 条的规定，辩护律师对于申请安排会见要根据案件的不同情况区别对待：

1. 对于普通案件，辩护律师可以直接持律师执业证书、律师事务所证明和委托书到看守所要求会见在押的犯罪嫌疑人，无须征得侦查机关的许可，也无须向侦查机关递交会见申请。

2. 对于危害国家安全犯罪、恐怖活动犯罪、特别重大贿赂犯罪案件，辩护律师在侦查期间要求会见在押的犯罪嫌疑人的，应当经侦查机关许可，向侦查机关递交会见申请。

（1）会见需经侦查机关许可的案件种类

包括两类案件：一是危害国家安全犯罪案件，二是恐怖活动犯罪案件。这里的“特别重大”的标准在《人民检察院刑事诉讼规则》中有明确的规定，即涉嫌贿赂犯罪数额在 50

万元以上，犯罪情节恶劣的；有重大社会影响的；或者涉及国家重大利益的。

（2）向侦查机关递交会见申请的手续

除了委托手续要求的律师执业证书、律师事务所证明和授权委托书外，还要递交申请会见的函，在目前司法部颁布的刑事诉讼格式文书中，刑事诉讼格式文书十二是用于涉及国家秘密条件中的会见申请，刑事诉讼格式文书九则用于普通案件。它们的格式分别为：

律师刑事诉讼格式文书九

律师会见在押犯罪嫌疑人的函

[　　]第　号

＿＿＿＿＿＿＿＿：

根据《中华人民共和国刑事诉讼法》第三十九条以及《中华人民共和国律师法》第三十三条的规定，我所律师拟前往＿＿＿＿会见＿＿＿＿案的在押犯罪嫌疑人＿＿＿＿。

时间：　年　月　日　时，请予安排。

特此函告。

（律师事务所章）

年　月　日

附：授权委托书一份。

律师刑事诉讼格式文书十二

律师会见在押犯罪嫌疑人申请书

（涉及国家秘密案件用）

[　　]第　号

申请人：＿＿＿＿律师事务所＿＿＿＿律师

通信地址或联系方式：＿＿＿＿＿＿＿＿

申请事项：会见在押犯罪嫌疑人＿＿＿＿＿＿＿＿

申请理由：犯罪嫌疑人＿＿＿＿因涉嫌＿＿＿＿一案被拘留（逮捕）。我接受犯罪嫌疑人或其家属＿＿＿＿的聘请，拟会见在押犯罪嫌疑人。鉴于该案涉及国家秘密，根据《中华人民共和国刑事诉讼法》第三十九条的规定，特提出申请，请予批准。

此致

＿＿＿＿

申请人：

（律师事务所章）

年　月　日

需要注意的是，2018年《刑事诉讼法》明确规定危害国家安全犯罪案件的会见需经侦查机关的许可，不再作是否涉及国家秘密的区分，因此刑事诉讼格式文书九和刑事诉讼格式文书十二可能合二为一，参考格式文书如下：

律师要求许可会见嫌疑人的函

［　　］第　号

____________________：

根据《中华人民共和国刑事诉讼法》第三十九条、《中华人民共和国律师法》第三十三条的规定，我所律师________拟会见贵处正在办理的________案（危害国家安全犯罪、恐怖活动犯罪案件）在押犯罪嫌疑人________，请予以许可。

此致

____

（律师事务所章）

年　月　日

（3）会见申请不被批准后的审查

根据《公安机关办理刑事案件程序规定》（2020年修正）以及《人民检察院刑事诉讼规则》的规定，公安机关、国家安全机关侦查危害国家安全犯罪、恐怖活动犯罪案件时，对辩护律师提出的会见申请，应当在收到申请后48小时内，报经县级以上公安机关负责人批准，作出许可或者不许可的决定，除有碍侦查或者可能泄露国家秘密的情形外，应当作出许可的决定。不许可会见的，应当书面通知辩护律师，并说明理由。侦查机关同意进行会见的，应当出具《批准会见在押犯罪嫌疑人决定书》；不同意进行会见的，应当出具《不批准会见在押犯罪嫌疑人决定书》并说明理由。检察机关侦查重大贿赂犯罪案件时，对辩护律师提出的会见申请，人民检察院侦查部门应当提出是否许可的意见，在3日以内报检察长决定并答复辩护律师。

由此可见，对于这三类特殊的案件，虽然需要征得侦查机关的许可，但侦查机关除有碍侦查或者可能泄露国家秘密的情形外，也应当作出许可的决定。对于不许可会见的，侦查机关应当出具《不批准会见在押犯罪嫌疑人决定书》并说明理由。辩护律师应当认真审查不批准会见的理由，审查案件是否存在有碍侦查或者可能泄露国家秘密的情形。例如，根据《公安机关办理刑事案件程序规定》（2020年修正）的规定，有下列情形之一的，属于“有碍侦查”：1）可能毁灭、伪造证据，干扰证人作证或者串供的；2）可能引起犯罪嫌疑人自残、自杀或者逃跑的；3）可能引起同案犯逃避、妨碍侦查的；4）犯罪嫌疑人的家属与犯罪有牵连的。如果案件不存在不许可会见的情形，辩护律师则有权对限制会见的阻碍行使诉讼权利的行为进行申诉或者控告。

（4）会见申请不被批准后的再申请

对于这三类特殊案件，即使侦查机关有正当理由不许可律师的会见申请，并出具《不批准会见在押犯罪嫌疑人决定书》，律师也不能因此就不再申请会见犯罪嫌疑人。因为根据相关司法解释的规定，具有以下情形的，侦查机关应当许可会见：一是在有碍侦查或者可能泄露国家秘密的情形消失后，二是在案件侦查终结前。因此，辩护律师在会见申请不被批准后，还应当在适当的时机继续申请会见犯罪嫌疑人。

3. 对于被监视居住的犯罪嫌疑人，如果是普通案件，按照会见普通案件在押犯罪嫌疑人的规定；如果是危害国家安全犯罪、恐怖活动犯罪、特别重大贿赂犯罪案件，则按照会见特殊案件在押犯罪嫌疑人的规定。不再赘述。

附：本节相关法律规范性文件

1. 法律

《中华人民共和国刑事诉讼法》(2013 年 1 月 1 日施行) 第 33 条、第 36 条、第 37 条

2. 规范性文件

最高人民法院、最高人民检察院、公安部、国家安全部、司法部、全国人大常委会法制工作委员会《关于实施刑事诉讼法若干问题的规定》(2013 年 1 月 1 日施行) 第 20 条

《公安机关办理刑事案件程序规定》(2020 年修正) (2020 年 9 月 1 日施行) 第 42 条、第 43 条、第 48 条、第 50 条、第 52 条

最高人民检察院《人民检察院刑事诉讼规则》(2019 年 12 月 30 日施行) 第 45、46 条

第二节　会见与通信

一、会见

(一) 会见应递交的手续

1. 会见普通案件的在押犯罪嫌疑人

辩护律师应当向羁押犯罪嫌疑人的看守所递交：

(1) 律师执业证书。看守所应当查验原件，有的看守所还要求留存复印件。

(2) 律师事务所证明。这里的律师事务所证明与前面提到的递交给侦查机关的证明在实务中的格式是不同的，使用的是律师刑事诉讼格式文书八，即《律师会见在押犯罪嫌疑人、被告人专用介绍信》。

律师刑事诉讼格式文书八

律师会见在押犯罪嫌疑人、被告人专用介绍信

[　　] 第　号

______________:

根据《中华人民共和国刑事诉讼法》第三十九条以及《中华人民共和国律师法》

第三十三条的规定，现指派我所律师前往你处会见________案的在押犯罪嫌疑人________，请予安排。

特此函告。

（律师事务所章）
年 月 日

（3）委托书。这与递交给侦查机关的委托书是一样的，有的看守所要求每一次会见时都要留存一份原件，为了避免不够使用，可以让委托人多签署几份备用。

（4）委托人与犯罪嫌疑人之间的关系证明，如身份证、结婚证、户口簿等。虽然新刑事诉讼法规定三证即可，但在实务中，各看守所的要求不尽相同，为了会见的顺利进行，律师最好带着以备不时之需。

2. 会见三类特殊案件的在押犯罪嫌疑人

对于危害国家安全犯罪、恐怖活动犯罪、特别重大贿赂犯罪这三类特殊案件，律师会见犯罪嫌疑人应征得侦查机关许可。律师在会见申请被许可的情况下，除了上述普通案件要求的手续外，还应当递交侦查机关的许可决定文书，即前面提到的《批准会见在押犯罪嫌疑人决定书》，该决定书由侦查机关制作并加盖公章，一般应向看守所递交决定书的原件。

3. 会见被监视居住的犯罪嫌疑人

由于监视居住一般是在犯罪嫌疑人的住所执行，特殊情况下也可以在指定的居所执行，但不得在羁押场所如看守所或者专门的办案场所执行。律师要会见被监视居住的犯罪嫌疑人，应当向执行监视居住的公安机关递交手续。

对于普通案件，手续与会见普通案件在押犯罪嫌疑人相同；对于三类特殊案件，手续则与会见特殊案件在押犯罪嫌疑人相同，除了三证和关系证明外，还需要递交侦查机关的许可决定文书，如《批准会见监视居住犯罪嫌疑人决定书》。

4. 会见被取保候审的犯罪嫌疑人

由于被取保候审的犯罪嫌疑人没有被羁押，也没有限定其不得离开执行监视居住的处所，具有一定的人身自由，律师可以直接会见犯罪嫌疑人，无须向有关机关递交手续。

（二）会见的工作目标

1. 与犯罪嫌疑人建立信任关系

从我国现状来看，侦查阶段聘请律师的犯罪嫌疑人大多处于羁押状态，由于人身自由受到限制，可能面临刑事处罚，容易恐慌和焦虑，因此对社会和他人的信任感往往会大幅降低。为了保障辩护的顺利进行，达到良好的辩护效果，辩护律师应当通过会见建立与犯罪嫌疑人之间的信任关系，在会见过程中对犯罪嫌疑人表现出尊重、关心和支持，通过交流帮助其缓解紧张的情绪，并且通过解答法律咨询帮助他们建立信心，使其相信律师并愿意与律师交流案件的相关事实与法律问题，最终确定委托关系。

案例分析

蒋律师为受家属委托在侦查阶段担任涉嫌虚开增值税专用发票罪的犯罪嫌疑人沈某的辩护人，向侦查机关了解案件情况，侦查人员告诉蒋律师沈某自己已经供认，是他自己主动向某公司虚开增值税专用发票，虚开税款数额近千万元，并表示不需要律师。但在会见沈某的过程中，蒋律师发现，沈某由于担心自己年迈的父母亲无人照顾，同时又受到了侦查机关的高强度讯问，心理早已崩溃，于是随意交代了虚开行为，其实其参与虚开的税款很少，而且都是在公司领导安排下做的。起初，沈某并不愿意配合蒋律师的工作，也不愿意谈论任何案情，但蒋律师耐心向其进行讲解，并转达了其父母的关心，沈某由此开始相信律师，并慢慢恢复了信心。

2. 向犯罪嫌疑人了解案件情况

会见目标除了与当事人建立信任关系外，另外的核心目标便是全面了解案件情况，律师虽然也可以从委托人处了解相关案情，但委托人一般不是案件的亲身经历者，即使向律师陈述案件情况，也可能是道听途说或者感知并不全面，因此律师应当通过会见犯罪嫌疑人，全面了解包括实体和程序各个层面的情况，从中寻找无罪或者罪轻的证据、材料和线索，以便确定定罪或者量刑的辩护方向，为犯罪嫌疑人提供法律帮助。

3. 提高犯罪嫌疑人的自我保护的能力

在会见过程中，律师除了从犯罪嫌疑人处了解案件情况，解答犯罪嫌疑人的咨询和问题外，还要做好法律辅导，帮助犯罪嫌疑人了解其在侦查阶段应当享有的诉讼权利，对侦查机关或者执行强制措施的机关侵犯其诉讼权利或者合法权益的行为有权进行申诉或者控告，帮助犯罪嫌疑人提高自我保护的能力。

（三）会见前的准备工作

1. 熟知相关规定

在会见犯罪嫌疑人之前，律师应当根据从委托人或者其亲友处了解到的案件情况或者从侦查机关了解到的案件事实，对可能涉及的罪名或者其他法律规定甚至政策方向有针对性地进行学习和了解，做好法律方面的储备工作。

2. 制订会见计划

在做好法律储备工作后，律师还应当制订明晰、缜密的会见计划。尤其对于一些经过侦查机关许可的案件会见，律师在会见前更应当做好计划准备，列好需要向犯罪嫌疑人了解的问题提纲。一般来说，初次会见犯罪嫌疑人，应当了解以下要素：（1）犯罪嫌疑人的自然情况和社会职务，是否成年，是否有精神病史，是否属于人大代表等等；（2）涉嫌的罪名及相关的犯罪事实；（3）犯罪嫌疑人被抓捕的过程和被讯问的情况，有无立功、自首或者坦白；（4）被害人的情况或者退赃情况；（5）犯罪嫌疑人的生活需求；等等。

案例分析

郭律师刚拿到律师执业证就接到了一个受贿案件，经反贪局许可后，郭律师到看守所会见了犯罪嫌疑人李某，李某向郭律师介绍了自己的案件情况，表示认罪，并告诉郭律师愿意全部退赃。郭律师会见后向家属介绍了案件情况。家属提出，李某好像是在单位纪委的同事陪同下去的反贪局。郭律师由于事先准备不充分，在会见时并未问及李某被抓的经过，对于李某是否存在自首情节，郭律师向反贪局申请再次会见李某核实情况，但因时间间隔太短，会见申请迟迟未被许可。家属认为是郭律师的工作失误，执意解除了与郭律师的委托关系。

在本案中，正是因为郭律师事先并未制订详细的会见计划，导致会见时遗漏了重要情况，造成工作的被动，最终还失去了客户。

（四）会见时的工作内容

1. 确认委托关系

在律师会见犯罪嫌疑人时，虽然律师已经与犯罪嫌疑人的监护人或者近亲属确立了委托关系，但由于法律规定监护人、近亲属只是代为委托，因而这样的委托关系仍然需要经过犯罪嫌疑人本人的确认。所以，律师初次见到犯罪嫌疑人时首要的工作就是与犯罪嫌疑人确认委托关系。律师应当明确自己的身份，介绍委托人的情况，询问犯罪嫌疑人是否同意委托，如果同意，则可要求其在委托书上签字、按手印。如果不同意，了解犯罪嫌疑人不同意委托的原因，如果能够通过解释打消他的疑虑继而同意委托，让犯罪嫌疑人在委托书上签字、按手印，如果犯罪嫌疑人坚持不同意委托，则应当结束会见，并将犯罪嫌疑人不同意委托的情况如实记入笔录，交由犯罪嫌疑人签字确认。

2. 了解案件情况

律师在会见犯罪嫌疑人之前可能已经从监护人、近亲属或者侦查机关处了解了有关案件情况，但通过会见犯罪嫌疑人本人了解案件情况意义重大，其侧重点也应当有所不同。因为监护人、近亲属毕竟不是犯罪嫌疑人本人，并未亲身经历案件，所提供的案件情况不一定完全属实；而侦查机关提供的案件情况更多的是从控诉的角度，很难听到犯罪嫌疑人的辩解。所以，从犯罪嫌疑人本人了解到的案件情况应当更加真实、更加全面。

一般情况下，律师应当根据会见当时的具体情况和提前准备的会见提纲，向犯罪嫌疑人了解以下内容：

（1）询问犯罪嫌疑人的自然情况，如年龄、精神状况等；

（2）询问犯罪嫌疑人涉嫌的罪名以及是否参与、怎样参与涉嫌的案件；

（3）询问犯罪嫌疑人是否认罪，不认罪的，认真听取其无罪的辩解；

（4）询问犯罪嫌疑人是否接受过讯问，讯问时的供述和辩解情况；

（5）了解与案件定罪、量刑可能相关的其他情况，如有无坦白、自首、立功表现，在共同犯罪中的作用等；

（6）询问强制措施的决定、执行情况，确定程序是否合法；

（7）询问被采取强制措施后其人身权利及诉讼权利是否受到侵犯；

（8）其他需要了解的情况。

通过与犯罪嫌疑人的交流，辩护律师应当实现“五个了解”，即：了解犯罪嫌疑人及其陈述的案件基本事实，了解犯罪嫌疑人对自己行为的态度和认识，了解案件中可能影响定罪量刑的基本问题，了解已经进行的讯问情况，了解侦查程序是否合法。

3. 提供法律咨询

律师在会见时除了向犯罪嫌疑人了解案件情况，还应当适时地解答犯罪嫌疑人的法律问题，提供相应的法律咨询，包括但不限于以下内容：

（1）有关侦查机关的管辖权、侦查人员的回避规定；

（2）有关强制措施的条件、期限、适用程序等的法律规定；

（3）犯罪嫌疑人接受讯问时有如实回答的义务，但对与案件无关的事实可以拒绝回答；

（4）犯罪嫌疑人对讯问笔录应当详细核对，之后签字按手印，犯罪嫌疑人可以自行书写供述和辩解；

（5）犯罪嫌疑人有使用本民族语言文字进行诉讼的权利；

（6）犯罪嫌疑人有不受刑讯逼供的权利；

（7）犯罪嫌疑人有辩护权；

（8）犯罪嫌疑人的申诉、控告权；

（9）犯罪嫌疑人有申请取保候审的权利，被羁押的犯罪嫌疑人及其法定代理人、近亲属和聘请的律师有权申请取保候审；

（10）有关罪名的刑法条文规定和解释；

（11）有关共同犯罪、自首、立功的规定和解释；

（12）犯罪嫌疑人有被告知鉴定意见并申请补充鉴定或者重新鉴定的权利；

（13）其他相关的法律问题。

辩护律师在为犯罪嫌疑人提供法律咨询的过程中，应结合犯罪嫌疑人的知识水平选择自己的回答用语，在对法律规定进行分析的过程中，还应当结合案件的具体情况进行解读，但切忌机械地念法条。

4. 进行人文关怀

律师在会见犯罪嫌疑人时除了以上三项工作外，还应当进行适当的人文关怀，询问犯罪嫌疑人的身体状况，在看守所的伙食和休息情况，是否需要钱或者生活用品，告知犯罪嫌疑人关心的亲人的现状，等等。在不妨碍侦查的情况下，律师也可以代为转达亲属的问候和与案件无关的口信，让犯罪嫌疑人可以安心，减轻犯罪嫌疑人的思想负担和精神压力。

案例分析

辩护律师王某在顺利会见完犯罪嫌疑人张某后与家属见面，在介绍完律师工作后，张某的母亲问道："王律师啊，我儿子在里面是胖了还是瘦了啊，里面的饭菜伙食好不好啊，有没有人欺负他啊？"王律师说："对不起，我以前从来都没有见过你儿子，我怎么知道他瘦了还是胖了。我又没在里面待过，没吃过里面的饭菜，我怎么知道伙食好不好。"张某的母亲稍有不悦，又问："那我儿子有没有给我带什么话啊？"王律师又说："我们只顾了解案件的情况和进行法律分析了，这些事情还没来得及说。"这时张某的母亲十分不高兴："那麻烦您再去会见一次，我有几句话要带给他，看看我儿子有什么要跟我说的。"

在本案中，王律师的做法就没有显示出必要的人文关怀，导致今后与犯罪嫌疑人家属之间产生了隔阂。虽然法律没有明确规定律师必须进行人文关怀，也没有把这项工作作为律师的义务，但进行必要的人文关怀，有利于减轻犯罪嫌疑人和家属的思想负担和精神压力，间接影响到辩护效果和委托关系的维系。

5. 制作会见笔录

制作会见笔录是律师会见犯罪嫌疑人应做的一项工作。律师制作笔录应当如实记录犯罪嫌疑人的供述和辩解以及其他的意见，制作完毕后，还应当交由犯罪嫌疑人阅读或者向犯罪嫌疑人宣读，在犯罪嫌疑人确认无误后还应当要求其在笔录上签名，有条件的，还可以让犯罪嫌疑人按手印。会见笔录是律师在侦查阶段工作的一项重要体现，也是律师提供法律意见的重要依据之一。

会见笔录的格式主要由首部、正文和尾部三部分组成，首部包括会见笔录的标题、会见时间（包括起止时间）、会见地点（如看守所的第几会见室）、会见人（如果是两人会见，最好写明记录人）、被会见的犯罪嫌疑人等事项；正文主要包括律师的自我介绍、明确委托人并确定委托关系、了解到的案件情况、提供的法律咨询、进行的法律辅导和人文关怀等内容；尾部主要是要求犯罪嫌疑人阅读笔录并对笔录予以核对，确认无误后由犯罪嫌疑人签名、按捺手印，签署会见日期等。

初次会见犯罪嫌疑人的笔录范例：

会见笔录

时间：____年____月____日____时____分至____时____分

地点：____

会见人：________律师事务所________律师　　　　　　　记录人：

被会见人：________第________次会见

内容：

问：我们是________律师事务所的________律师，受你家属________的委托，担任你在侦查阶段的辩护人，你同意委托吗？如果同意，请在委托书上签字予以确认。

答：____

问：你的自然情况（包括姓名、有无曾用名、年龄、民族、党派、文化程度等）？有无重大疾病（包括有无疾病史、有无精神病史、当前身体状况等）？有无担任人大代表或政协委员？

答：____

问：之前是否受过行政处罚或刑事处罚？如有，涉及的处罚事由和处罚情况如何？

答：____

问：你知道涉嫌的罪名吗？现在向你介绍这个罪名的相关法律规定，你听清了吗？

答：____

问：你是什么时候被采取强制措施的？被采取什么强制措施？是在什么情况下采取的强制措施？当时有无其他人员在场？

答：____

问：被采取强制措施后，你的人身权利和诉讼权利有无受到侵犯？什么时候进入看守所？进看守所前有无进行体检？

答：____

问：你有参与涉嫌的案件吗？你把案情的经过陈述一下。

答：____

____

问：侦查人员对你有无进行审问？共审问过多少次？除了在看守所审问外，还有无在其他地方审问过？你是如何回答的？

答：____

问：讯问笔录你是否都看过？笔录记载的内容与你所说的是否一致？每页的笔录你有无签字捺印？

答：____

问：你有无退赃、立功等表现？

答：____

问：你在看守所的生活情况如何？休息和伙食情况如何？是否需要钱和衣物？对家人有无什么话要转达的？

答：______

问：在今天的会见中，律师有没有教唆你作虚假陈述或者作伪证？有无威胁、引诱、指使你翻供？

答：______

问：还有其他补充吗？

答：______

问：今天就会见到这里，下次再来见你，你多保重。

答：______

问：请仔细阅读笔录，我也可以读给你听，如果记录有遗漏或者错误的地方，可以补充或者更正，如果无误，请在每页笔录上签名或捺印予以确认。

答：______

（五）会见结束后的工作

1. 办理犯罪嫌疑人交接手续

律师会见在押的犯罪嫌疑人后，不能直接离开羁押场所，而应当遵守相关规定，与羁押场所办理完犯罪嫌疑人的交接手续后，方可离开。

2. 与犯罪嫌疑人的家属交流

一般情况下，律师会见完毕后，尤其是第一次会见结束后，犯罪嫌疑人的家属会非常迫切地想要与律师进行交流，询问犯罪嫌疑人的情况。律师应当理解家属的心情，告知犯罪嫌疑人的身体状况、精神状态，犯罪嫌疑人需要什么生活用品，以便家属及时提供；解答家属提出的法律问题，帮助家属分析法律关系。但是对于会见时了解到的案件情况，律师应当保持足够的谨慎，避免因告诉家属而影响甚至妨碍侦查工作的进行。

（六）会见应注意的事项

1. 不得为犯罪嫌疑人传递物品、信函，不得将通讯工具借给其使用

在实务中，有些律师可能因为不能正确应对来自犯罪嫌疑人及其家属的压力，或者受到委托人的欺骗，有意或者无意地在犯罪嫌疑人和其家属之间充当“信使”的角色。例如，为双方传递物品、信函，将自己的通讯工具借给犯罪嫌疑人与外界进行通话等。这样的做法本身不但违反了相关的法律规定，还可能帮助犯罪嫌疑人隐匿、毁灭、伪造证据或者串供，严重的情况下还可能导致对律师刑事责任的追究。因此，律师在面对为犯罪嫌疑人传递物品、信函或者将通讯工具借给犯罪嫌疑人使用的要求时，应当明确拒绝，即使由此承担丧失客户的后果。

2. 不得帮助犯罪嫌疑人隐匿、毁灭、伪造证据或者串供，不得进行妨碍司法机关诉讼活动的行为

《刑事诉讼法》第44条第1款规定："辩护人或者其他任何人，不得帮助犯罪嫌疑人、被告人隐匿、毁灭、伪造证据或者串供，不得威胁、引诱证人作伪证以及进行其他干扰司法机关诉讼活动的行为。"《刑法》第306条更是明确规定，在刑事诉讼中，辩护人"毁灭、伪造证据，帮助当事人毁灭、伪造证据，威胁、引诱证人违背事实改变证言或者作伪证"的行为属于"辩护人毁灭证据、伪造证据、妨害作证罪"。因此，作为辩护律师，应该严格遵守法律法规的规定，不得通过自己的会见，帮助犯罪嫌疑人隐匿、毁灭证据或者伪造无罪、罪轻的证据，从而干扰正常的司法活动。

3. 不得暗示、指使、诱导犯罪嫌疑人及其家属行贿

我国《刑法》中明确规定了行贿罪和介绍贿赂罪。《律师法》中也明确规定，律师在执业过程中不得向法官、检察官、仲裁员以及其他有关工作人员行贿、介绍贿赂或者指使、诱导当事人行贿。有上述违法行为的，由设区的市级或者直辖市的区人民政府司法行政部门给予停止执业6个月以上1年以下的处罚，可以处5万元以下的罚款；有违法所得的，没收违法所得；情节严重的，由省、自治区、直辖市人民政府司法行政部门吊销其律师执业证书；构成犯罪的，依法追究刑事责任。

在侦查阶段，尤其是在犯罪嫌疑人被羁押的情况下，犯罪嫌疑人和家属都希望律师能尽快会见到犯罪嫌疑人，希望犯罪嫌疑人能尽快出来，或者希望犯罪嫌疑人在羁押场所不遭罪，律师面对这种情况可以理解家属的心情，但要坚持原则，绝不能暗示、指使、诱导当事人向有关机关或者人员行贿，以达到不法目的。

4. 不得泄露当事人的隐私或者知悉的其他情况或信息

《刑事诉讼法》第48条规定，"辩护律师对在执业活动中知悉的委托人的有关情况和信息，有权予以保密。但是，辩护律师在执业活动中知悉委托人或者其他人，准备或者正在实施危害国家安全、公共安全以及严重危害他人人身安全的犯罪的，应当及时告知司法机关"。会见活动是律师的执业活动之一，律师对在会见过程中获悉的犯罪嫌疑人或者委托人的隐私、有关情况和信息，有权予以保密。泄露个人隐私的，由设区的市级或者直辖市的区人民政府司法行政部门给予警告，可以处1万元以下的罚款；有违法所得的，没收违法所得；情节严重的，给予停止执业3个月以上6个月以下的处罚。因此，对于个人隐私的保密，不但是辩护律师的权利，也是辩护律师的义务。

当然，辩护律师如果在会见过程中知悉委托人或者其他人，准备或者正在实施危害国家安全、公共安全以及严重危害他人人身安全的犯罪的，则应当及时告知司法机关，这是法律规定的辩护人的告知义务，但这里所涉及的犯罪仅限于危害国家安全、公共安全以及严重危害他人人身安全的犯罪，其他犯罪不在告知的义务范围之内。

二、通信

（一）通信的权利

我国《刑事诉讼法》第39条明确规定了辩护律师与在押的犯罪嫌疑人和被监视居住的犯罪嫌疑人通信的权利，这是辩护律师在整个刑事诉讼过程中的一项重要的权利，可以依法行使。

（二）通信的意义

通信是会见以外的律师与犯罪嫌疑人直接沟通交流的一项重要途径，律师可以通过通信的方式向犯罪嫌疑人了解案件的情况，了解犯罪嫌疑人对案件的意见，了解犯罪嫌疑人的目的、动机、手段和犯罪前后的思想变动和表现，了解犯罪嫌疑人的状态和需要的关怀，也可以通过通信的方式为犯罪嫌疑人解答法律问题，提供法律咨询。

（三）通信的局限

虽然通信的意义很大，但由于其局限性，实务中律师与犯罪嫌疑人通信的情况并不很普遍。一是通信的内容可能受到羁押看守所或者执行监视居住的机关的监控，有些情况并不便于在通信中充分体现，对于与案件有关的情况，律师通常通过会见犯罪嫌疑人得以解决；二是通信的时间、周期太长，交流的信息和情况难以得到及时的反馈，会见则不存在这样的弊端。

由于通信存在以上的局限性，律师在实务中，通常以通信的方式解决一些案件以外的问题，如询问需要什么生活用品、转达家人的问候等，或者异地律师在不方便经常会见的情况下通过通信方式了解一些不敏感的案件情况，等等。

（四）注意事项

1. 不得向犯罪嫌疑人提供妨碍侦查的内容。辩护律师与犯罪嫌疑人通信虽然是法律赋予的权利，但也应当依法行使，不得通过通信向犯罪嫌疑人提供妨碍侦查的内容，如告知其同案犯的供述，帮助犯罪嫌疑人进行隐匿、毁灭、伪造证据或者串供。

2. 对与犯罪嫌疑人的通信信息予以保密。辩护律师在与犯罪嫌疑人通信的过程中获知的个人隐私或者其他有关情况和信息，有权予以保密，包括对侦查机关或者犯罪嫌疑人的亲属。但对于在通信中知悉委托人或者其他人，准备或者正在实施危害国家安全、公共安全以及严重危害他人人身安全的犯罪的，应当及时告知司法机关。

3. 对与犯罪嫌疑人的通信信件予以保留并附卷备查。与犯罪嫌疑人通信是辩护律师的工作表现之一，还可以为案件辩护提供依据素材，律师应当保留这些信件并附卷备查。

4. 与犯罪嫌疑人通信的措辞应当更加严谨慎重。由于与犯罪嫌疑人的通信可能被监控，因而律师在通信措辞时应当更加谨慎，以免因措辞不当而面临执业风险。

附：本节相关法律规范性文件

1. 法律

《中华人民共和国刑法》（2020 年修正）（2021 年 3 月 1 日施行）第 306 条

《中华人民共和国刑事诉讼法》（2018 年修正）（2018 年 10 月 26 日施行）第 39 条、第 44 条、第 48 条

《中华人民共和国律师法》（2018 年 1 月 1 日施行）第 49 条

2. 规范性文件

《律师办理刑事案件规范》（2017 年 8 月 27 日施行）第 18～31 条

第三节　证据的收集和申请

新刑事诉讼法虽然赋予律师在侦查阶段的辩护人身份，但并未明确律师在侦查阶段的调查取证权。对于侦查阶段的辩护律师是否享有调查取证权，理论界也仍有很大的争议。但此次刑事诉讼法的修改，还是给律师在侦查阶段的工作留下了一定的空间。

一、无罪证据的收集和及时告知

《刑事诉讼法》第 42 条规定："辩护人收集的有关犯罪嫌疑人不在犯罪现场、未达到刑事责任年龄、属于依法不负刑事责任的精神病人的证据，应当及时告知公安机关、人民检察院。"由此可知：

1. 律师在侦查阶段有权收集犯罪嫌疑人无罪的证据。

2. 律师收集到犯罪嫌疑人无罪的证据有义务及时告知公安机关或者人民检察院。

3. 上述提到的无罪证据包括：（1）犯罪嫌疑人不在犯罪现场；（2）犯罪嫌疑人未达到刑事责任年龄；（3）犯罪嫌疑人属于依法不负刑事责任的精神病人。

案例分析

谭律师在侦查阶段为涉嫌故意杀人罪的犯罪嫌疑人贡某提供辩护。在会见的过程中，贡某提到，他从来没有参与什么杀人，警察来提审他时说死者是发现在宾馆，死亡时间经鉴定是 1 月 8 日晚上 9 点左右，但因为时隔快半年了，他回忆了一下，那天晚上他有可能和三个朋友在一家麻将馆打麻将，根本就不可能去杀人。谭律师听到这个信息后非常重视，于是走访了贡某提到的那个麻将馆，麻将馆老板找出了 1 月份的登记，发现贡某 1 月 8 日确实是在麻将馆打麻将，从下午 7 点一直打到夜里 12 点，老板还回忆说，那晚贡某赢了不少，很高兴，还多给他很多小费。随后，谭律师复印了

麻将馆的登记表，并让麻将馆老板写了一份情况说明，然后将材料立即送给了公安机关。

公安机关核实了材料，并还找到了当晚和贡某一起打麻将的人，确实证明贡某案发当晚不在现场，贡某最终被无罪释放。

二、无罪和罪轻证据的申请调取

1. 申请调取的时间：对于侦查阶段律师申请调取证据的时间是在案件移送审查逮捕之后。如果案件尚未移送审查逮捕，或者是在审查逮捕之前，律师不享有申请权。

2. 申请调取的内容：公安机关在侦查阶段收集的证明犯罪嫌疑人无罪或者罪轻的证据材料，而且该证据材料未提交。

3. 申请调取的对象：律师应向人民检察院申请，申请人民检察院向公安机关调取。

4. 申请调取的后果：人民检察院案件管理部门应当及时将申请材料送侦查监督部门或者公诉部门办理。经审查，认为辩护人申请调取的证据已收集并且与案件事实有联系的，应当予以调取；认为辩护人申请调取的证据未收集或者与案件事实没有联系的，应当决定不予调取并向辩护人说明理由。公安机关移送相关证据材料的，人民检察院应当在3日以内告知辩护人。

5. 申请调取的文书：律师向人民检察院申请调取公安机关收集的但未提交的证明犯罪嫌疑人无罪或者罪轻的证据材料，一般应递交书面申请，申请书的参考格式如下：

调取无罪、罪轻证据材料申请书

申请人：________律师事务所________律师

通信地址或联系方式：________________

申请事项：申请调取证明犯罪嫌疑人无罪（或罪轻）的证据材料。

申请理由：

在犯罪嫌疑人涉嫌________一案中，作为________的辩护律师，发现（侦查机关、检察机关）在（侦查、审查起诉）期间收集的证明犯罪嫌疑人无罪（或罪轻）的下列证据材料未提交：

____

根据《中华人民共和国刑事诉讼法》第四十一条的规定，特申请贵院调取。

此致

____

申请人（签名）：

年　月　日

附：本节相关法律规范性文件

1. 法律

《中华人民共和国刑事诉讼法》(2018 年修正)(2018 年 10 月 26 日施行) 第 41 条、第 42 条
《中华人民共和国律师法》(2017 年修正)(2018 年 1 月 1 日施行) 第 35 条

2. 规范性文件

《公安机关办理刑事案件程序规定》(2020 年修正)(2020 年 9 月 1 日施行) 第 191 条

第四节 参与审查逮捕程序

参与审查逮捕程序是律师办理侦查阶段刑事案件一项非常重要的工作，是新《刑事诉讼法》赋予律师的一项新的权利，律师应当运用好这一利器，为当事人争取合法权益。

一、律师参与的法律依据

1.《刑事诉讼法》第 88 条第 2 款规定："人民检察院审查批准逮捕，可以询问证人等诉讼参与人，听取辩护律师的意见；辩护律师提出要求的，应当听取辩护律师的意见。"

2.《人民检察院刑事诉讼规则》第 54 条规定："在人民检察院侦查、审查逮捕、审查起诉过程中，辩护人提出要求听取其意见的，办案部门应当及时安排。辩护人提出书面意见的，办案部门应当接收并登记。"第 261 条规定："办理审查逮捕案件，犯罪嫌疑人已经委托辩护律师的，可以听取辩护律师的意见。辩护律师提出要求的，应当听取辩护律师的意见。对辩护律师的意见应当制作笔录，辩护律师提出的书面意见应当附卷。办理审查起诉案件，应当听取辩护人或者值班律师、被害人及其诉讼代理人的意见，并制作笔录。辩护人或者值班律师、被害人及其诉讼代理人提出书面意见的，应当附卷。对于辩护律师在审查逮捕、审查起诉阶段多次提出意见的，均应如实记录。辩护律师提出犯罪嫌疑人不构成犯罪、无社会危险性、不适宜羁押或者侦查活动有违法犯罪情形等书面意见的，检察人员应当审查，并在相关工作书中说明是否采纳的情况和理由。"

3.《人民检察院审查逮捕质量标准》第 11 条规定："犯罪嫌疑人委托的律师提出不构成犯罪、无逮捕必要、不适宜羁押、侦查活动有违法犯罪情形等书面意见以及相关证据材料的，应当认真审查，并在审查逮捕意见书中说明是否采纳的情况和理由。必要时，可以当面听取受委托律师的意见。"

二、参与审查逮捕程序的方式

根据上述法律依据，律师参与审查逮捕程序主要是以"发表意见"的方式参与，可以是口头意见，也可以是书面意见。但为了让检察院的侦查监督部门更好地听取并采纳律师

意见，最好是以口头与书面结合的方式，不但要与侦查监督部门进行口头沟通和交流，还应当向他们递交犯罪嫌疑人不构成犯罪、无社会危险性、不适宜羁押、侦查活动有违法犯罪情形等书面意见。

三、参与审查逮捕程序的时间

《人民检察院刑事诉讼规则》第 282 条规定："对公安机关提请批准逮捕的犯罪嫌疑人，已经被拘留的，人民检察院应当在收到提请批准逮捕书后的七日以内作出是否批准逮捕的决定；未被拘留的，应当在收到提请批准逮捕书后十五日以内作出是否批准逮捕的决定，重大、复杂案件，不得超过二十日。"由此可见，检察机关审查逮捕的期限较短，一般是 7 天以内，最长的也不得超过 20 天。因此，律师如果要对逮捕的必要性发表意见，不论是口头的还是书面的，都应当在法律规定的期限范围内进行，否则，一旦有关机关已经作出了逮捕的决定，再发表意见就已经晚了。

四、参与审查逮捕程序的手续

审查逮捕程序虽然仍然在侦查阶段，但负责审查逮捕的是检察机关的侦查监督部门，所以律师要参与审查逮捕程序，还应当向检察机关的侦查监督部门递交相关的手续以表明身份，在实践中，有些检察机关是由案管部门或案管中心接收手续，然后转交侦查监督部门，律师应当根据了解的检察机关的实际情况确定递交手续的部门。相关的手续与递交给侦查机关的手续相同，主要包括，律师事务所证明、委托书或者法律援助公函、律师执业证书复印件、委托人身份证复印件等。

五、撰写《不予逮捕意见书》

律师参与审查逮捕程序，其中最重要的一项工作就是根据案件情况和犯罪嫌疑人的情况撰写书面的《不予逮捕意见书》。由于审查逮捕程序时间短，律师又没有阅卷权，律师撰写《不予逮捕意见书》主要要从犯罪嫌疑人不构成犯罪、无社会危险性、不适宜羁押、侦查活动有违法犯罪情形等角度入手，排除案件具有符合逮捕条件的情形，或者案件具有可以不予批准逮捕的情形。

（一）是否有证据证明有犯罪事实

根据《人民检察院审查逮捕质量标准》第 2 条的规定，"有证据证明有犯罪事实"，是指同时具备以下情形：

1. 有证据证明发生了犯罪事实，该犯罪事实可以是单一犯罪行为的事实，也可以是数个犯罪行为中任何一个犯罪行为的事实；

2. 有证据证明犯罪事实是犯罪嫌疑人实施的；

3. 证明犯罪嫌疑人实施犯罪行为的证据已查证属实的。

根据《人民检察院审查逮捕质量标准》第 3 条的规定，具有以下情形之一的，不属于“有证据证明有犯罪事实”：

1. 证据所证明的事实不构成犯罪的；

2. 仅有犯罪嫌疑人的有罪供述，而无其他证据印证的；

3. 证明犯罪嫌疑人有罪和无罪的主要证据之间存在重大矛盾且难以排除的；

4. 共同犯罪案件中，同案犯的供述存在重大矛盾，且无其他证据证明犯罪嫌疑人实施了共同犯罪行为的；

5. 没有直接证据，而间接证据不能相互印证的；

6. 证明犯罪的证据中，对于采取刑讯逼供等非法手段取得的犯罪嫌疑人供述和采用暴力、威胁等非法手段取得的证人证言、被害人陈述依法予以排除后，其余的证据不足以证明有犯罪事实的；

7. 现有证据不足以证明犯罪主观方面要件的；

8. 虽有证据证明发生了犯罪事实，但无证据证明犯罪事实是该犯罪嫌疑人实施的；

9. 其他不能证明有犯罪事实的情形。

（二）是否可能判处徒刑以上刑罚

根据《人民检察院审查逮捕质量标准》第 4 条的规定，“可能判处徒刑以上刑罚”，是指根据已经查明的犯罪事实和情节，可能判处徒刑以上刑罚。

（三）是否具有社会危险性

1. 是否可能实施新的犯罪

根据最高人民检察院、公安部《关于逮捕社会危险性条件若干问题的规定（试行）》第 5 条的规定，从以下几个方面考察犯罪嫌疑人是否“可能实施新的犯罪”。

（1）案发前或者案发后正在策划、组织或者预备实施新的犯罪的；

（2）扬言实施新的犯罪的；

（3）多次作案、连续作案、流窜作案的；

（4）一年内曾因故意实施同类违法行为受到行政处罚的；

（5）以犯罪所得为主要生活来源的；

（6）有吸毒、赌博等恶习的；

（7）其他可能实施新的犯罪的情形。

2. 是否有危害国家安全、公共安全或者社会秩序的现实危险性

根据最高人民检察院、公安部《关于逮捕社会危险性条件若干问题的规定（试行）》第 6 条的规定，从以下几个方面考察犯罪嫌疑人是否“有危害国家安全、公共安全或者社会秩序的现实危险性”。

（1）案发前或者案发后正在积极策划、组织或者预备实施危害国家安全、公共安全或

者社会秩序的重大违法犯罪行为的；

（2）曾因危害国家安全、公共安全或者社会秩序受到刑事处罚或者行政处罚的；

（3）在危害国家安全、黑恶势力、恐怖活动、毒品犯罪中起组织、策划、指挥作用或者积极参加的；

（4）其他有危害国家安全、公共安全或者社会秩序的现实危险的情形。

3. 是否可能毁灭、伪造证据，干扰证人作证或者串供

根据最高人民检察院、公安部《关于逮捕社会危险性条件若干问题的规定（试行）》第7条的规定，从以下几个方面考察犯罪嫌疑人是否“可能毁灭、伪造证据，干扰证人作证或者串供”。

（1）曾经或者企图毁灭、伪造、隐匿、转移证据的；

（2）曾经或者企图威逼、恐吓、利诱、收买证人，干扰证人作证的；

（3）有同案犯罪嫌疑人或者与其在事实上存在密切关联犯罪的犯罪嫌疑人在逃，重要证据尚未收集到位的；

（4）其他可能毁灭、伪造证据，干扰证人作证或者串供的情形。

4. 是否可能对被害人、举报人、控告人实施打击报复

根据最高人民检察院、公安部《关于逮捕社会危险性条件若干问题的规定（试行）》第8条的规定，从以下几个方面考察犯罪嫌疑人是否“可能对被害人、举报人、控告人实施打击报复”。

（1）扬言或者准备、策划对被害人、举报人、控告人实施打击报复的；

（2）曾经对被害人、举报人、控告人实施打击、要挟、迫害等行为的；

（3）采取其他方式滋扰被害人、举报人、控告人的正常生活、工作的；

（4）其他可能对被害人、举报人、控告人实施打击报复的情形。

5. 是否企图自杀或者逃跑

根据最高人民检察院、公安部《关于逮捕社会危险性条件若干问题的规定（试行）》第9条的规定，从以下几个方面考察犯罪嫌疑人是否“企图自杀或者逃跑”。

（1）着手准备自杀、自残或者逃跑的；

（2）曾经自杀、自残或者逃跑的；

（3）有自杀、自残或者逃跑的意思表示的；

（4）曾经以暴力、威胁手段抗拒抓捕的；

（5）其他企图自杀或者逃跑的情形。

（四）是否有逮捕必要性

根据《人民检察院审查逮捕质量标准》第6条的规定，犯罪嫌疑人涉嫌的罪行较轻，且没有其他重大犯罪嫌疑，具有以下情形之一的，可以认为没有逮捕必要：

1. 属于预备犯、中止犯、或者防卫过当、避险过当的；

2. 主观恶性较小的初犯、偶犯，共同犯罪中的从犯、胁从犯，犯罪后自首、有立功表现或者积极退赃、赔偿损失、确有悔罪表现的；

3. 过失犯罪的犯罪嫌疑人，犯罪后有悔罪表现，有效控制损失或者积极赔偿损失的；

4. 因邻里、亲友纠纷引发的伤害等案件，犯罪嫌疑人在犯罪后向被害人赔礼道歉、赔偿损失，取得被害人谅解的；

5. 犯罪嫌疑人系已满14周岁未满18周岁的未成年人或者在校学生，本人有悔罪表现，其家庭、学校或者所在社区以及居民委员会具备监护、帮教条件的；

6. 犯罪嫌疑人系老年人或者残疾人，身体状况不适宜羁押的；

7. 不予羁押不致危害社会或者妨碍刑事诉讼正常进行的其他无逮捕必要的情形。

附：本节相关法律规范性文件

1. 法律

《中华人民共和国刑事诉讼法》（2018年修正）（2018年10月26日施行）第88～92条

2. 规范性文件

最高人民检察院《人民检察院刑事诉讼规则》（2019年12月30日施行）第54条、第261条

最高人民检察院《人民检察院审查逮捕质量标准》（2010年8月25日施行）

最高人民检察院、公安部《关于逮捕社会危险性条件若干问题的规定（试行）》（2015年10月9日施行）

第五节 申请羁押必要性审查

律师参与逮捕审查程序，如果提交的不予逮捕的意见并未被侦查监督部门采纳，在侦查监督部门作出逮捕决定后，律师仍然还可以继续参与有关羁押必要性的审查。羁押必要性审查制度是新《刑事诉讼法》增设的内容。

一、羁押必要性审查的法律依据

1.《刑事诉讼法》第95条规定：“犯罪嫌疑人、被告人被逮捕后，人民检察院仍应当对羁押的必要性进行审查。对不需要继续羁押的，应当建议予以释放或者变更强制措施。有关机关应当在十日以内将处理情况通知人民检察院。”

2.《人民检察院刑事诉讼规则》第573条规定：犯罪嫌疑人、被告人被逮捕后，人民检察院仍应当对羁押的必要性进行审查。第574条规定：犯罪嫌疑人、被告人及其法定代理人、近亲属或者辩护人可以申请人民检察院进行羁押必要性审查。申请时应当说明不需要继续羁押的理由，有相关证据或者其他材料的应当提供。

3. 最高人民检察院2016年1月22日颁布的《人民检察院办理羁押必要性审查案件规定（试行）》以及最高人民检察院刑事执行检察厅2016年7月11日颁布的《关于贯彻执行〈人民检察院办理羁押必要性审查案件规定（试行）〉的指导意见》对羁押必要性审查制度作出了详尽规定，对立案的条件、审查的内容和标准以及结案的情形均作出了明确的规定。

二、申请羁押必要性审查的时间

律师参与逮捕审查程序是在有关机关作出逮捕决定之前，而羁押必要性审查是对被逮捕的犯罪嫌疑人有无继续羁押的必要性进行审查，所以应当在作出逮捕决定之后提出该项申请。但如果是在逮捕之后立即就提出羁押必要性审查的申请，被立案的可能性较低，因为作出予以逮捕决定的机关和审查羁押必要性的机关均为检察机关，在很短的时间内改变原有的决定继而建议释放或者变更强制措施的可能性是很小的，而且根据最高人民检察院刑事执行检察厅《关于贯彻执行〈人民检察院办理羁押必要性审查案件规定（试行）〉的指导意见》第15条的规定，侦查监督部门作出批准逮捕或者批准延长侦查羁押期限决定不满一个月的，经初审后一般不予立案。因此，律师如果要在侦查阶段申请羁押必要性审查，应当在犯罪嫌疑人被逮捕一个月后进行，以免连立案程序都进入不了。

三、申请羁押必要性审查的程序

（一）申请的内容

依据《刑事诉讼法》第95条规定申请对被逮捕的犯罪嫌疑人、被告人有无继续羁押的必要性进行审查，根据《刑事诉讼法》第96条和第97条的规定，申请对犯罪嫌疑人变更或者解除逮捕强制措施的，不属于羁押必要性审查。对申请变更或者解除逮捕强制措施，我们将在下一节专节讲述。

（二）申请的机关

申请羁押必要性审查，律师原则上应当向办案机关对应的同级人民检察院刑事执行检察部门申请。如果检察机关没有设立刑事执行检察部门的，则向负责刑事执行检察工作的专职人员申请。由于检察机关的侦查监督、公诉、侦查、案件管理、检察技术、羁押地派驻看守所检察室等部门均应对刑事执行检察部门给予配合，必要时，律师也可以请求这些部门给予帮助。

（三）申请的手续

根据《人民检察院刑事诉讼规则》的规定，辩护人有权申请人民检察院进行羁押必要性审查，但申请时应当说明不需要继续羁押的理由并提供相关证据或者其他材料。因此，律师提出申请时，应当递交《羁押必要性审查申请书》及相关证据或者其他材料。除此之外，辩护律师也应当提交诸如律师事务所证明、委托书或者法律援助公函、律师执业证书复印件、委托人身份证复印件等手续以表明辩护人的身份。

四、掌握羁押必要性审查的内容

掌握审查机关办理羁押必要性审查案件应当审查的内容，了解加分项目、减分项目、否决项目等具体标准，有利于律师撰写《羁押必要性审查申请书》，有利于指导律师提供哪些证据或者材料，如力争找到更多的加分项目，排除减分项目尤其是要绝对排除否决项目。

（一）审查内容

1. 犯罪嫌疑人、被告人的基本情况，原案涉嫌的罪名、犯罪的性质、情节，可能判处的刑罚；

2. 原案所处的诉讼阶段，侦查取证的进展情况，犯罪事实是否基本查清，证据是否收集固定，犯罪嫌疑人、被告人是否认罪，供述是否稳定；

3. 犯罪嫌疑人、被告人的羁押期限是否符合法律规定，是否有相应的审批手续，羁押期限是否即将届满，是否属于羁押超过 5 年的久押不决案件或者羁押期限已满 4 年的久押不决预警案件；

4. 犯罪嫌疑人、被告人是否存在可能作不起诉处理、被判处管制、拘役、独立适用附加刑、免予刑事处罚、判决无罪或者宣告缓刑的情形；

5. 犯罪嫌疑人、被告人是否有认罪、悔罪、坦白、自首、立功、积极退赃、与被害人达成和解协议并履行赔偿义务等从宽处理情节；

6. 犯罪嫌疑人、被告人是否有前科、累犯等从严处理情节；

7. 共同犯罪的，是否有不在案的共犯，是否存在串供可能；

8. 犯罪嫌疑人、被告人的身体健康状况；

9. 犯罪嫌疑人、被告人在本地有无固定住所、工作单位，是否具备取保候审、监视居住的条件；

10. 犯罪嫌疑人、被告人的到案方式，是否被通缉到案，或者是否因违反取保候审、监视居住规定而被逮捕；

11. 其他内容。

（二）加分项目

1. 具有《人民检察院刑事诉讼规则》第 579 条规定的情形的；

2. 具有前述指导意见第 26 条、第 27 条规定的情形的；

3. 积极退赃、退赔的；
4. 被害人有过错的；
5. 系在校学生犯罪的；
6. 在本市有固定住所、工作单位的；
7. 能够提供适格保证人或者缴纳足额保证金的；
8. 具备监视居住条件的；
9. 其他应当加分的情形。

（三）减分项目

1. 犯罪嫌疑人、被告人不认罪或者供述不稳定，反复翻供的；
2. 矛盾尚未化解的；
3. 犯罪嫌疑人、被告人在本市没有固定住所、固定工作，无力维持正常生活的；
4. 办案机关明确反对变更强制措施，认为有继续羁押的必要且具有合法、合理的理由的；
5. 犯罪嫌疑人、被告人所在单位、所居住社区明确反对变更强制措施，认为有继续羁押的必要且具有合法、合理的理由的；
6. 其他应当减分的情形。

（四）否决项目

1. 具有《刑事诉讼法》第81条规定的情形的；
2. 具有《关于贯彻执行〈人民检察院办理羁押必要性审查案件规定（试行）〉的指导意见》第15条规定的情形的；
3. 具有重大社会影响，不宜进行羁押必要性审查的；
4. 提供的申请材料故意造假的；
5. 其他应当否决的情形。

《羁押必要性审查申请书》参考格式如下：

羁押必要性审查申请书

申请人：________律师事务所________律师

通信地址或联系方式：________________________________

申请事项：对犯罪嫌疑人________进行羁押必要性审查

事实与理由：

犯罪嫌疑人因涉嫌……被执行逮捕，现羁押于看守所。申请人作为其辩护律师，认为其具有下列情形，对其进行羁押没有必要，依法应当释放或者变更强制措施：

____

____

根据《中华人民共和国刑事诉讼法》第九十五条、《人民检察院刑事诉讼规则》《人民检察院办理羁押必要性审查案件规定（试行）》和《关于贯彻执行〈人民检察院办理羁押必要性审查案件规定（试行）〉的指导意见》的规定，特申请对犯罪嫌疑人有无继续羁押的必要性进行审查。

此致

____

申请人签名：

（律师事务所章）

年　月　日

附：本节相关法律规范性文件

1. 法律

《中华人民共和国刑事诉讼法》（2018 年修正）（2018 年 10 月 26 日施行）第 95 条

2. 规范性文件

最高人民检察院《人民检察院刑事诉讼规则》（2019 年 12 月 30 日施行）第 573～581 条

最高人民检察院《人民检察院办理羁押必要性审查案件规定（试行）》（2016 年 1 月 22 日施行）

最高人民检察院刑事执行检察厅《关于贯彻执行〈人民检察院办理羁押必要性审查案件规定（试行）〉的指导意见》（2016 年 7 月 11 日施行）

第六节　申请变更、解除强制措施

一、申请变更强制措施

在侦查阶段，侦查机关根据案件情况，对犯罪嫌疑人可以采取拘传、拘留、逮捕、取保候审或者监视居住的强制措施，刑事诉讼法对每一种强制措施都明确规定了适用的条件，侦查机关应当依法适用，对犯罪嫌疑人采取强制措施不当的，律师有权申请变更强制措施。在实践中，主要存在以下情况：

（一）申请变更为取保候审

1. 什么情况下可以申请变更为取保候审

在侦查阶段，律师发现在押犯罪嫌疑人或者被监视居住的犯罪嫌疑人具有以下情形之一的，可以向侦查机关申请变更强制措施为取保候审：

（1）可能判处管制、拘役或者独立适用附加刑的；

（2）可能判处有期徒刑以上刑罚，采取取保候审不致发生社会危险性的；

（3）患有严重疾病、生活不能自理，怀孕或者正在哺乳自己婴儿的妇女，采取取保候审不致发生社会危险性的；

（4）羁押期限届满，案件尚未办结，需要采取取保候审的。

2. 申请变更为取保候审需要做哪些工作

（1）递交《取保候审申请书》

律师为犯罪嫌疑人申请取保候审时，应向有关机关提交申请书。申请书应写明律师事务所名称、律师姓名、通信地址及联系方法，申请事实及理由，保证方式等。

参考的格式如下：

变更强制措施申请书

申请人：________律师事务所________律师

通信地址或联系方式：______________________________。

申请事项：为犯罪嫌疑人________变更强制措施为取保候审。

事实与理由：

犯罪嫌疑人________因涉嫌犯________被采取________的强制措施。申请人作为其辩护律师，认为其具有下列情形，依法应当（可以）变更强制措施：

____

根据《中华人民共和国刑事诉讼法》第九十六条、第九十七条的规定，特申请对犯罪嫌疑人________变更强制措施为取保候审。

此致

____

申请人签名：

（律师事务所章）

年　月　日

（2）确定取保候审的方式

根据法律的规定，如果侦查机关决定对犯罪嫌疑人取保候审的，应对责令犯罪嫌疑人提出保证人或者交纳保证金。这时，律师还可以提供相关的法律意见，协助当事人确定取保候审的方式。

对于提出保证人的，要帮助审查保证人是否符合以下条件：1）与本案无牵连；2）有能力履行保证义务；3）享有政治权利，人身自由未受到限制；4）有固定的住处和收入。如果不符合以上条件，应当建议更换保证人，以免影响强制措施的变更。需要注意的是，律师不应为犯罪嫌疑人作保证人。

对于交纳保证金的，要帮助审查侦查机关确定的保证金数额是否合适，是否综合考虑了保证诉讼活动正常进行的需要，被取保候审人的社会危险性，案件的性质、情节，可能判处刑罚的轻重，被取保候审人的经济状况等情况，数额是否畸高，保证金是否存入执行机关指定银行的专门账户，程序是否合法，等等。

（3）对申请不被受理和答复进行救济

《人民检察院刑事诉讼规则》第 88 条规定："被羁押或者监视居住的犯罪嫌疑人及其法定代理人、近亲属或者辩护人向人民检察院申请取保候审，人民检察院应当在三日以内作出是否同意的答复。经审查符合本规则第八十六条规定情形之一的，可以对被羁押或者监视居住的犯罪嫌疑人依法办理取保候审手续；经审查不符合取保候审条件的，应当告知申请人，并说明不同意取保候审的理由。"

《公安机关办理刑事案件程序规定》（2020 年修正）第 160 条规定："犯罪嫌疑人及其法定代理人、近亲属或者辩护人有权申请变更强制措施。公安机关应当在收到申请后三日以内作出决定；不同意变更强制措施的，应当告知申请人，并说明理由。"

由此可见，侦查机关应当受理辩护律师的取保候审的申请，并在 3 日内作出是否同意的答复，不同意的应说明理由。受理和按时答复是侦查机关的义务，如果其在规定时间内不受理、不答复辩护人提出的申请，律师可以向同级或者上一级人民检察院申诉或者控告，控告检察部门应当接受并依法办理，相关办案部门应当予以配合。

（二）申请变更为监视居住

1. 什么情况下可以申请变更为监视居住

根据新《刑事诉讼法》第 75 条的规定，监视居住包括普通的监视居住和指定居所的监视居住两种。原则上，监视居住应当在犯罪嫌疑人的住处执行，只有当案件符合一定条件时才能在指定的居所执行，但仍不得在看守所、拘留所、监狱等羁押、监管场所以及留置室、讯问室等专门的办案场所、办公区域执行。

一般说来，只有当犯罪嫌疑人被采取拘留、逮捕的强制措施时，不符合取保候审条件的，才申请变更强制措施为监视居住；或者犯罪嫌疑人被采取指定居所的监视居住，申请变更为普通的监视居住。

（1）普通监视居住的条件

综合《刑事诉讼法》第 74 条、《公安机关办理刑事案件程序规定》（2020 年修正）第 109 条、《人民检察院刑事诉讼规则》第 107 条的规定，侦查机关对于符合逮捕条件，有下列情形之一的犯罪嫌疑人，可以监视居住：

1）患有严重疾病、生活不能自理的；

2）怀孕或者正在哺乳自己婴儿的妇女；

3）系生活不能自理的人的唯一扶养人；

4）因为案件的特殊情况或者办理案件的需要，采取监视居住措施更为适宜的；

5）羁押期限届满，案件尚未办结，需要采取监视居住措施的；

6）人民检察院决定不批准逮捕的犯罪嫌疑人，需要继续侦查，并且符合监视居住条件的；

7）符合取保候审条件，但犯罪嫌疑人不能提出保证人，也不交纳保证金的；

8）被取保候审人在取保候审执行过程中违反取保候审管理规定的。

（2）指定居所监视居住的条件

犯罪嫌疑人符合以上监视居住条件的，同时又具有以下情形之一的，可以在指定的居所执行：

1）犯罪嫌疑人无固定住处的。其中，固定住处一般是指被监视居住人在办案机关所在的市、县内生活的合法住处。

2）犯罪嫌疑人涉嫌危害国家安全犯罪、恐怖活动犯罪、特别重大贿赂犯罪，在住处执行可能有碍侦查的，经上一级人民检察院或者公安机关批准在指定的居所执行的。其中，“在住处执行可能有碍侦查”的情形是指：

a. 可能毁灭、伪造证据，干扰证人作证或者串供的；

b. 可能引起犯罪嫌疑人自残、自杀或者逃跑的；

c. 可能引起同案犯逃避、妨碍侦查的；

d. 犯罪嫌疑人在住处执行监视居住有人身危险的；

e. 犯罪嫌疑人的家属或者所在单位人员与犯罪有牵连的。

2. 申请变更为监视居住需要做哪些工作

（1）递交《变更强制措施申请书》

律师申请变更强制措施应当递交书面申请，申请书中应当写明律师事务所名称、律师姓名、通信地址及联系方法，申请事实及理由。

参考格式如下：

变更强制措施申请书

申请人：________律师事务所________律师

通信地址或联系方式：________。

申请事项：为犯罪嫌疑人________变更强制措施为监视居住。

事实与理由：

犯罪嫌疑人________因涉嫌犯________，被采取________的强制措施。申请人作为其辩护律师，认为其具有下列情形，对其进行羁押没有必要，依法应当（可以）变更强制措施：

____

根据《中华人民共和国刑事诉讼法》第九十六条、第九十七条的规定，特申请对犯罪嫌疑人________变更强制措施为监视居住。

此致

____

申请人签名：

（律师事务所章）

年　月　日

（2）对申请不被受理和答复进行救济

根据《刑事诉讼法》第 97 条、《人民检察院刑事诉讼规则》第 88 条以及《公安机关办理刑事案件程序规定》(2020年修正) 第160条的规定，侦查机关应当在收到律师提交的变更强制措施申请后3日内作出是否同意的答复，不同意变更强制措施的，应当告知申请律师，并说明理由。如果侦查机关在规定时间内不受理、不答复辩护人提出的申请，律师可以向同级或者上一级人民检察院申诉或者控告，控告检察部门应当接受并依法办理，相关办案部门应当予以配合。

二、申请解除强制措施

根据《刑事诉讼法》第99条的规定，辩护律师对于侦查机关采取强制措施法定期限届满的，有权要求解除强制措施。申请时，应递交书面的《解除强制措施申请书》或者《要求解除强制措施的函》，格式如下：

解除强制措施申请书

[　　]第　号

申请人：________律师事务所________律师

通讯地址或联系方式：____________________

请求事项：解除对犯罪嫌疑人________采取的________强制措施。

申请理由：犯罪嫌疑人________因涉嫌________一案，于________年________月________日________时被________采取________的强制措施，现法定期限已经届满。作为犯罪嫌疑人________委托的律师（辩护人），根据《中华人民共和国刑事诉讼法》第九十九条的规定，特申请解除对其采取的该强制措施。

此致

____

申请人签名：

（律师事务所章）

年　月　日

要求解除强制措施的函

____________________：

贵单位办理的犯罪嫌疑人________因涉嫌________一案，犯罪嫌疑人__________从____年____月____日____时开始，被采取了________的强制措施，至今法定期限已届满。本人作为犯罪嫌疑人委托的辩护律师，根据《中华人民共和国刑事诉讼法》第九十九条的规定，特向贵单位提出，要求解除对其采取的强制措施。

此致

____

辩护律师（签名）：

年　月　日

附：本节相关法律规范性文件

1. 法律

《中华人民共和国刑事诉讼法》（2018 年修正）（2018 年 10 月 26 日施行）第 38 条、第 67 条、第 74 条、第 76 条、第 97 条、第 99 条

全国人民代表大会常务委员会《关于〈中华人民共和国刑事诉讼法〉第七十九条第三款的解释》（2014 年 4 月 24 日施行）

2. 规范性文件

最高人民法院、最高人民检察院、公安部、国家安全部、司法部、全国人大常委会法制工作委员会《关于实施刑事诉讼法若干问题的规定》（2013 年 1 月 1 日施行）第 6 条

《公安机关办理刑事案件程序规定》（2020 年修正）（2020 年 9 月 1 日施行）第 109 条、第 160 条

最高人民检察院《人民检察院刑事诉讼规则》（2019 年 12 月 30 日施行）第 88 条、第 107 条

《律师办理刑事案件规范》（2017 年 8 月 27 日施行）第 51～59 条

第七节　提出法律意见

辩护人的责任就是根据事实和法律，提出犯罪嫌疑人、被告人无罪、罪轻或者减轻、免除其刑事责任的材料和意见，维护犯罪嫌疑人、被告人的诉讼权利和其他合法权益，故而，针对事实和法律提出自己的意见是辩护律师的职责所在，也是辩护工作的集中体现。

一、提出法律意见的方式

关于律师提出法律意见的方式，刑事诉讼法和相关司法解释都没有进行任何限制，既可以采取口头的方式与有关部门进行交流，由有关部门记录在案；也可以采取书面的法律意见书的方式递交给有关部门，由有关部门附卷。在实务中，对于阶段性的或者全面的意见，最好提供完整的书面意见，如在审查逮捕阶段或者侦查终结之前；对于零散的意见或者书面意见里提到但需要强调的，可以进行多次的口头交流。

在正式交流之前，为郑重起见，律师也可以向司法机关去函，要求办案人员安排时间和地点，听取律师意见，格式文书可以参考如下：

要求听取律师意见的函

____________________：

贵单位办理的犯罪嫌疑人__________涉嫌__________一案中，本人作为（犯罪嫌疑人或被害人）__________聘请的律师，根据《中华人民共和国刑事诉讼法》第八十八条、

第一百六十一条、第一百七十三条、第二百五十一条的规定，向贵单位提出，要求办案人员听取律师意见，请予以安排。

律师事务所名称：

律师姓名：　　　　　　　　　　　　　　电话：

通讯地址或其他联系方式：

此致

____

律师（签名）：

年　月　日

二、提出法律意见的时机

在侦查期间，律师有权在任何时间提出法律意见，法律对其没有严格的限制。在实践中，对于律师提出的意见，有的办案机关会听取，而有的办案机关不听取。为了避免办案机关不认真听取律师的意见，刑事诉讼法在侦查阶段的两个时间点上作出了要求办案机关应当听取辩护律师意见的规定，辩护律师应当把握好时机。

（一）审查批捕阶段

《刑事诉讼法》第 88 条、第 280 条规定，“人民检察院审查批准逮捕，可以询问证人等诉讼参与人，听取辩护律师的意见；辩护律师提出要求的，应当听取辩护律师的意见”；其中，“对未成年犯罪嫌疑人、被告人应当严格限制适用逮捕措施。人民检察院审查批准逮捕和人民法院决定逮捕，应当讯问未成年犯罪嫌疑人、被告人，听取辩护律师的意见”。

（二）侦查终结之前

《刑事诉讼法》第 161 条规定，“在案件侦查终结前，辩护律师提出要求的，侦查机关应当听取辩护律师的意见，并记录在案。辩护律师提出书面意见的，应当附卷”。

三、提出法律意见的对象

1. 向侦查机关提出法律意见

在侦查阶段，辩护律师提出法律意见主要还是针对侦查机关，可对案件的实体问题和程序问题与侦查机关进行交流，提出法律意见，主要包括：

（1）对本案管辖问题的意见；

（2）对本案侦查人员是否应当回避的意见；

（3）对本案中犯罪嫌疑人被采取强制措施的意见；

（4）对本案犯罪嫌疑人所涉嫌罪名的意见；

（5）对本案犯罪嫌疑人是否参与涉嫌的犯罪事实的意见；

（6）对本案中犯罪嫌疑人是否具有从轻、减轻、免除处罚情节的意见；

（7）其他意见。

2. 向检察院提出法律意见

"人民检察院审查批准逮捕，可以询问证人等诉讼参与人，听取辩护律师的意见；辩护律师提出要求的，应当听取辩护律师的意见"是2012年《刑事诉讼法》修改新增的内容，由此辩护律师在侦查阶段不但可以向侦查机关提出意见，还可以直接参与到审查批准逮捕阶段和羁押必要性审查环节，向人民检察院的侦查监督部门和刑事执行检察部门直接提出意见。

四、提出法律意见的内容

辩护律师在侦查期间提出法律意见的内容非常广泛，既可以对实体问题提出意见，也可以对程序问题提出意见；既可以在审查批准逮捕阶段提出意见，也可以在侦查终结前提出意见，甚至可以在逮捕后的羁押必要性审查环节提出意见。

前面已经就"参与审查逮捕程序"和"申请羁押必要性审查"做了专节介绍，对如何提出意见甚至撰写意见做了详尽的阐述，在此不再赘述，只针对侦查终结阶段的法律意见进行说明。

《刑事诉讼法》第161条规定："在案件侦查终结前，辩护律师提出要求的，侦查机关应当听取辩护律师的意见，并记录在案。辩护律师提出书面意见的，应当附卷。"可见，辩护律师在侦查终结前提出的法律意见，尤其是书面意见，应被记录在案或者附卷。这里的法律意见，也应当全面并具有一定的总结性，既包括实体问题，如罪名确定是否准确、是否具有法定或者酌定的从轻、减轻、免除处罚的情节；也包括程序问题，如管辖是否正确、采取的强制措施是否合法恰当、程序是否合法等。

附：本节相关法律规范性文件

1. 法律

《中华人民共和国刑事诉讼法》（2018年修正）（2018年10月26日施行）第88条、第161条、第280条

2. 规范性文件

《公安机关办理刑事案件程序规定》（2020年修正）（2020年9月1日施行）第42条、第58条

最高人民检察院《人民检察院刑事诉讼规则》（2019年12月30日施行）第140条

第八节　其他法律服务

一、代理申诉、控告

律师为犯罪嫌疑人代理申诉、控告是其履行辩护权的一种重要手段。我国宪法赋予了公民在人身、财产等权利受到侵犯时向有关机关进行申诉和控告的权利。在侦查过程中，由于公权力机关与犯罪嫌疑人之间的力量不平衡，犯罪嫌疑人的合法权益极易受到侵犯，如受到刑讯逼供或非人道待遇等。而与此同时，由于犯罪嫌疑人被限制甚至被剥夺了人身自由，难以行使申诉、控告的权利，且在一般情况下犯罪嫌疑人缺乏必要的专业的法律知识，独立维权非常困难。因此，作为犯罪嫌疑人的辩护律师，代理申诉、控告也是一项重要的法律服务。

（一）代理申诉

侦查阶段的申诉是指犯罪嫌疑人认为自己不构成犯罪、不应当负刑事责任时向有关机关提出申诉理由并要求纠正的活动。

1. 申诉的事由

根据相关规定，辩护律师根据向侦查机关了解的犯罪嫌疑人涉嫌的罪名和向犯罪嫌疑人了解的案件情况，认为确有错误的，可接受犯罪嫌疑人的委托，代理其向有关机关提出申诉，要求予以纠正。具体事由包括：

（1）犯罪嫌疑人的行为不构成犯罪的；

（2）犯罪嫌疑人属于《刑事诉讼法》第 16 条规定的法定不予追究刑事责任的情形之一的；

（3）侦查机关对犯罪嫌疑人的法律认定存在错误的。

2. 申诉的方式

一般说来，辩护律师代理申诉应当递交书面的申诉状，参考格式如下：

申　诉　状

申诉人：姓名，性别，年龄，工作单位，住址等

申诉事由：申诉人的________行为不构成犯罪

事实和理由：

1. 陈述案件事实

2. 提出认为犯罪嫌疑人的行为不构成犯罪（或者不应当被追究刑事责任、侦查机关对犯罪嫌疑人的法律认定存在错误）的理由和法律依据。

此致

____

申诉人：________（签名）

代理人：________律师事务所________律师

年 月 日

（二）代理控告

侦查阶段的控告是指犯罪嫌疑人的合法权益受到侦查机关或强制措施执行机关的侵犯时，有权向有关机关提出控告，要求停止侵犯并对相关责任人员追究法律责任的活动。

1. 控告的事由

辩护律师根据向犯罪嫌疑人了解的有关案件情况和其他有关证据材料，认为侦查人员在办案中违反法律规定，侵犯犯罪嫌疑人的人身权利、诉讼权利或其他合法权益，或者认为侦查机关管辖不当的，可以接受犯罪嫌疑人的委托，代理其向有关部门提出控告。具体来讲，侦查机关、强制措施执行机关有下列行为之一，侵犯了犯罪嫌疑人的合法权利的，辩护律师有权代理其提出控告：

（1）没有管辖权而管辖案件的；

（2）有关人员应当回避而不回避的；

（3）未依法告知犯罪嫌疑人有委托辩护人权利的；

（4）未转达在押的或者被监视居住的犯罪嫌疑人委托辩护人的要求的；

（5）应当通知而不通知法律援助机构为符合条件的犯罪嫌疑人或者被申请强制医疗的人指派律师提供辩护或者法律援助的；

（6）对犯罪嫌疑人进行刑讯逼供的；

（7）体罚、虐待犯罪嫌疑人的；

（8）对犯罪嫌疑人适用强制措施违法，或者采取强制措施超过法定期限的；

（9）其他侵犯犯罪嫌疑人合法权益的行为。

2. 控告的方式

一般说来，辩护律师代理控告应当递交书面的控告状，参考格式如下：

控 告 状

控告人：姓名，性别，年龄，工作单位，住址等

控告事由：侦查人员（管教人员）________对控告人进行________（如刑讯逼供等）

事实和理由：

1. 陈述案件事实，控告侦查人员（管教人员）对控告人进行了刑讯逼供等行为。

2. 提供相关的证据或者线索，要求追究该人员的法律责任。

此致

____

控告人：________（签名）

代理人：________律师事务所________律师

年 月 日

二、申请回避

《刑事诉讼法》第 32 条规定："本章关于回避的规定适用于书记员、翻译人员和鉴定人。辩护人、诉讼代理人可以依照本章的规定要求回避、申请复议。"由此，申请回避的主体范围和申请复议的主体范围从"当事人及其法定代理人"，扩展到"辩护人和诉讼代理人"，辩护律师的权利进一步扩大。申请回避和复议可以是书面方式也可以是口头方式。当辩护人了解到本案的侦查人员有下列情形之一时，应当向侦查机关提出要求其回避的申请：

(1) 是本案的当事人或者是当事人的近亲属的；

(2) 本人或者他的近亲属和本案有利害关系的；

(3) 担任过本案的证人、鉴定人、辩护人、诉讼代理人的；

(4) 与本案当事人有其他关系，可能影响公正处理案件的；

(5) 接受当事人及其委托的人的请客送礼、违反规定会见当事人及其委托的人的。

其中，基于第（5）项原因申请侦查人员回避的，应当提交相应的证据。

申请回避采用书面方式的，可以向有关机关递交书面的《回避申请书》，参考格式文书如下：

回避申请书

申请人：________律师事务所________律师

通信地址或联系方式：________

申请事项：申请参与案件的________（侦查人员、翻译人员、鉴定人）回避。

申请理由：

作为________案________人委托的辩护人（或诉讼代理人），发现________（被申请回避人员）具有下列应当回避的情形：

____

根据《中华人民共和国刑事诉讼法》第二十九条、第三十二条的规定，特申请对其作出回避决定。

此致 ________ 申请人（签名）： 年　月　日

对于符合回避情形而回避的侦查人员在回避决定作出以前所取得的证据和进行的诉讼行为，律师可以向侦查机关提出无效的意见，但最终是否有效，还是由公安机关、检察委员会或者检察长根据案件具体情况决定。

三、要求检察院讯问犯罪嫌疑人

检察院侦查监督部门讯问犯罪嫌疑人是保障犯罪嫌疑人合法权利的重要保障，根据刑事诉讼法及相关司法解释的规定，检察院侦查监督部门在审查批准、决定逮捕时，可以讯问犯罪嫌疑人，有下列情形之一时，应当讯问犯罪嫌疑人：

1. 对是否符合逮捕条件有疑问的；
2. 犯罪嫌疑人要求向检察人员当面陈述的；
3. 侦查活动可能有重大违法行为的；
4. 案情重大疑难复杂的；
5. 犯罪嫌疑人系未成年人的；
6. 犯罪嫌疑人是盲、聋、哑人或者是尚未完全丧失辨认或者控制自己行为能力的精神病人的。

辩护律师应当关注检察院的审查批准、决定逮捕程序，当案件具有上述情形时，应当要求检察院讯问犯罪嫌疑人。

附：本节相关法律规范性文件

1. 法律

《中华人民共和国刑事诉讼法》（2018 年修正）（2018 年 10 月 26 日施行）第 29～32 条、第 88 条、第 117 条

2. 规范性文件

《公安机关办理刑事案件程序规定》（2020 年修正）（2020 年 9 月 1 日施行）第 32～34 条、第 38 条、第 41 条、第 196 条

最高人民检察院《人民检察院刑事诉讼规则》（2019 年 12 月 30 日施行）第 27 条、第 30 条、第 36 条、第 37 条、第 555 条

《律师办理刑事案件规范》（2017 年 8 月 27 日施行）第 69 条

练习与测试

1. 律师在侦查阶段可以向侦查机关了解哪些案件情况？如果侦查机关不告知，律师应当如何救济？

2. 危害国家安全犯罪、恐怖活动犯罪、特别重大贿赂犯罪案件三类案件的会见应当递交哪些手续？如果侦查机关不许可律师会见犯罪嫌疑人，律师应当怎么办？

3. 律师如何会见被指定居所监视居住的犯罪嫌疑人？应当如何递交会见手续？

4. 律师在侦查阶段会见犯罪嫌疑人需要做哪些工作？应当注意哪些问题？

5. 律师在侦查阶段与犯罪嫌疑人通信，能否涉及案件情况？为什么？

6. 律师在侦查阶段搜集到哪些无罪的证据应当及时告知侦查机关？法律为什么要这么规定？

7. 在侦查阶段，律师有调查取证的权利吗？有申请调取证据的权利吗？分别进行阐述。

8. 拘传、取保候审、监视居住、拘留和逮捕等强制措施的条件和区别在哪？律师应当如何申请变更、解除强制措施？

9. 在审查逮捕阶段，律师应当如何发挥作用？犯罪嫌疑人被决定逮捕之后，律师能否继续申请对羁押必要性予以审查？应当如何申请？

10. 律师在侦查阶段应当如何提出法律意见？分别阐述法律意见提出的内容、方式、对象。

11. 在哪些情况下，律师可以代理犯罪嫌疑人申诉和控告？

第四章

审查起诉阶段的律师辩护实务

本章要点

本章主要学习辩护律师在审查起诉阶段工作内容和实务操作，包括前期准备工作、查阅案卷材料、会见与通信、收集调取证据、提出辩护意见等法律服务。

审查起诉阶段是刑事诉讼活动中承前启后的阶段。在这一阶段中，人民检察院在对侦查机关通过侦查得到的相关事实和证据进行审查的基础上对案件作出评价，并作出是否提起公诉的决定。自审查起诉阶段开始，辩护律师可以进行查阅案件材料、向有关人员调查取证、与犯罪嫌疑人核实证据、启动非法证据排除程序等工作。此外，2012 年《刑事诉讼法》中对审查起诉阶段辩护律师的权利和义务还进行了增减和修改，律师应当特别加以注意。

第一节 前期准备工作

一、办理委托手续

（一）委托的主体

在审查起诉阶段，可以委托辩护人的主体，与在侦查阶段相同，为犯罪嫌疑人或者犯罪嫌疑人的监护人、近亲属，不再赘述。

（二）委托的时间

在审查起诉阶段，犯罪嫌疑人或者其监护人、近亲属可以随时委托辩护人，而且人民检察院自收到移送审查起诉的案件材料之日起 3 日以内，也有告知犯罪嫌疑人有权委托辩护人的义务。如果犯罪嫌疑人在押期间要求委托辩护人的，人民检察院应当及时转达其要求。

（三）委托的手续

审查起诉阶段的委托手续，与侦查阶段的大体相同，可以参考第三章的内容。但需要注意以下问题：第一，对于签署委托协议，如果侦查阶段签署的协议已经包含了审查起诉阶段的服务，则无须另行签订。如果内容有补充或者变更的，可以另行签署补充协议或者变更协议。第二，对于让委托人签署的委托书，在当前律师刑事诉讼格式文书尚未修改的情况下，侦查阶段需要委托人签署的是格式十九的《委托书》，而审查起诉阶段需要委托人签署的是格式五的《委托书》，但由于犯罪嫌疑人在侦查阶段委托的律师和审查起诉阶段的一样，也具有辩护人身份，以上两个格式文书有可能会合二为一，目前，很多地方也已经合二为一。

（四）委托后的工作

与侦查阶段一样，律师取得委托后，应当结合自身对案件已经取得的了解，及时与委托人等相关人员进行必要的沟通，全面了解必要的信息，需要了解的信息内容与侦查阶段基本相同，在此不做赘述。

在审查起诉阶段，律师与委托人办理完必要的委托手续后，也仍应当与委托人及相关人员进行充分的交流，进一步了解必要的信息，为下一步的工作做准备。了解的信息与侦查阶段的内容差不多，如犯罪嫌疑人的基本情况、被抓的情况、涉嫌犯罪的情况、案件的承办情况等等。

与侦查阶段不同的是，由于案件已经经历了侦查阶段，有的案件可能已经通过律师会见过犯罪嫌疑人，向侦查机关了解到案件情况，甚至有的已经递交过法律意见。因此，律师在审查起诉阶段了解的信息应当更具有针对性，如犯罪嫌疑人对自己无罪或者罪轻的辩解，侦查机关对案件的看法和结论等。

二、与检察机关联系

（一）及时告知检察机关

根据《刑事诉讼法》第 34 条第 4 款的规定，律师在审查起诉阶段接受委托后，也应当及时告知办理案件的检察机关。除了告知对象不同外，告知的义务、时间和方式与侦查阶段都相同，不再赘述。

（二）递交委托材料

律师在接受委托后，应当及时告知检察机关，并递交有关委托手续，包括律师执业证书、律师事务所证明和委托书。这里的律师事务所证明和委托书的格式文书如下：

1. 律师刑事诉讼格式文书二

律师事务所函

［　　］第　号

________________：

本所接受的____委托，指派律师____，担任你院办理的______案件被告人（犯罪嫌疑人）______的辩护人。

特此函告。

（律师事务所章）

年　月　日

附：委托书一份。

2. 律师刑事诉讼格式文书五

<table><tr><td>

委　托　书

委托人________根据法律的规定，特聘请________律师事务所律师________为________案件的________的辩护人。本委托书有效期自即日起至________日止。

委托人：

年　月　日

注：本委托书一式三份，委托人、律师事务所各持一份，交人民检察院或人民法院一份。

</td></tr></table>

（三）协调阅卷工作

在审查起诉阶段，律师可以查阅、摘抄、复制案卷的案卷材料，由检察机关的案件管理部门及时安排，由公诉部门提供案卷材料。为了避免公诉部门工作等原因无法及时安排的情况发生，律师在与检察机关联系的同时，也应当与相关部门或者人员协调阅卷的时间、场地、方式等问题，以便及时阅卷，开展辩护工作。

附：本节相关法律规范性文件

1. 法律

《中华人民共和国刑事诉讼法》（2018 年修正）（2018 年 10 月 26 日施行）第 34 条、第 48 条

2. 规范性文件

最高人民检察院《人民检察院刑事诉讼规则》（2019 年 12 月 30 日施行）第 50 条、第 51 条、第 467 条、第 262 条

第二节　查阅案卷材料

查阅案卷材料是律师在审查起诉阶段的一项重要工作，律师通过阅卷，可以全面、详细地了解案件情况，从而发现案件程序、事实和法律认定上存在的问题，然后与犯罪嫌疑人进行沟通交流后形成辩护思路和意见。

一、阅卷应递交的手续

根据刑事诉讼法及相关司法解释的规定，辩护律师自人民检察院对案件审查起诉之日起，可以查阅、摘抄、复制本案的案卷材料，人民检察院也应当允许辩护律师查阅、摘抄、复制本案的案卷材料。可见，阅卷是律师在审查起诉阶段的一项法定权利，无须向人

民检察院提交阅卷申请，也无须经得人民检察院的许可。

因此，律师向人民检察院递交委托手续后，就可以直接与检察院相关部门协调阅卷，而无须就阅卷事项再递交申请或者其他手续。

二、阅卷前的准备工作

（一）确定阅卷时间

一般说来，律师向人民检察院递交委托手续后，就应当向有关部门提出阅卷的要求，与有关部门确定阅卷的时间，做好阅卷前的准备工作。

根据《人民检察院刑事诉讼规则》第49条的规定，辩护律师到人民检察院查阅、摘抄、复制本案的案卷材料，由负责案件管理的部门及时安排，由办案部门提供案卷材料。因办案部门工作等原因无法及时安排的，应当向辩护人说明，并安排辩护人自即日起3个工作日以内阅卷，办案部门应当予以配合。如果人民检察院违法不允许辩护律师查阅、摘抄、复制本案的案卷材料的，辩护律师可以依法申诉或者控告。

（二）确定阅卷场所

根据《人民检察院刑事诉讼规则》第49条的规定，查阅、摘抄、复制案卷材料，应当在人民检察院设置的专门场所进行。在实践中，为了保障阅卷的顺利进行，律师最好也能和相关部门确定好阅卷的场所，是在专门的阅卷室，或是办公室、会议室。

（三）确定阅卷方式

根据《人民检察院刑事诉讼规则》第49条的规定，辩护人阅卷的方式可以查阅，可以摘抄，也可以复制，复制案卷材料可以采取复印的方式，也可以采取拍照的方式，甚至可以采取扫描的方式。为了保证阅卷的顺利进行，律师在阅卷前最好确定好阅卷方式。

1. 确定摘抄的，要准备好笔和纸；

2. 确定拍照的，要准备好相机等拍照设备，确保相机能正常工作，并最好带着备用电池或者充电器；

3. 确定扫描的，要准备好扫描仪等扫描设备，并确保设备的正常运行；

4. 确定复印的，要咨询或者考察接待的检察院是否具备复印的仪器或者设备，对于复印所需的纸张是否需要自备。

（四）制订阅卷计划

一般说来，在条件允许的情况下，律师应当对全部案卷材料进行查阅、摘抄、复制。但对于有些案件，由于案卷材料特别多，或者因介入晚而时间不充分，律师在阅卷前最好能够制订阅卷计划，根据已经了解的案件情况确定阅卷目标，确定从而保证阅卷工作严谨、有效地进行。

案例分析

犯罪嫌疑人王某涉嫌挪用资金、职务侵占罪，目前已到审查起诉阶段。其妻隋某中学文化，平时很少出门，家庭主妇，对法律问题知悉甚少。在侦查阶段时，隋某接到有关机关通知后十分着急，在接触了一些事务所后，觉得事务所律师收费太贵，不舍得花钱，便在看守所门前找了一家 1 000 元律师费的会见律师，该律师接到委托后进行了会见，转达了王某的一些话，之后便不了了之。待审查起诉阶段后，隋某在亲属指导下，逐渐认识到律师的重要性，便重新委托了某律师事务所张律师，但此时时间已较为紧迫。张律师接到委托后，听了隋某的陈述后，觉得案情较为简单，没有必要着急阅卷。等到忙完自己的事情再去检察院阅卷时发现案卷居然有一百多本，只能匆忙拍照、复印。而此时审查起诉阶段已快结束，承办人告知案子在 5 天后就移送法院了。张律师在如此短的时间内，根本无法吃透所有案卷，也没有来得及提交法律意见。

在本案中，张律师片面相信家属隋某对案情的简单介绍，错误估计案件的情况，没有合理制订阅卷计划和策略，因延误阅卷而无法提交法律意见，错过了改变起诉内容的机会。本案中无论家属隋某是否了解法律事务，案件收费多少，张律师作为执业律师，理应安排好合理时间，及时充分阅卷，完成委托任务，提交有质量保证的法律意见书，保障犯罪嫌疑人合法权益，诠释辩护人义务。

三、阅卷时的工作内容

（一）阅卷的范围

根据《人民检察院刑事诉讼规则》第 47 条的规定，律师可以查阅、摘抄、复制的案卷材料包括案件的诉讼文书和证据材料，范围相比于之前的“诉讼文书、技术性鉴定资料”已经有了很大程度的扩展，这样的修改为辩护律师更全面地了解案件情况提供了法律保障。

（二）阅卷的内容

明确了阅卷的范围，律师还应当根据案件的具体情况重点查阅以下内容：

1. 起诉意见书

起诉意见书是侦查机关对于侦查终结的案件作出的总结性和概括性的法律文书，里面载明了犯罪嫌疑人的个人信息和自然情况，载明了侦查机关查明的案件事实，载明了能够证明犯罪事实的证据和证据材料，载明了适用的法律规定，因此，律师在阅卷时，起诉意见书是非常重要的材料之一。

2. 能够认定犯罪事实的证据材料

对于侦查终结的案件，侦查机关应当做到犯罪事实清楚，证据确实、充分，移送人民检察院审查决定时，应当连同案卷材料和证据一并移送。因此，律师在阅卷时，应当重点查阅侦查机关查明犯罪事实所依据的案卷材料和证据，具体包括：

（1）犯罪嫌疑人的供述和辩解；

（2）证人证言；

（3）被害人陈述；

（4）物证、书证；

（5）鉴定意见；

（6）勘验、检查、辨认、侦查实验等笔录；

（7）视听资料、电子数据。

3. 关于量刑情节的证据材料

除了能够认定犯罪嫌疑人涉嫌犯罪事实的证据材料外，还存在涉及犯罪嫌疑人量刑情节的证据材料，如法定的从轻处罚的情节或者酌定的从轻处罚的情节，律师在阅卷时，不管是未来决定做罪轻辩护还是无罪辩护，涉及量刑情节的证据材料也应当作为阅卷的重点。具体包括：

（1）关于犯罪嫌疑人年龄的证据材料，重点审查是否未成年人或者已满 75 周岁；

（2）关于犯罪嫌疑人是否具有精神病或者具有精神病史的证据材料；

（3）关于犯罪嫌疑人是否存在聋、哑、盲的情况的证据材料；

（4）关于犯罪嫌疑人是否处于怀孕期、哺乳期等情况的证据材料；

（5）关于犯罪形态的证据材料，如是否存在犯罪预备、未遂或者中止；

（6）关于犯罪嫌疑人在共同犯罪中所起的作用的证据材料，如是否是主犯、从犯、胁从犯或者教唆犯；

（7）关于犯罪嫌疑人是否存在自首、立功等情节的证据材料；

（8）关于犯罪嫌疑人是否存在退赃、退赔等情节的证据材料；

（9）关于犯罪嫌疑人是否是初犯、是否存在认罪、悔罪表现等情节的证据材料；

（10）关于案件是否存在被害人过错等情节的证据材料。

4. 诉讼文书

诉讼文书主要是侦查机关在侦查过程中体现程序内容的一些法律文书，如反映采取强制措施内容的拘传证、拘留证、逮捕证、取保候审决定书、监视居住决定书等，还有反映侦查手段的询问证人通知书、勘验证、解剖尸体通知书、搜查证、扣押、冻结决定书等等，这些文书能够反映侦查机关的侦查活动在程序上是否合法，犯罪嫌疑人的合法权益有无受到侵犯。

（三）阅卷的方法

律师在阅卷时可以根据自身的习惯和案件的特点，采用不同的方法。下面介绍五种常用阅卷方法，辩护律师可以根据案件的具体情况采用一种方法或者多种方法。

1. 提纲挈领法。在阅卷过程中，以起诉意见书为切入点，根据起诉意见书中查明的犯罪事实有针对性地去查阅侦查机关指控犯罪所依据的证据材料，顺着侦查机关的逻辑思路寻找证据上的漏洞与疑点。

2. 彩笔圈阅法。在阅卷过程中，对于案卷材料中的重点内容、关键信息，分别使用不同颜色的彩笔划线圈点，以便识别。

3. 列表排序法。列表是对某一类同性质事实、证据最直观的归纳，可以清晰理出繁杂的案卷材料中的特定信息，这一方法在复杂案件中的用处最大。案情较为重大复杂的案件，具有多个犯罪事实的，可逐一梳理。通过每人一表，每案一表，时序列表，口供列表，证人证言列表，分类列表，横向对比，纵向印证等整理，理清逻辑，便于分析。

4. 重点索引法。对于案卷材料的中的重要的材料或者证据，如对犯罪嫌疑人非常有利的或者极其不利的证据的要害部分，必须特别标注，单独清晰整理、装订、列明，同时注明卷宗编号、页码。

5. 归纳整理法。辩护律师应当围绕案件焦点问题，归纳、总结、发现辩点，整理自己认识案件的逻辑思路，最终形成辩护意见。

（四）制作阅卷笔录

在阅卷工作结束时，辩护律师最好能够制作阅卷笔录，反映出通过阅卷形成的对案件的认识，并在此基础上形成初步的辩护意见。辩护律师制作阅卷笔录并无统一格式，以能够全面反映本案事实、证据、法律、程序等方面的情况为原则。为了在笔录中抓住要点，把握每个案卷材料中可能对辩护有帮助的各个要素，律师可以根据不同案件的特点以及个人工作的习惯，灵活地选择制作方法。

阅卷笔录的制作方法一般有归纳式、对比式和表格式的写法。

1. 归纳式的写法

归纳式的写法是指按照阅卷之前的准备，依次按照案卷材料的种类和性质进行归类，将相同种类或者相同性质的材料归纳到一起，从而方便查阅分析。例如：律师可以按照证据种类进行归纳，将证据分出犯罪嫌疑人的供述和辩解、证人证言、被害人陈述、书证、物证、鉴定意见、视听资料和电子证据等等；律师可以按照证据所证明的内容进行归纳，分出证明犯罪嫌疑人犯罪事实的证据、证明犯罪嫌疑人具有从轻、减轻、免除处罚情节的证据、证明侦查程序违法的证据等等。

2. 对比式的写法

对比式的写法是将某一事实的认定、证据和法律规定并列写在同一页上，或者将多个同类证据并列在同一页上进行对比，以便进行分析。这种记录方式使律师可以清晰地看到侦查机关认为本案需要起诉的逻辑思路，进而找到其中的问题和漏洞，提出有针对性的辩护意见。

3. 表格式的写法

这种方法可以是对上述两种制作方法的综合，多用于作案次数多的案件或者同类证据多的复杂案件。通过填写表格的方式，将犯罪的时间、地点、手段、赃款数额、赃物名称和数额、赃款赃物去向、证据等一一列出，简洁明了。既可以进行归纳分析，又可以进行逻辑分析，有利于帮助律师应对复杂案件。

应当注意的是，无论采用何种方法，对笔录中的有关内容必须写明卷号、页码，以便今后进行查对。

四、阅卷应注意的事项

（一）保密的权利和义务

根据《刑事诉讼法》第 48 条的规定，辩护律师对在执业活动中知悉的委托人的有关情况和信息，有权予以保密。而阅卷是执业活动中的一种，因此，辩护律师对于在阅卷过程中知悉的委托人的有关情况和信息，有权予以保密，保密的对象不但包括司法机关及司法工作人员，也包括家属、证人和其他案外人员。法律中使用的虽然是“有权”一词，但从维护当事人合法权益角度出发，保密不但是律师的一项权利，也是一项义务。

1. 对司法机关保密

辩护律师在阅卷中除了知悉委托人或者其他人准备或者正在实施危害国家安全、公共安全以及严重危害他人人身安全的犯罪的应当及时告知司法机关外，对于知悉的其他任何情况和信息，均有权对司法机关保密。

2. 对委托人和家属保密

辩护律师在阅卷过程中，获悉犯罪嫌疑人的有关情况和信息，包括一些个人隐私，即使对于家属，也应当予以保密。

除个人隐私以外的信息，包括案卷材料及案件信息，如证人的名字、证人的联系方式、证人作证的内容、能够证明犯罪嫌疑人实施犯罪的证据情况等等，辩护律师也应当予以保密，除了因为辩护律师具有保密的义务外，也可以防止委托人或者犯罪嫌疑人的家属实施隐匿、毁灭、伪造证据或者与其他人串供，或者威胁、引诱证人作伪证以及进行其他干扰司法机关诉讼活动的行为。

案例分析

在王某故意杀人案中，辩护律师李某接受犯罪嫌疑人王某母亲的委托担任王某的辩护人，李律师在接受委托后就到检察院递交了相关的手续，并且查阅、摘抄、复制了所有的案卷材料。王某的母亲迫切想知道案件的情况，于是提出让李律师将案卷材料复制一份给自己看的要求，李律师明确予以了拒绝，并对王某的母亲解释道："辩护律师的阅卷权是法定的权利，通过查阅、摘抄、复制的案卷只能是律师自己用来进行辩护工作而用，不能用作他用，不能以复制或者其他任何方式提供给委托人，否则律师要承担相应的法律责任。"王某的母亲听了之后将信将疑，又说，她知道其他的律师事务所的律师可以把案卷材料给委托人看，还把为委托人复印案卷作为服务的内容之一，并收取费用。李律师说："那不可能，如果真是那样，该律师事务所的做法就是违反规定的。"后来王某的母亲经过多方咨询，也认为律师的答复和做法是正确的，于是没有再提出复制案卷材料的要求。

在上述案例中，李律师的做法是正确的，坚守了律师的执业原则，具有很好的执业风险防控的意识。由于案件委托人多是不懂法律的人，哪些事情律师能做，哪些不能做，他们不知道、不清楚，也不关心。这时候，辩护律师一定要严格遵守法律规定，坚守执业原则，不能因为委托人的要求而妥协。当然，辩护律师也应当提高与当事人及其家属沟通的技巧，努力向委托人解释清楚律师的职业道德和执业原则以及相关的法律规定，说明违反后产生的法律后果，争取委托人的理解，从而创造和谐的工作环境。

3. 对证人和案外人保密

证人在刑事诉讼过程中应当如实作证，以便司法机关查明案件事实。律师在阅卷中获悉的案卷材料及案件信息应当严格对证人保密，防止证人在作证时因被误导和干扰而作出不真实的证言。对于其他与案件没有关系的人，辩护律师也应当严守职业道德，不向其透露案件情况，以防出现不良后果。

（二）妥善保管案卷材料

辩护律师查阅、摘抄、复制案卷材料后，不管是对于摘抄的案卷材料，还是复制的案卷材料，有的是纸质版的，有的是电子版的，不管是何种形式，辩护律师都应当妥善保管案卷材料，不得随意放置，不得透露给他人，以防止案卷材料遗失或者被他人私下复制。

案例分析

在一起强奸案中，某律师事务所黄律师接受犯罪嫌疑人张某母亲李某的委托担任其辩护人，黄律师在接受委托后就开始着手案件的办理，到检察院递交手续并复制了所有的案卷材料。一天，李某来找黄律师询问案件的进展情况，黄律师在接待李某时，李某趁黄律师出办公室倒水、泡茶、上厕所之际用数码相机拍走了放在办公桌上的案件的全部材料。此后李某看到了被害人白某的证言，并利用证人证言中载明的白某的联系方式联系到了白某，表明只要白某向公安机关重新说明其是自愿与犯罪嫌疑人张某发生性关系的，他们可以用5万元私了这个案件，弥补白某的精神损失。后来李某被公安机关抓获，黄律师也因为没有尽到妥善保管案卷材料的义务而受到牵连。

在上述案件中，辩护律师黄某在接待当事人的过程中，将案卷散放在办公桌上，在离开办公室时也没有尽到注意义务，没有妥善保管案卷，给当事人提供了偷拍和复制的可乘之机。

附：本节相关法律规范性文件

1. 法律

《中华人民共和国刑事诉讼法》（2018年修正）（2018年10月26日施行）第48条

2. 规范性文件

最高人民检察院《人民检察院刑事诉讼规则》（2019年12月30日施行）第47条、第49条

《律师办理刑事案件规范》（2017年8月27日施行）第32～37条

第三节　会见与通信

一、会见

律师在审查起诉阶段会见犯罪嫌疑人，工作流程及内容与在侦查阶段会见犯罪嫌疑人大同小异，可以参照上一章的相关内容对照学习。在本节中，我们对审查起诉阶段会见工作的特殊内容进行专门介绍。

（一）会见应递交的手续

根据我国刑事诉讼法的规定，律师在审查起诉阶段有权会见犯罪嫌疑人，无须经得办案机关的许可。不论是会见在押的犯罪嫌疑人还是被监视居住的犯罪嫌疑人，律师应向羁押的看守所或者监视居住的执行机关递交以下手续：

（1）律师执业证书。看守所或者执行机关应当查验原件，有的看守所或者执行机关还要求留存复印件。

（2）律师事务所证明。这里使用的是《律师会见在押犯罪嫌疑人、被告人专用介绍信》。

（3）委托书。这里使用的是律师刑事诉讼格式文书中的《委托书》，有的看守所或者执行机关要求留存原件，为了避免多次会见不够使用，可以让委托人多签署几份备用。

（4）委托人与犯罪嫌疑人之间的关系证明，如身份证、结婚证、户口簿等。虽然新刑事诉讼法规定三证即可，但在实务中，看守所或者执行机关的要求也不尽相同，为了会见的顺利进行，律师最好带着以备不时之需。

需要注意的是，在2012年《刑事诉讼法》施行之前，许多看守所或者执行机关要求律师会见犯罪嫌疑人时提供侦查机关侦查终结时出具的《起诉意见书》，但刑事诉讼法修改后不再有此要求。

（二）会见时的工作内容

审查起诉阶段的会见工作同样包括侦查阶段中的确定委托关系、了解案件情况、提供法律咨询、进行人文关怀、制作会见笔录等内容，除此之外，辩护律师在会见时还可以做到：

1. 向犯罪嫌疑人核实有关证据

《刑事诉讼法》第39条规定，辩护律师“自案件移送审查起诉之日起，可以向犯罪嫌疑人、被告人核实有关证据”。这是2012年《刑事诉讼法》修改时新增的内容，明确了律师有向犯罪嫌疑人、被告人核实证据的权利。因此，在审查起诉阶段，辩护律师在阅卷后，在会见犯罪嫌疑人时可以向其核实有关证据，如犯罪嫌疑人讯问笔录反映出的供述和辩解是否真实，对犯罪嫌疑人取证的程序是否合法，对鉴定结论是否有异议等。通过向犯罪嫌疑人核实证据，找到证据中存在的问题，以确定是否启动非法证据排除程序，为辩护意见的形成打好基础。

2. 向犯罪嫌疑人了解取证的线索

辩护律师在审查起诉阶段享有调查取证的权利，这是没有争议的。但律师如何调查取证，向谁调查取证，调查收集什么证据，这些除了在查阅案卷中发现线索外，更多的线索还在于会见时向犯罪嫌疑人本人了解，因为犯罪嫌疑人是当事人，最清楚最了解事情发生的经过和过程，所以要通过会见了解需要调查和取证的方向和线索。

二、通信

辩护律师在审查起诉阶段除了可以会见犯罪嫌疑人以外，也可以与犯罪嫌疑人通信，以便向犯罪嫌疑人了解案件的情况，了解犯罪嫌疑人对案件的看法和意见，了解犯罪嫌疑人的目的、动机、手段和犯罪前后的思想变动和表现以及生活方面的需求。辩护律师在审查起诉阶段与犯罪嫌疑人通信应当注意的问题与侦查阶段大体一致，在此不再赘述。

附：本节相关法律规范性文件

1. 法律

《中华人民共和国刑事诉讼法》（2018年修正）（2018年10月26日施行）第39条

2. 规范性文件

最高人民法院《关于适用〈中华人民共和国刑事诉讼法〉的解释》（2021 年）（2021 年 3 月 1 日施行）第 56 条

最高人民检察院《人民检察院刑事诉讼规则》（2019 年 12 月 30 日施行）第 48 条

《律师办理刑事案件规范》（2017 年 8 月 27 日施行）第 18～31 条

第四节　收集调取证据

为了更好地维护犯罪嫌疑人的合法权益，保障法律的正确实施，在审查起诉阶段开始，辩护律师毫无争议地享有调查取证权。辩护律师在查阅案卷材料、会见犯罪嫌疑人的过程中如果发现司法机关遗漏了可以证明犯罪嫌疑人无罪、罪轻或者减轻、免除其刑事责任的证据或者线索，有权予以收集和调取，从而维护犯罪嫌疑人的合法权益。与此同时，法律又明确规定了辩护人不得帮助犯罪嫌疑人隐匿、毁灭、伪造证据或者串供，不得威胁、引诱证人作伪证以及进行其他干扰司法机关诉讼活动的行为，否则将承担法律责任，甚至刑事责任。因此，辩护律师在调查取证时一定要依法谨慎进行，注意防控执业风险。

一、调查取证的方式

根据我国《刑事诉讼法》第 43 条的规定，审查起诉阶段辩护律师的调查取证权主要通过两种方式实现：一是辩护律师自行调查取证，二是申请检察机关调查取证。

（一）自行调查取证

1. 对象

（1）证人或者其他有关单位和个人；

（2）被害人或者其近亲属、被害人提供的证人。

2. 条件

（1）对于第一类对象，只要经证人或者其他单位和个人同意即可；

（2）对于第二类对象，不但要经被害人或者其近亲属以及被害人提供的证人同意，还要经人民检察院许可，两个条件必须同时具备。

3. 手续

（1）对于第一类对象，律师凭律师执业证书和律师事务所证明即可，这里的律师事务所证明一般是指《律师调查专用介绍信》，参考格式如下：

律师调查专用介绍信

第　号

根据《中华人民共和国律师法》第三十五条的规定，现指派我所________________________律师到你处调查____________________，请依法予以协助。

此致

____

申请人签名：

（律师事务所章）

年　月　日

（本介绍信有效期截至____年____月____日止）

（2）对于第二类对象。首先，要向人民检察院提出书面申请，即《调查取证申请书》，在检察院征求被害人或者其近亲属、被害人提供的证人的意见，并审查作出许可的决定。如果检察院没有许可，应当书面说明理由，律师则不得向第二类对象自行调查取证。其次，在取得人民检察院的许可后，律师凭检察院签发的《准许调查书》和律师执业证书以及律师事务所证明向第二类对象调查取证。向人民检察院递交《调查取证申请书》的格式如下：

调查取证申请书

[　　]第　号

申请人：________律师事务所________律师

通信地址或联系方式：____________________

申请事项：许可调查取证

申请理由：作为犯罪嫌疑人________的辩护律师，因案情需要，本人拟向被害人（被害人近亲属、被害人提供的证人）________收集与本案有关的材料，根据《中华人民共和国刑事诉讼法》第四十三条第二款的规定，特此申请，请予许可。

此致

____

申请人签名：

（律师事务所章）

年　月　日

案例分析

北京某律所尹律师接受犯罪嫌疑人张某父亲委托受理了一件强奸案，尹律师之前并没有代理过此类案件，缺乏相关经验。根据起诉意见书中的内容，被害人李某和犯罪嫌疑人张某发生性关系的时候不满 14 周岁。张某的父亲要求尹律师去向被害人李某调查取证，认为他儿子张某并没有强奸李某，两人在发生性关系时张某并不知道李某未满 14 周岁。而且张某的父亲告诉尹律师，他已经和李某联系了，直接到李某家里去做个调查笔录就可以。于是，尹律师在张某父亲的要求和安排下，直接到李某家给李某做了份调查笔录，李某确实如张某父亲所说的，称她与张某发生性关系是自愿的，而且当时也没有告诉张某她还未满14周岁。尹律师做好调查笔录后，认为张某就是无罪的，便将调查笔录提交给了承办案件的检察院，并提出张某系无罪的法律意见。后检察院核实，张某的父亲在尹律师取证前就直接约过被害人李某，并答应李某给她10万元经济补偿，只要李某答应在律师取证时说自己是自愿的，而且从没有告诉张某她未满14周岁。后张某父亲因妨害作证被追究法律责任，尹律师因未经人民检察院许可而擅自向被害人取证而受到处分。

在本案中，尹律师因缺乏经验，对刑事诉讼法的规定又不熟悉，完全按照委托人的要求自行调查取证，结果造成了严重的法律后果。辩护律师在审查起诉阶段虽然享有调查取证的权利，但也应当遵循相应的法律规定和程序要求，如果尹律师要向被害人李某调查取证，应当先向检察院递交《调查取证申请书》，在获取检察院签发的《准许调查书》后再向被害人李某调查取证。

4. 程序

（1）律师人数要求：律师调查、收集与案件有关的材料，一般由二人进行。

（2）调取言词证据：1）制作调查笔录：调查笔录应当载明调查人、被调查人、记录人的姓名，调查的时间、地点；笔录内容应当有律师身份的介绍，被调查人的基本情况，律师对证人如实作证的要求，作伪证或者隐匿罪证要负法律责任的说明，以及被调查事项的基本情况。调查笔录应全面、准确地反映调查内容。2）核对调查笔录：调查笔录应经被调查人核对或者向其宣读，被调查人如有修改、补充，应由其在修改处签字、盖章或者按指纹确认。调查笔录经被调查人核对后，应由其在每一页上签名并在笔录的最后签署记录无误的意见。3）可以录音、录像，但应征得被调查人同意。

（3）调取实物证据：1）收集物证、书证和视听材料应提取原件，无法提取原件的，可以复制、拍照或者录像，但对复制件、照片或者录像应附有证据提供者的证明。2）可以录音、录像，但也应征得被调查人同意。3）摘抄、复制有关材料时，必须忠于事实真相，不得伪造、变造，断章取义。4）根据需要可邀请有关人员在场见证，并在调查笔录上签名。

（二）申请调取证据

1. 对象

在审查起诉阶段，律师申请收集、调取证据的对象是人民检察院。

2. 条件

根据法律规定，辩护律师享有调查取证的申请权，但申请本身并不是目的，是否真正收集、调取到辩护律师需要的证据材料才是关键。因此，辩护律师在递交申请时，还是应当注意是否存在以下情形：

（1）辩护律师自行调查取证确实存在困难或者因客观原因无法调查取证，如证人怕遭人报复而不愿接受律师的调查，或者如银行等金融机构不接受律师调查等等。

（2）不宜或者不能由辩护律师调查取证的，如证人与律师存在利害关系等。

（3）收集、调取证据材料确有必要。

3. 手续

辩护律师向人民检察院申请收集、调取证据，应当提交书面申请书，即《提请收集、调取证据申请书》，具体格式如下：

提请收集、调取证据申请书

［　　］第　号

申请人：________律师事务所________律师

通信地址或联系方式：________________________

申请事项：申请________向________收集、调取证据。

申请理由：作为犯罪嫌疑人________涉嫌________一案的辩护律师，本人认为需要向证人（有关单位、公民个人）________收集、调取证据。因情况特殊，根据《中华人民共和国刑事诉讼法》第四十三条第一款的规定，特申请贵院予以收集、调取。

此致

____

申请人签名：

（律师事务所章）

年　月　日

附：证人、个人姓名：

有关单位名称：

住址或通信方法：

收集、调取证据范围、内容：

（律师事务所章）

年　月　日

如果是因为无法自行收集、调取的，也可以将该情形在申请书中予以明确表示，如：

提请收集、调取证据申请书

［　　］第　号

申请人：________律师事务所________律师

通信地址或联系方式：________________________

申请事项：申请________向________收集、调取证据。

申请理由：作为________案犯罪嫌疑人的辩护律师，认为证人（有关单位、公民个人）________了解的案件情况或掌握的证据材料对本案定罪、量刑有重要作用，需向其收集、调取。由于________，申请人无法自行收集、调取。根据《中华人民共和国律师法》第三十五条第一款、《中华人民共和国刑事诉讼法》第四十三条第一款，可以申请人民检察院、人民法院收集、调取证据的规定，特申请贵院予以收集、调取。

此致

____

申请人（签名）：

（律师事务所章）

年　月　日

附：证人（单位）姓名（名称）：

地址、联系方式：

收集、调取证据名称、内容：

4. 程序

辩护律师递交申请后，还应当了解检察机关处理的程序，避免辩护律师的申请权利落空。《人民检察院刑事诉讼规则》第52条规定：辩护律师申请收集、调取证据的，人民检察院负责捕诉的部门应当及时审查。经审查，认为需要收集、调取证据的，应当决定收集、调取并制作笔录附卷；决定不予收集、调取的，应当书面说明理由。人民检察院根据辩护律师的申请收集、调取证据时，辩护律师可以在场。

辩护律师还可以做以下几项工作：

（1）人民检察院决定收集、调取证据的，在收集、调取证据后，辩护律师在接到通知后应当及时前往检察院查阅、摘抄、复制证据。

（2）人民检察院决定不予收集、调取证据的，辩护律师应当审查检察院是否书面说明不予收集、调取的理由，如果检察院没有正当理由不同意辩护律师提出的收集、调取证据的申请，或者不答复、不说明理由的，辩护律师可以向同级或者上一级人民检察院申诉或者控告。

（3）人民检察院根据辩护律师的申请收集、调取证据时，辩护律师可以在场，这是辩护律师的一项权利。

二、调查取证的内容

在审查起诉阶段辩护律师调查取证的内容是与本案有关的材料，主要是能够证明犯罪嫌疑人无罪、罪轻或者从轻、减轻或免除处罚的证据以及证明司法机关在刑事诉讼中存在侵犯犯罪嫌疑人合法权利行为的证据。

（一）实体问题

1. 犯罪嫌疑人的年龄

根据我国刑法的规定，犯罪嫌疑人的年龄对定罪和量刑都有重要影响，如果犯罪嫌疑人的年龄处在14周岁、16周岁、18周岁、75周岁等关键年龄上下时，辩护律师要特别注意，当案卷材料有遗漏或者不真实时，可以进行调查取证或者申请调查取证。

2. 犯罪嫌疑人的精神和身体状况

我国刑法对精神病人的刑事责任能力以及又聋又哑的人或者盲人的刑事责任问题作出了特别规定，犯罪嫌疑人的精神状态和身体状况不但对定罪和量刑产生影响，对办案机关采取何种强制措施也会产生影响，因此其是调查取证的一项重要内容。

3. 犯罪嫌疑人的身份

在身份犯的案件中，犯罪嫌疑人是否具有特定身份直接影响到定罪，如受贿罪、贪污罪、挪用公款罪等均要求主体具有国家工作人员身份。因此，辩护律师在对犯罪嫌疑人身份存在疑义时，应当进行或者申请调查取证。

4. 犯罪嫌疑人是否具有出罪事由

我国《刑法》第20条、第21条规定了正当防卫和紧急避险等法定的违法阻却事由。另外，还存在被害人同意、正当职务行为、法令行为、自救行为等在实践中可以被采用的非法定违法阻却事由。如果有证据证明犯罪嫌疑人具有上述违法阻却事由，因其行为不具有违法性，可以不承担相应的刑事责任。这部分证据材料也属于辩护律师调查取证的范围，包括证人证言、被害人陈述、物证、书证、视听资料等。

5. 犯罪嫌疑人是否属于从犯或者胁从犯

在共同犯罪中，犯罪嫌疑人所处的地位不同、作用不同，对社会的危害程度也不尽相同，因此在定罪量刑时应当区别对待。我国刑法对主犯、从犯、胁从犯以及教唆犯的地位和作用都分别作出了规定，将从犯和胁从犯规定为法定的从轻、减轻或者免除处罚的量刑情节。因此，辩护律师应当调查清楚犯罪嫌疑人在共同犯罪中的地位和作用，是否是主犯、从犯、胁从犯帮助犯或教唆犯，是否具有法定的从轻、减轻或者免除处罚的量刑情节，以维护犯罪嫌疑人的合法的权益。

6. 犯罪嫌疑人是否具有未完成罪等犯罪情节

我国刑法对犯罪预备、犯罪未遂和犯罪中止等几种犯罪的停止形态作出了明确的规定，其中对于预备犯，可以比照既遂犯从轻、减轻处罚或者免除处罚；对于未遂犯，可以比照既遂犯从轻或者减轻处罚；对于中止犯，没有造成损害的，应当免除处罚，造成损害的，应当减轻处罚。可以看出，犯罪完成形态对犯罪嫌疑人的量刑具有重大意义，其相关证据是辩护律师在工作中应当注意收集和调取的。

7. 犯罪嫌疑人是否具有自首、立功、坦白等量刑情节

我国刑法和相关司法解释中规定了自首、立功、重大立功以及坦白等从轻、减轻或者

免除处罚的量刑情节。在辩护律师的工作中，应当注意收集和调取相关的证据。

8. 能够证明犯罪嫌疑人无罪、罪轻的其他证据

在阅卷、会见犯罪嫌疑人的过程中，辩护律师可能会发现侦查机关形成的证明犯罪嫌疑人有罪的证据链条不完整、特定证据的证明力不够、可能存在证明犯罪嫌疑人无罪、罪轻的其他证据等情形。这时，辩护律师应当结合案件的具体情况，对能够证明犯罪嫌疑人无罪、罪轻的其他证据进行收集调查，从而达到良好的辩护效果。

（二）程序问题

当侦查机关、检察机关在办理案件的过程中存在侵犯犯罪嫌疑人合法权益的行为时，辩护律师应当及时帮助犯罪嫌疑人进行申诉和控告。必要时，也可以进行调查取证，以便申诉和控告工作的顺利进行以及对于非法证据的排除。

1. 非法采取强制措施、超期采取强制措施

辩护律师在阅卷等过程中应当注意强制措施的种类和时间，在发现犯罪嫌疑人被非法采取过强制措施或者采取的强制措施超过法定期限时，应当及时调取相关诉讼文书或者相关证人证言。

2. 非法取证的行为

我国法律严禁司法机关刑讯逼供和以威胁、引诱、欺骗以及其他非法方法收集证据，如果辩护律师发现犯罪嫌疑人受到刑讯逼供或者证人受到威胁、引诱、欺骗等情况，可以进行调查取证，保留相关证据或者线索。例如，向看守所调取进入看守所的体验报告，申请调取监控录像或讯问的同步录音录像等。

3. 其他侵犯犯罪嫌疑人合法权益的行为

在刑事诉讼过程中，有可能存在一些其他的侵犯犯罪嫌疑人合法权益的行为。如非法搜查，非法进行查封、扣押，阻碍辩护律师行使诉讼权利等。辩护律师应当及时地对相关的证据予以调取和保留，为犯罪嫌疑人进行申诉或者控告提供基础。

三、调查取证中的注意事项

1. 不单独进行调查取证，最好同时进行录音或者录像

根据《律师办理刑事案件规范》的规定，律师调查、收集与案件有关的材料，一般由两人进行。可见，辩护律师自行调查取证时应当由两名律师在场进行，有条件的，还应当同时做好录音或者录像记录，尤其是对证人或者被害人的取证工作，通过录音或者录像可以全面记录律师与证人、被害人等接触和取证的全部过程，这样可以避免证人或者被害人诬陷律师与他们串供或者律师威胁、引诱他们作伪证等情况的发生。

2. 避免犯罪嫌疑人及其家属在场

律师调查、收集与案件有关的材料，尤其是调取证人证言等言词证据时，应当避免犯罪

嫌疑人或者其家属在场。这样做可以防止证人、被害人因为犯罪嫌疑人及其家属在场而碍于情面或者其他原因而作出虚假的证言，有利于保障辩护律师调查取证的独立性和公正性。

3. 询问证人应当个别进行

“询问证人应当个别进行”虽然是刑事诉讼法对侦查人员询问证人的硬性要求，但对于律师询问证人来说，也应当做到这一点。一个案件可能存在很多个了解案件情况的证人，他们应当根据自身感知和了解到的情况如实作证。如果律师调查取证时对多个证人同时询问，可能会使得证人之间互相干扰，也会因为取证工作不合法而使取得的证据无效。

4. 不得隐匿、毁灭、伪造证据

辩护律师在调查取证的过程中，不论是调查证人证言或者被害人陈述等言词证据，还是调取物证、书证、视听资料等实物证据，都可能会发现对犯罪嫌疑人不利的证据，如证明其有罪或者罪重的证据，辩护律师不得将这些证据予以隐匿甚至毁灭，也不得进行伪造、变造，否则不但不能帮助当事人，自己还要承担相应的法律后果，严重的还将承担辩护人毁灭证据、伪造证据罪的刑事责任。

5. 不得妨害作证

辩护律师在向有关证人或者被害人调查取证时，应当要求证人如实作证，并明确说明他们如果作伪证或者隐匿罪证要负法律责任。此外，辩护律师还应当如实记录证人或者被害人作证的情况，不能以威胁、引诱等手段让证人违背事实改变证言或者作出虚假的证言，干扰司法机关的诉讼活动，否则辩护律师的调查取证不但不能帮助当事人，反而会使自己面临执业风险，严重的还将承担辩护人妨害作证罪的刑事责任。

6. 严守保密义务和妥善保管义务

辩护律师在调查取证的过程中对于通过阅卷所得到的案件信息和材料应当妥善保管并保密，不能向犯罪嫌疑人家属、亲友泄露，严格执行保密义务，在对证人进行询问时，不应当向证人介绍案情，也不应将其他证人作证的内容告知该证人或者向其出示对其他证人的调查询问笔录，防止证人受干扰作出虚假证言或者犯罪嫌疑人及其家属、亲友串供或者威胁、引诱证人改变证言或者作伪证。

附：本节相关法律规范性文件

1. 法律

《中华人民共和国刑事诉讼法》（2018 年修正）（2018 年 10 月 26 日施行）第 41～43 条

《中华人民共和国律师法》（2018 年 1 月 1 日施行）第 35 条

2. 规范性文件

最高人民法院《关于适用〈中华人民共和国刑事诉讼法〉的解释》（2021 年）（2021 年 3 月 1 日施行）第 49 条

最高人民检察院《人民检察院刑事诉讼规则》（2019 年 12 月 30 日施行）第 51～53 条、第 56 条

《律师办理刑事案件规范》（2017 年 8 月 27 日施行）第 38～50 条

第五节　提出辩护意见

提出辩护意见是辩护律师在审查起诉阶段的一项总结性工作，由于律师在审查起诉阶段拥有完全的阅卷权和调查取证权，对案件会有更加清晰、更加全面的把握，故这个阶段提出的辩护意见自然也会更加系统和全面。

一、辩护意见的种类

（一）要求检察机关作出不起诉的辩护意见

人民检察院对于侦查机关移送审查起诉的案件，一般都有两种处理结果。一种是作出起诉决定，向人民法院提起公诉；另一种是作出不起诉决定，犯罪嫌疑人不承担刑事责任。除此之外，2012 年《刑事诉讼法》又增加了一种“附条件不起诉”，这是针对未成年人涉嫌特定犯罪，符合起诉条件但有悔罪表现而作出的附条件的不起诉。

在审查起诉阶段，辩护律师首选递交能让人民检察院作出不符合起诉条件的不起诉决定的辩护意见，包括法定不起诉、酌定不起诉和证据不足不起诉三种。

1. 法定不起诉

《刑事诉讼法》第 177 条第 1 款规定：“犯罪嫌疑人没有犯罪事实，或者有本法第十六条规定的情形之一的，人民检察院应当作出不起诉决定。”即，对于经查明犯罪嫌疑人没有犯罪行为，或者具有以下情形之一的，应当作出不起诉决定：

（1）情节显著轻微、危害不大，不认为是犯罪的；

（2）犯罪已过追诉时效期限的；

（3）经特赦令免除刑罚的；

（4）依照刑法告诉才处理的犯罪，没有告诉或撤回告诉的；

（5）犯罪嫌疑人死亡的；

（6）其他法律规定免予追究刑事责任的。

因此，辩护律师在代理案件时，要分析案件的事实和证据，对具有上述情形之一的，在说明理由的基础上，明确提出“人民检察院应当依法作出不起诉决定”的辩护意见。

2. 酌定不起诉

《刑事诉讼法》第 177 条第 2 款规定：“对于犯罪情节轻微，依照刑法规定不需要判处刑罚或者免除刑罚的，人民检察院可以作出不起诉决定。”

辩护律师在代理案件的过程中，对于查明犯罪嫌疑人有犯罪事实，但是犯罪情节轻微，依法不需要处罚或者免除处罚的，如犯罪中止的，或者胁从犯，或者具有自首立功表现的，等等。辩护人应当抓住核心，重点阐明不需要处罚或者免除处罚的理由，然后提出让“人民检察院依法作出不起诉决定”的辩护意见。

需要注意的是，对于犯罪情节轻微，依法不需要判处刑罚或者免除刑罚的未成年犯罪嫌疑人，《人民检察院办理未成年人刑事案件的规定》又作出了进一步的规定，该规定列明了七种情形，只要犯罪嫌疑人具有其中情形之一，一般就应当依法作出不起诉决定。

（1）被胁迫参与犯罪的；

（2）犯罪预备、中止、未遂的；

（3）在共同犯罪中起次要或者辅助作用的；

（4）是又聋又哑的人或者盲人的；

（5）因防卫过当或者紧急避险过当构成犯罪的；

（6）有自首或有立功表现的；

（7）其他依照刑法规定不需要判处刑罚或者免除刑罚的情形。

因此，对于未成年的犯罪嫌疑人，如果辩护律师在分析案件事实和证据的基础上，能够找到上述情形之一的，就明确提出“人民检察院应当依法作出不起诉决定”的辩护意见。

3. 证据不足不起诉

《刑事诉讼法》第175条第2、3、4款规定：“人民检察院审查案件，对于需要补充侦查的，可以退回公安机关补充侦查，也可以自行侦查。对于补充侦查的案件，应当在一个月以内补充侦查完毕。补充侦查以二次为限。补充侦查完毕移送人民检察院后，人民检察院重新计算审查起诉期限。对于二次补充侦查的案件，人民检察院仍然认为证据不足，不符合起诉条件的，应当作出不起诉的决定。”

依据《人民检察院诉讼规则》第368条的规定，具有下列情形之一，不能确定犯罪嫌疑人构成犯罪和需要追究刑事责任的，属于证据不足，不符合起诉条件，可以作出不起诉决定：

（1）犯罪构成要件事实缺乏必要的证据予以证明的；

（2）据以定罪的证据存在疑问，无法查证属实的；

（3）据以定罪的证据之间、证据与案件事实之间的矛盾不能合理排除的；

（4）根据证据得出的结论具有其他可能性，不能排除合理怀疑的；

（5）根据证据认定案件事实不符合逻辑和经验法则，得出的结论明显不符合常理的。

辩护律师在审查起诉阶段通过阅卷、会见、调查取证等工作，认为不能确定犯罪嫌疑人构成犯罪和需要追究刑事责任的，属于证据不足。而人民检察院经过两次退回补充侦查，证据仍未达到确实充分的程度，辩护人应当明确提出“人民检察院应当依法作出不起诉决定”的辩护意见。

（二）罪轻的辩护意见

对于不符合不起诉条件的案件，且犯罪事实已经查清，证据确实、充分，依法应当追究刑事责任，被提起公诉的可能性较大的，辩护律师应当从犯罪情节入手，看犯罪嫌疑人是否具备从轻、减轻或者免除处罚的情节，如未成年人、精神病人、又聋又哑的人、盲人、老年人、犯罪未遂、犯罪预备、犯罪中止、从犯、胁从犯、自首、立功、坦白以及各类犯罪中法律规定的可以或者应当从轻、减轻或者免除处罚的情节。

（三）改变定性的辩护意见

在审查起诉阶段，辩护律师还要审查案件中的法律适用是否正确，如果事实已经查明，证据也确实充分，但侦查机关在案件定性和法律适用上存在错误，本依法应定 A 罪，却定性为 B 罪，尤其是 A 罪和 B 罪在法律界限本身就比较模糊的，则更容易发生侦查机关定性错误的状况。辩护律师在发现定性错误的情况下，且 B 罪的量刑重于 A 罪时，应当明确提出改变定性的辩护意见。

二、辩护意见的内容

在审查起诉阶段辩护律师应当随时就自己对本案的实体以及程序问题的看法与检察机关进行交流，并提出自己的法律意见，主要包括：

（一）对案件定性的意见和建议

辩护律师通过查阅、摘抄、复制案卷材料和会见犯罪嫌疑人并进行调查后，认为犯罪嫌疑人的行为不构成犯罪或对构成犯罪的罪名有不同看法，则应提出有关定性的意见和建议（有罪和无罪、此罪和彼罪）。

（二）是否具备罪轻情节

辩护律师对有利于犯罪嫌疑人的法定情节，如自首、立功、坦白、从犯等罪轻的情节，如果起诉意见书中没有认定，辩护律师应当明确提出。

（三）是否具备需要调查的事项

辩护律师认真审查技术性鉴定材料后，如认为鉴定有错误，可以对此发表意见，并可申请要求重新鉴定。以上鉴定包括法医鉴定、司法精神病鉴定、物证技术鉴定等。

（四）对案件处理的意见和建议

辩护律师通过工作，认为犯罪嫌疑人具有法定不起诉、酌定不起诉和证据不足不起诉的情形时，应当向检察院提出作出不起诉决定的意见和建议。

（五）程序上有无违法

辩护律师通过查阅、摘抄、复制本案的立案决定书、逮捕证、搜查证等诉讼文书，如发现程序上有违法现象存在，也可就此提出意见。

（六）侦查活动有无违法

辩护律师通过会见犯罪嫌疑人及调查，如发现侦查阶段侦查人员有违法行为（如刑讯逼供、暴力取证等行为）或侦查措施、强制措施不当的，也可提出意见，必要时可建议检察院予以纠正。

（七）其他需要反映的事项

如回避问题、管辖问题等。

三、辩护意见的形式

与侦查阶段一样，辩护律师既可以口头与人民检察院的承办人员交流辩护意见，也可以以书面形式向承办机关递交法律意见书。

第六节　其他法律服务

在审查起诉阶段，辩护律师也可以代理申诉、控告、申请变更、解除强制措施、申请回避等法律服务，其操作程序、工作技能和注意事项与在侦查阶段大体相同，不再赘述。在此主要介绍一下对不起诉决定的申诉。

根据《刑事诉讼法》第 181 条的规定，对于人民检察院依照本法第 177 条第 2 款（即酌定不起诉）规定作出的不起诉决定，被不起诉人如果不服，可以自收到决定书后 7 日内向人民检察院申诉。当然，辩护律师也可以代为申诉。

一、申诉的条件

人民检察院依照《刑事诉讼法》第 177 条第 2 款规定作出了不起诉决定，如果是以其他条款作出的不起诉决定，不属于申诉的范围和条件。

二、申诉的时间

在被不起诉人收到决定书后 7 日以内提出申诉。

三、申诉的对象

应当向作出不起诉决定的人民检察院刑事申诉监察部门申请立案复查。该部门复查后需提出复查意见，认为应当维持不起诉决定的，报请检察长作出复查决定；认为应当变更不起诉决定的，报请检察长或者检察委员会决定；认为应当撤销不起诉决定提起公诉的，报请检察长或者检察委员会决定。

四、申诉的手续

应当递交申诉状，写明申诉理由。如果被不起诉人没有书写能力的，除了让律师代为草拟外，也可以口头提出申诉，人民检察院根据口头提出的申诉制作笔录。

附：本节相关法律规范性文件

1. 法律

《中华人民共和国刑事诉讼法》（2018 年修正）（2018 年 10 月 26 日施行）第 177 条、第 181 条、第 282～284 条

2. 规范性文件

最高人民检察院《人民检察院刑事诉讼规则》（2019 年 12 月 30 日施行）第 377 条、第 385 条、第 387 条

《人民检察院复查刑事申诉案件规定》（2014 年 10 月 27 日施行）

《律师办理刑事案件规范》（2017 年 8 月 27 日施行）第 73～76 条

练习与测试

1. 审查起诉阶段辩护律师阅卷的范围是否包括补充侦查的材料以及检察院自行调取的证据？

2. 审查起诉阶段辩护律师对检察机关不同意其调查取证的申请有何救济途径？

3. 审查起诉阶段辩护律师向犯罪嫌疑人、被告人核实证据，核实证据的范围是有所限制还是可以核实全部证据？

4. 审查起诉阶段辩护律师的执业权益受到妨碍时应当如何救济？

第五章

第一审程序中的律师辩护实务

本章要点

本章主要学习辩护律师在一审阶段的主要工作内容、方法、程序等，重点突出了撰写辩护词、庭前会议、非法证据排除、参加庭审等前面几个章节中没有的部分。

当人民检察院审查起诉工作完成，作出起诉决定并向对应法院递交起诉书后，犯罪嫌疑人成为被告人，案件进入第一审程序。第一审程序是刑事诉讼过程中具有决定性的一个环节，人民法院在这一环节中会对案件作出评价：经过侦查与审查起诉阶段的铺垫，案件在进入第一审程序后由控辩双方就事实、证据的认定及法律的适用展开辩论，使法院能够作出正确的判决，这也给了辩护律师提供了一个充分展示自己的逻辑思维与口才的舞台。2012 年《刑事诉讼法》对第一审程序的有关规定进行了修改、新增，完善了庭前会议、非法证据排除、审理时限等内容，为辩护律师履行辩护职责，保护当事人的合法权益提供了法律保障。

第一节　前期准备工作

案件进入第一审程序后，前期准备工作与审查起诉阶段基本相同：律师应当在与符合法定条件的委托人签订委托协议及委托书，取得符合法律规定的授权后，及时与一审法院进行联系，递交有关手续并协调阅卷工作。这些工作的方法、流程与注意事项与在审查起诉阶段并无实质区别，在此简单介绍，具体的可以参照本书第四章的内容学习。

一、办理委托手续

（一）委托的主体

在一审阶段，可以委托辩护人的主体，与侦查阶段和审查起诉阶段相同，为被告人或者被告人的监护人、近亲属，不再赘述。

（二）委托的时间

在第一审阶段，被告人或者其监护人、近亲属可以随时委托辩护人，而且人民法院自受理案件之日起 3 日以内，也有告知被告人有权委托辩护人的义务。如果被告人在押期间要求委托辩护人的，人民法院应当及时转达其要求。

（三）委托的手续

在第一审阶段的委托手续，与审查起诉阶段的大体相同，可以参考第四章的内容。但需要注意以下问题：

1. 第一审和第二审甚至发回重审都属于审判程序，在与委托人签署委托协议时，不要笼统地写审判阶段的辩护人，应当明确服务的范围是否包括二审甚至重审。

2. 委托书中的有效期也应当写明是“一审终结之日止”，而非“审判终结之日止”。

（四）委托后的工作

在第一审阶段，律师与委托人办理完必要的委托手续后，仍应当与委托人及相关人员进行充分的交流，进一步了解必要的信息，为下一步的工作做准备。了解的信息与审查起诉阶段的内容差不多，如被告人的基本情况、被抓的情况、涉嫌犯罪的情况、案件的承办情况等等。

与审查起诉阶段不同的是，由于案件已经经历了侦查和审查起诉阶段，有的案件可能已经通过律师会见过犯罪嫌疑人、向办案机关了解到案件情况，有的甚至已经通过律师查阅了全案案件材料、调查取证以及递交法律意见，因此，律师在第一审阶段了解的信息应当更具有针对性，如被告人自己无罪或者罪轻的辩解，人民检察院对案件的看法和结论等等。

二、与审判机关联系

（一）及时告知审判机关

根据《刑事诉讼法》第 34 条第 4 款的规定，律师在第一审阶段接受委托后，应当及时告知办理一审案件的审判机关。除了告知对象不同外，告知的义务、时间和方式与审查起诉阶段都相同，不再赘述。

（二）递交委托材料

律师在接受委托后，应当及时告知审判机关，并递交有关委托手续，包括律师执业证书、律师事务所证明和委托书。这里的律师事务所证明和委托书，与审查起诉阶段的律师事务所证明和委托书在格式文书的使用上完全相同，只是在填写时有所差异。如当事人在审查起诉阶段的身份是犯罪嫌疑人，而在第一审阶段的身份是被告人。

（三）协调阅卷工作

在第一审阶段，律师可以查阅、摘抄、复制案卷的案卷材料，由人民法院提供方便，并保证必要的时间。为了保障阅卷工作的顺利进行，律师在与审判机关联系的同时，也应当与相关部门或者人员协调阅卷的时间、场地、方式等问题。

附：本节相关法律规范性文件

1. 法律

《中华人民共和国刑事诉讼法》（2018 年修正）（2018 年 10 月 26 日施行）第 34 条

2. 规范性文件

最高人民法院《关于适用〈中华人民共和国刑事诉讼法〉的解释》（2021 年 3 月 1 日施行）第 43～44 条

第二节　了解案件情况

辩护律师在做好前期准备工作的基础上，应当尽快开展工作，如查阅案卷、会见被告人或者通信、调查取证等，以便全面充分地了解案件情况，理清对案件的认识，形成辩护思路。

一、查阅案卷材料

辩护律师在第一审程序阶段查阅案卷材料，与在审查起诉阶段查阅案卷材料并没有本质性区别，除了提供案卷的单位不同外，工作流程基本相同，可以参照第四章第二节的内容，在此仅针对第一审程序中的特殊问题进行阐述。

（一）阅卷的范围

在第一审阶段的阅卷范围也是本案的案卷材料，包括诉讼文书和证据材料，除了在审查起诉阶段查阅的范围外，还包括人民检察院在审查起诉阶段形成的诉讼文书和证据材料，也包括退回补充侦查形成的诉讼文书和证据材料。但是，合议庭、审判委员会的讨论记录以及其他依法不公开的材料不得查阅、摘抄、复制。

另外，还需要特别注意一点，起诉书是人民检察院审查案件形成的结论性的文书，应当依法移送，律师在阅卷时应当认真阅读并研究起诉书，以起诉书指控的内容为切入点和落脚点。

（二）阅卷的权利

1. 阅卷的次数和时间。辩护律师提出阅卷要求的，人民法院应当当时安排辩护律师阅卷，无法当时安排的，应当向辩护律师说明并安排其在 3 个工作日以内阅卷，不得限制辩护律师阅卷的次数和时间。有条件的地方可以设立阅卷预约平台。

2. 阅卷的费用。人民法院应当为辩护律师阅卷提供场所和便利，配备必要的设备。

因复制材料发生费用的，只收取工本费用。律师办理法律援助案件复制材料发生的费用，应当予以免收或者减收。

3. 阅卷的方式。辩护律师可以采用复印、拍照、扫描、电子数据拷贝等方式复制案卷材料。

4. 阅卷的人员。可以根据需要带律师助理协助阅卷，办案机关应当核实律师助理的身份。

（三）阅卷的注意事项

1. 如果律师在审查起诉阶段已经阅卷，在第一审阶段则应重点关注审查起诉阶段新增而尚未查阅的部分。

2. 律师在摘抄、复制案卷材料时，应当保证材料的准确性和完整性，避免因摘抄、复制错误或者不完整，而形成错误的辩护思路。

3. 律师在阅卷时应当细致认真，结合向委托人或者被告人等方面了解的情况，甄别公安机关、人民检察院收集的证明被告人无罪或者罪轻的证据材料是否随案移送，为向人民法院申请调取做好准备。

4. 辩护护律师查阅、摘抄、复制的案卷材料属于国家秘密的，应当经过人民检察院、人民法院同意并遵守国家保密规定，不得违反规定，披露、散布案件重要信息和案卷材料，或者将其用于本案辩护、代理以外的其他用途。

二、会见被告人

律师在第一审阶段会见被告人，工作流程及内容与在审查起诉阶段会见犯罪嫌疑人大同小异，可以参照上一章的相关内容对照学习。在本节中，我们对第一审阶段会见工作的特殊内容进行专门介绍。

（一）会见应递交的手续

根据我国刑事诉讼法的规定，律师在第一审阶段有权会见被告人，无须经办案机关的许可。不论是会见在押的被告人还是被监视居住的被告人，律师应向羁押的看守所或者监视居住的执行机关递交的手续与审查起诉阶段的相同，即律师执业证书、律师事务所证明和委托书。

（二）会见时的工作内容

第一审阶段的会见工作同样包括确定委托关系、了解案件情况、提供法律咨询、进行人文关怀、制作会见笔录等内容，除此之外，辩护律师在会见时还可以做到：

1. 向被告人核实有关证据并了解质证意见

根据《刑事诉讼法》第 39 条的规定，辩护律师在第一审阶段中，有权向被告人核实有关证据。相比于审查起诉阶段，辩护律师向被告人核实有关证据应当更加具体明确，逐一了解被告人对每项证据的质证意见，以便为庭审过程中的质证环节做好充分的准备。

2. 了解被告人是否申请证人出庭

在法庭审理过程中，被告人和辩护人均有权利申请证人出庭作证，有权利申请通知新的证人到庭。虽然辩护律师有权独立行使这两项权利，但为了保证辩护效果，为证人到庭提前做好准备和应对，辩护律师在会见被告人时应当向被告人了解其有无申请证人出庭的要求，了解被告人对证人证言的质证意见，为其分析证人出庭的利与弊。

3. 了解被告人是否申请调取证据

在法庭审理过程中，被告人和辩护人均有权利申请调取新的物证。辩护律师在会见时应当明确被告人有无这一要求，了解被告人要求调取的物证的证明目的，分析新的物证调取的利与弊。

此外，辩护人如果认为在侦查、审查起诉期间公安机关、人民检察院收集的证明被告人无罪或者罪轻的证据未提交的，也有权利申请人民检察院、人民法院调取，但辩护律师应当提供相关的线索或者材料。这些线索和材料有时需要辩护律师通过会见被告人才能获取。

4. 了解被告人是否申请重新鉴定或者勘验

在法庭审理过程中，被告人和辩护人均有权申请重新鉴定或者勘验，有权申请法庭通知鉴定人出庭，有权申请法庭通知有专门知识的人出庭等。为了保证辩护效果和提前做好准备，辩护律师在会见被告人时也应当向被告人了解其是否具有这些方面申请的需求，了解被告人对鉴定意见及勘验笔录等情况的意见，了解被告人申请重新鉴定或者重新勘验的目的。

5. 了解被告人是否申请排除非法证据

根据《刑事诉讼法》第 58 条的规定，被告人和辩护律师均有权申请人民法院对以非法方法收集的证据依法予以排除，但应当提供相关线索或者材料。因此，辩护律师在会见时应当了解被告人有无申请非法证据排除的要求，如果被告人认为其供述是司法机关通过采用刑讯逼供等非法方法收集的，应当让被告人提供非法取证的人员、时间、地点、方式、内容等相关线索或者证据。

6. 了解被告人是否申请不公开审理

根据《刑事诉讼法》第 188 条的规定，人民法院审理第一审案件应当公开进行。但是有关国家秘密或者个人隐私的案件，不公开审理；涉及商业秘密的案件，当事人申请不公开审理的，可以不公开审理。因此，辩护律师在会见被告人时，应当了解被告人是否申请不公开审理，是否具有法定的不公开审理的理由。

7. 听取被告人对管辖、回避等问题的意见

在法庭审理过程中，辩护律师有权对案件管辖提出异议，有权申请审判人员、检察人员、侦查人员、书记员、翻译人员和鉴定人回避，这些都是律师辩护权利的体现。为了更

好地行使这两项权利，维护当事人的合法权益，辩护律师在会见被告人时应当听取被告人本人的意见，听取被告人对管辖提出异议的理由和申请有关人员回避的理由。

8. 向被告人介绍庭审程序

案件进入第一审程序，虽然已经经历了侦查和审查起诉阶段，但并不意味着被告人对于走向法庭审理做好了充分的心理准备。有些被告人，尤其是初犯，从未经历法庭审理，对于法庭审理毫无概念，因此，律师在会见时一定要向被告人介绍整个法庭审理的程序，对被告人进行庭前辅导，主要包括以下内容：

（1）庭前会议。庭前会议是2012年《刑事诉讼法》新增的程序，审判人员可以根据案件情况，通知被告人参加。因此，什么情况下会召开庭前会议，庭前会议一般解决哪些问题，被告人如何参与庭前会议，发表哪些意见，辩护律师应当提前告知。

（2）开庭审理。对于第一审的案件，人民法院都应当开庭审理，辩护律师在会见时应当向被告人介绍开庭审理的流程，被告人在每一个环节的权利和义务，每一个环节应注意的问题和要达到的辩护目标，让被告人对法庭核实身份、控辩审三方对被告人发问、法庭调查、法庭辩论以及被告人最后陈述等流程有大致的了解和认识。

（3）被告人在第一审过程中的权利、义务及注意事项。辩护律师应当就被告人在第一审过程中的权利、义务以及相关注意事项与被告人进行交流和沟通，以便被告人依法行使权利、履行义务，以维护自己正当、合法的权益。

三、与被告人通信

辩护律师在第一审阶段除了可以会见被告人以外，还可以与被告人通信，以便向被告人了解案件的情况，了解被告人对案件的看法和意见，了解被告人的目的、动机、手段和犯罪前后的思想变动和表现以及生活方面的需求。辩护律师在第一审阶段与被告人通信应当注意的问题与审查起诉阶段大体一致，在此不再赘述。

四、收集调取证据

在第一审程序中，辩护律师同样拥有自行调查取证的权利和申请调查取证的权利，辩护律师通过调查取证可以进一步了解案件情况，其调查取证的方式、内容、范围、对象、注意事项与审查起诉阶段的相同，在此不再赘述。最高人民法院《关于适用〈中华人民共和国刑事诉讼法〉的解释》第57条至第61条对此作出了详细规定，摘录如下：

第57条 辩护人认为在侦查、审查起诉期间监察机关、公安机关、人民检察院收集的证明被告人无罪或者罪轻的证据材料未随案移送，申请人民法院调取的，应当以书面形式提出，并提供相关线索或者材料。人民法院接受申请后，应当向人民检察院调取。人民检察院移送相关证据材料后，人民法院应当及时通知辩护人。

第58条 辩护律师申请向被害人及其近亲属、被害人提供的证人收集与本案有关的材料，人民法院认为确有必要的，应当签发准许调查书。

第59条 辩护律师向证人或者有关单位、个人收集、调取与本案有关的证据材料，因证人或者有关单位、个人不同意，申请人民法院收集、调取，或者申请通知证人出庭作证，人民法院认为确有必要的，应当同意。

第60条 辩护律师直接申请人民法院向证人或者有关单位、个人收集、调取证据材料，人民法院认为确有收集、调取必要，且不宜或者不能由辩护律师收集、调取的，应当同意。

人民法院向有关单位收集、调取的书面证据材料，必须由提供人签名，并加盖单位印章；向个人收集、调取的书面证据材料，必须由提供人签名。

人民法院对有关单位、个人提供的证据材料，应当出具收据，写明证据材料的名称、收到的时间、件数、页数以及是否为原件等，由书记员、法官助理或者审判人员签名。

收集、调取证据材料后，应当及时通知辩护律师查阅、摘抄、复制，并告知人民检察院。

第61条 本解释第五十八条至第六十条规定的申请，应当以书面形式提出，并说明理由，写明需要收集、调取证据材料的内容或者需要调查问题的提纲。

对辩护律师的申请，人民法院应当在五日内作出是否准许、同意的决定，并通知申请人；决定不准许、不同意的，应当说明理由。

附：本节相关法律规范性文件

1. 法律

《中华人民共和国刑事诉讼法》（2018年修正）（2018年10月26日施行）第39条、第58条、第188条、第192～194条、第196～197条

2. 规范性文件

最高人民法院《关于适用〈中华人民共和国刑事诉讼法〉的解释》（2021年3月1日施行）第56～61条、第130条、第247条、第271条

最高人民法院、最高人民检察院、公安部、国家安全部、司法部、全国人大常委会法制工作委员会《关于实施刑事诉讼法若干问题的规定》（2013年1月1日施行）第7条、第27条

第三节　开庭前的准备

一、研究案情、法律及专业知识

在开庭审理前，辩护律师除了通过阅卷、会见被告人、与被告人通信、调查取证等工作，熟悉了解案件情况，还应当在研究案件情况以及证据材料的基础上做好充分的准备工作。

1. 进一步熟悉案情，掌握证据情况。辩护律师应当分析和研究公诉机关指控的每一

项犯罪事实及其所依据的证据材料，掌握控方的指控思路，把握被告人对指控事实及证据所提出的异议及其根据和理由，并对案件事实作出全面、客观、独立的分析和判断，并将自己形成的对案情的认识与起诉书的指控及被告人的意见对照分析，找出差异。

2. 深入研究与本案有关的法律政策问题。辩护律师应当根据自己对案情的把握，深入研究与本案有关的法律政策问题，确定起诉书指控被告人的罪名是否正确，确定被告人是否具有法定从轻或者酌定从轻处罚的情节，确定司法机关在刑事诉讼过程中的程序是否合法，等等。

3. 充实审判中可能涉及的专业知识。除了深入研究法律政策问题外，辩护律师还应当对审判中可能涉及的专业知识，如法医学、精神病学、心理学、知识产权、证券等知识，进行补足和充实。

二、庭前提交证据和相关申请

根据最高人民法院《关于适用〈中华人民共和国刑事诉讼法〉的解释》第221条的规定，辩护律师应当在开庭5日前提供证人、鉴定人名单，以及拟当庭出示的证据；申请证人、鉴定人、有专门知识的人出庭的，应当列明有关人员的姓名、性别、年龄、职业、住所、联系方式。

由此可见，辩护律师如果要当庭出示证据的，应当在开庭5日前提供；如果要申请证人、鉴定人、有专门知识的人出庭的，也应当在开庭5日前递交相关申请，并提供证人、鉴定人名单并列明拟出庭的证人、鉴定人、有专门知识的人的姓名、性别、年龄、职业、住所、联系方式。需要注意的是，这里的证人可以是司法机关已经取证的证人，也可以是新的证人。如果要申请有专门知识的人就鉴定意见提出意见，还应当说明理由。具体的申请包括：

1. 通知证人出庭申请

通知证人出庭申请书

申请人：________律师事务所律师 ________

通信地址或者联系方法：________________________

申请事项：通知证人________出庭作证。

申请理由：________系被告人________被控________一案的证人。申请人作为________人委托的________（辩护人、诉讼代理人），认为需要证人出庭作证。根据《中华人民共和国刑事诉讼法》第四十三条第一款的规定，特提出申请。

此致

________人民法院

申请人签名：

（律师事务所章）

年　月　日

附：证人地址、联系方式：________________________

2. 通知鉴定人出庭申请

通知鉴定人出庭申请书

申请人：________律师事务所________律师

通信地址或联系方法：____________________________

申请事项：通知鉴定人________出庭作证。

申请理由：________系被告人________被控________一案的鉴定人。申请人作为________人委托的________（辩护人、诉讼代理人），对________（鉴定意见）有异议，且认为该证据对本案定罪、量刑有重大影响。为查明案件事实，对被告人进行公正判决，申请人根据《中华人民共和国刑事诉讼法》第一百八十七条、第一百九十二条、第一百九十七条、第二百零四条的规定，特提出申请。

此致

________人民法院

申请人（签名）：

（律师事务所章）

年 月 日

附：鉴定人地址、联系方式：____________________________

3. 通知有专门知识的人出庭申请

通知有专门知识的人出庭申请书

申请人：________律师事务所________律师

通信地址或联系方法：____________________________

申请事项：通知有专门知识的________出庭对鉴定意见提出意见。

申请理由：被告人________涉嫌________一案中，作为________人委托的________（辩护人、诉讼代理人），对________鉴定意见有异议，根据《中华人民共和国刑事诉讼法》第一百九十七条第二款的规定，特申请贵院通知有专门知识的________出庭对鉴定意见发表意见。

此致

________人民法院

申请人（签名）：

（律师事务所章）

年 月 日

附：专家名单、地址、联系方式：____________________________

三、拟定发问提纲

根据《刑事诉讼法》及相关司法解释的规定，辩护律师经审判长许可，可以向被告人、被害人、附带民事诉讼原告、证人、鉴定人、有专门知识的人发问。因此，辩护律师在开庭前，应当根据可以发问的对象的到庭情况和辩护思路，拟定详细的发问提纲。

发问应当遵循以下规则：（1）发问的内容应当与本案事实有关；（2）不得以可能影响陈述或者证言客观真实的诱导方式或者其他不当方式发问；（3）不得威胁被告人、被害人、附带民事诉讼原告、证人、鉴定人、有专门知识的人；（4）不得损害被告人、被害人、附带民事诉讼原告、证人、鉴定人、有专门知识的人的人格尊严。因此，辩护律师在拟定发问提纲时就应当注意以上规则。

四、制订质证方案

在法庭调查过程中，由公诉人举证，出示物证、宣读未到庭的证人的证言笔录、被害人的陈述笔录、鉴定人的鉴定意见、勘验笔录、检查笔录、辨认笔录、侦查实验笔录和其他作为证据的文书、播放视听资料、电子数据等，然后由被告人和辩护人进行质证。质证是人民法院查清案件事实的一个重要环节，也是辩护意见形成的基础，因此，辩护律师应当特别重视，庭前应当制订详细周全的质证方案。律师可以就证据的真实性、合法性和关联性，从证明目的、证明效果、证明标准、证明过程等方面进行法庭质证。

五、拟定辩护意见

在开庭审理前，辩护律师应当根据掌握的案件情况和证据材料，在与被告人进行充分交流的基础上，确定辩护框架，拟定辩护意见。辩护意见一般分为以下几个类型：

（一）无罪的辩护意见

无罪辩护是指被告人及其辩护律师在庭审中为被告人作无罪的辩解。包括事实上的无罪辩护和法律上的无罪辩护。

1. 事实上的无罪辩护

事实上的无罪辩护，是指控辩双方在案件的基本事实上存在很大的争议，被告人、辩护人认为控方针对被告人所指控的案件事实根本不存在或者事实不清、证据不足而提出的无罪辩护。事实上的无罪辩护重点在于“事实”，因此辩护律师应最大限度地了解和把握案件基本事实以及相关证据，挖掘案件事实及证据存在的问题。具体而言，进行事实上的无罪辩护存在以下两种辩护策略：

（1）起诉书指控的犯罪事实并非由被告人实施

如果辩护律师能够直接举证证明以下事实之一的，便可以采用本条策略，明确提出起诉书指控的犯罪事实并非由被告人实施的无罪辩护意见：第一，辩护律师举证的证据能够证明被告人没有犯罪时间；第二，辩护律师举证的证据能够证明案发时被告人不在案发现场；第三，辩护律师举证的证据能够证明起诉书指控的犯罪事实系其他人实施。

（2）起诉书指控的犯罪事实不清、证据不足

《刑事诉讼法》第 200 条第 3 项规定，“证据不足，不能认定被告人有罪的，应当作出证据不足、指控的犯罪不能成立的无罪判决”。因此，辩护律师在对案卷中证据的真实性、关联性和合法性作出充分的评估后，发现公诉机关指控犯罪的证据无法形成完整的证据链条，不足以达到“犯罪事实清楚，证据确实、充分”的标准时，应当充分利用“疑罪从无”的法律精神为被告人提供无罪辩护。

2. 法律上的无罪辩护

法律上的无罪辩护，与事实上的无罪辩护相对应，是指被告人及其辩护人对起诉书指控的案件事实并不存在异议，但是对起诉书中针对该事实适用的法律存在争议。法律上的无罪辩护可以区分为以下几种情况：

（1）起诉书中所指控的案件事实，法律上不认为是犯罪的

1）案件事实属于法律规定的正当合法行为，如刑法规定的正当防卫、紧急避险，或者属于基于法律规定的行为，如医生基于职务实施的截肢行为。辩护律师发现被告人存在以上情形时，应当进行无罪辩护。

2）案件事实符合《刑法》第 13 条的但书规定，情节显著轻微，危害不大，不认为是犯罪的。律师具体分析案件事实后，如果认为存在情节显著轻微并且危害不大的，也应当根据上述规定为被告人进行无罪辩护。

（2）起诉书中所指控的犯罪，法律上不追究刑事责任的

1）起诉书中所指控的犯罪，已经经过追诉时效期限的。我国《刑法》第 87 条明确规定，犯罪经过追诉时效的不再追诉。如果被告人符合该情形，辩护律师应当提出不应追究其刑事责任的辩护意见。如果现有证据证明被告人未实施起诉书所指控的案件事实，辩护律师应当要求法院作出无罪判决，而非只是终止审理的裁定。

2）起诉书中所指控的犯罪，经特赦令免除刑罚的。特赦是国家对某些犯罪或者特定的犯罪人免除刑罚的措施。如果案件存在特赦令免除刑罚的，辩护律师也应当根据《刑事诉讼法》第 15 条的规定，提出不应追究刑事责任的辩护意见。如果现有证据证明被告人未实施起诉书所指控的案件事实，辩护律师应当要求法院作出无罪判决，而非只是终止审理的裁定。

3）依照刑法告诉才处理的犯罪，没有告诉或者撤回告诉的。根据我国刑法的规定，侵占罪、侮辱罪、诽谤罪、虐待罪、暴力干涉婚姻自由罪属于告诉才处理的犯罪，辩护律师在代理这类案件时，应当审查被害人或者其法定代理人是否向人民法院提起自诉，或者是否存在撤回自诉的情形，如果没有告诉或者撤回告诉的，应当提出不应追究其刑事责任的辩护意见。如果现有证据证明被告人未实施起诉书所指控的案件事实，辩护律师应当要

求法院作出无罪判决，而非只是终止审理的裁定。

（3）起诉书中指控的案件事实不满足犯罪构成的全部要件的

1）不符合犯罪构成的主体要求。主要表现为被告人不具备刑事责任能力，如被告人未达到刑事责任年龄或者是完全丧失辨认能力的精神病人。

2）不符合犯罪构成的主观方面要求。主要表现为被告人的行为虽然产生了危害社会的后果，但是被告人主观上没有故意或者过失的心态，或者不具备刑法分则具体条文中的目的要求的，如不知道自己患有性病而卖淫、嫖娼的。

3）不符合犯罪构成的客体要求。主要表现为被告人实施的行为并没有侵犯刑法保护的某种法益，例如普通男女之间的通奸行为，虽然有违传统道德，但是从刑法上而言并不构成犯罪。

4）不符合犯罪构成的客观方面要求。主要表现为被告人实施的行为不符合刑法关于该罪具体罪状的规定。辩护律师可以从危害行为、行为对象、危害结果、因果关系以及危害行为的时间、地点、工具等多个角度切入进行辩护。

（二）罪轻的辩护意见

1. 改变定性的罪轻辩护

改变定性的罪轻辩护是指起诉书指控被告人的行为虽然构成犯罪，但是并不构成指控的重罪，而是构成另一轻罪，因此辩护律师提出改变定性的罪轻辩护，如提出被告人不构成抢劫罪，只构成抢夺罪的辩护意见。

需要特别注意的是，在采取这类辩护策略时，为了避免使自己成为第二公诉人，被告人认为自己也不构成轻罪的尴尬局面，辩护律师在庭前应当与被告人进行充分的沟通和交流，如果被告人坚持自己既不构成重罪，也不构成轻罪的情况下，辩护人应当尊重被告人自己的意见，为其进行无罪辩护。

2. 量刑上的罪轻辩护

量刑上的罪轻辩护是指辩护律师对起诉书指控的罪名没有异议，但是从量刑情节上提出有利于被告人的辩护意见。

量刑情节包括法定量刑情节和酌定量刑情节，具体如下。

（1）法定量刑情节

1）犯罪主体方面：是否属于未成年人、老年人，是否属于限制刑事责任能力人；是否属于又聋又哑的人或者盲人；

2）故意犯罪未完成形态方面：是否属于预备犯、未遂犯、中止犯；

3）正当化事由方面：是否属于防卫过当或避险过当；

4）共同犯罪方面：是否属于从犯、胁从犯、教唆犯；

5）犯罪前后的表现方面：是否属于累犯，是否存在自首、坦白或立功情形；

6）其他方面：是否在域外已经受到过刑事处罚，是否属于犯罪情节轻微。

（2）酌定量刑情节

这是指刑法条文未做明确规定，人民法院在审判时，根据刑事立法精神和有关刑事政策，在刑罚裁量时可以酌情适用的从轻量刑的情节。常见的包括：

1）案件起因、犯罪动机；

2）被害人有无过错及过错程度，是否对矛盾激化负有责任及责任大小；

3）被告人的近亲属是否协助抓获被告人；

4）被告人平时表现，有无悔罪态度；

5）退赃、退赔及赔偿情况；

6）被告人是否取得被害人或者其近亲属谅解；

7）影响量刑的其他情节。

案例分析

2009年4月，在广州市某古庙附近，张某、张某某兄弟俩，由张某持刀劫持邝某作为人质，张某某向路人展示写有“我要求有关部门能够贷款给我18 000元”等字样的纸牌，向有关部门提出索财要求，后公安机关成功解救人质。后查明，该案缘起张氏兄弟在得知远在家乡的老母亲突发脑溢血而无钱医治命悬一线。公诉机关以绑架罪提起公诉。

辩护人提出的辩护意见就主要从以下两个方面展开：

其一，辩护人认为被告人的行为符合绑架罪之构成要件，因此对公诉机关指控的罪名和情节较轻的量刑指控以及事实没有异议，被告人应当承担与此相应的刑事责任。

其二，辩护人认为被告人作出犯罪行为“事出有因”，属于在情急之下作出的“愚孝”之举，其行为的社会危害性相对较小。

六、撰写辩护词

辩护律师在拟定辩护意见之后，应将意见系统化、书面化，即写成观点正确、论据充分、说理透彻、条理清楚、层次分明，具有说服力的辩护词。这样的辩护词，有助于维护被告人的合法权益。

（一）基本要求

1. 坚持“以事实为根据，以法律为准绳”，实事求是地提出被告人无罪、罪轻或者从轻、减轻、免除刑事处罚的辩护意见，切忌随意歪曲事实和曲解法律。

2. 观点鲜明，论证充分，重点突出，结构严谨，层次分明，语言通顺，用词简洁，以理服人，以情感人。

（二）基本格式

一般情况下，辩护词由三部分组成，即首部、正文和结论。在这三部分之外，标题写明“辩护词”或“关于×××（被告人姓名）××（案由）一案的辩护词”。在首部之前，台头写明称呼，写为“审判长、人民陪审员”“审判长、审判员、人民陪审员”或“审判长、审判员”，具体称呼，根据法庭组成人员的情况确定。下面结合辩护词内容，对首部、正文、结论三部分，分别加以说明。

1. 首部

首部中应当包括以下基本内容：

（1）说明辩护人出庭的合法身份和出庭任务。根据刑事诉讼法的规定，辩护人出庭为被告人辩护有两种方式，一是经法律援助机构指派；一是受被告人委托。对于受委托出庭辩护的情况，可作这样的表述：“×××律师事务所接受被告人×××（姓名）的委托，指派×××律师担任其一审阶段的辩护人，出庭为其进行辩护。”这既说明了出庭的合法性，又说明了出庭的任务。

（2）简要说明辩护人在开庭前进行活动的情况。如说明受理案件以后，查阅了案卷，会见了被告人，走访了被害人和证人，调查取证、了解案件情况等，由此表明辩护人的辩护意见是来自于对案件的调查研究，是有根据的，绝不是空发议论和无中生有。

（3）提出对本案的基本看法。在说明自己的合法身份、任务和开庭前后开展的工作之后，接着对人民检察院的起诉书指控的犯罪事实和证据以及法律适用，提出一个总的基本看法，以进入辩护词正文部分。

当然，有的辩护词的首部不提对本案的基本看法，而只对本案发表如下几点辩护意见，供法庭参考，这也是可以的。辩护律师可以根据案件具体情况确定首部的内容，不一定要墨守成规。

2. 正文

正文是辩护词的中心内容，一般涉及辩护理由，通常可以从以下几方面阐述：

（1）犯罪事实认定方面

犯罪事实是定罪量刑的基础和依据，如果辩护律师认为起诉书中所指控的犯罪事实不能成立，可以从现有的证据足以证明起诉书所指控的犯罪事实不能成立或者从现有的证据不足以证明起诉书所指控的犯罪事实成立这两个角度切入，从而达到辩护的目的。

（2）法律适用方面

被告人的行为是否构成犯罪，构成什么罪，罪重还是罪轻，一罪还是数罪，要以法律为准绳，方可确定其性质。在起诉书中，如果适用法律不当，对被告人的定性或者量刑情节适用错误，则应该引证有关法律条款结合被告人的行为进行分析论证，指出公诉机关适用法律错误，进行辩护，维护被告人的合法权益。

（3）程序正当方面

辩护律师应当在辩护词中将已经发现的司法活动中存在的程序性违法现象予以总结和明示。如侦查机关在侦查过程中存在刑讯逼供、非法搜查现象等行为时，辩护律师应当在辩护词中列明，以请求法院排除非法证据或者不作为定罪的根据。

3. 结论

辩护词的结论应当包括以下两点内容：

（1）辩护人对自己的辩护观点进行总结，提出结论性意见，让合议庭明确辩护人的基本观点。

（2）对被告人如何定罪量刑，适用什么刑法条款，向法庭提出看法、要求和建议。

结束语要言简意赅、观点明确，给人以明晰的印象，并且要与辩护理由相一致。

律师出庭辩护应当认真做好准备工作，围绕案件事实、证据、适用法律、量刑、诉讼程序等，从被告人无罪、罪轻或者减轻、免除其刑事责任等方面提出辩护意见，切实保证辩护质量，维护被告人的合法权益。

七、参加庭前会议

在开庭以前，审判人员可以召集公诉人、当事人和辩护人、诉讼代理人，对回避、出庭证人名单、非法证据排除等与审判相关的问题，了解情况，听取意见。根据案件情况，审判人员也可以通知被告人参加。因此，在正式开庭前，辩护律师还可能参加审判人员召开的庭前会议，并在庭前会议前后与被告人进行沟通和交流。

（一）庭前会议召开的条件

根据我国刑事诉讼法及相关司法解释的规定，案件具有下列情形之一的，审判人员可以召开庭前会议：

1. 当事人及其辩护人、诉讼代理人申请排除非法证据的；
2. 证据材料较多、案情重大复杂的；
3. 社会影响重大的；
4. 需要召开庭前会议的其他情形。

案件具有以上情形之一的，律师也可以向法院申请召开庭前会议，申请可以是口头的，也可以是书面的，书面申请书的格式如下：

召开庭前会议的申请书

申请人：________律师事务所________律师

通信地址或联系方式：________________________________

申请事项：召开庭前会议。

申请理由：被告人涉嫌________一案，具有如下情形：

____

申请人作为________人委托的________（辩护人、诉讼代理人），根据《中华人民共和国刑事诉讼法》第一百八十七条的规定，特此申请贵院召开庭前会议，对与本案相关的问题了解情况，听取意见。

此致

________人民法院

申请人（签名）：

（律师事务所章）

年 月 日

（二）庭前会议交流的内容

1. 是否对案件管辖有异议；

2. 是否申请有关人员回避；

3. 是否申请调取在侦查、审查起诉期间公安机关、人民检察院收集但未随案移送的证明被告人无罪或者罪轻的证据材料；

4. 是否提供新的证据；

5. 是否对出庭证人、鉴定人、有专门知识的人的名单有异议；

6. 是否申请排除非法证据；

7. 是否申请不公开审理；

8. 对证据材料有无异议；

9. 与审判有关的其他问题。

（三）庭前会议注意事项

1. 被告人及其辩护人对管辖有异议或者申请有关人员回避的，也应当说明理由，如管辖异议的事实依据和法律依据；申请回避的人员是否存在回避的事由，比如是本案的当事人或者是当事人的近亲属，本人或者他的近亲属和本案有利害关系，担任过本案的证人、鉴定人、辩护人、诉讼代理人，与本案有其他利害关系可能影响公正处理案件，必要时还应当提供相关证据支持申请的理由。

律师提出管辖异议和回避申请时，可以以书面的形式提出，具体的格式如下：

管辖异议书

申请人：________律师事务所________律师

通信地址或联系方式：______________________________

申请理由：

作为________案（犯罪嫌疑人、被告人、被害人）________委托的________（辩护或诉讼代理）律师。参与诉讼活动后，通过对案件的进一步了解，认为贵单位对本案不具有管辖权，故提出管辖异议。理由如下：

____

鉴于上述理由，为保障犯罪嫌疑人、被告人的诉讼权利，保证本案的公正审理，根据《中华人民共和国刑事诉讼法》第一编第二章关于管辖的规定，以及第一百零九条、第一百一十条、第一百一十二条、第一百七十二条、第一百七十六条的规定，申请人请求你单位依法将本案移送至________管辖。

此致

____

律师（签名）：

（律师事务所章）

年　月　日

回避申请书

申请人：________律师事务所________律师

通信地址或联系方式：________________________

申请事项：申请参与案件（侦查人员、检察人员、审判人员、书记员、翻译人员、鉴定人）________的________回避。

申请理由：

作为________案（犯罪嫌疑人、被告人、被害人）________委托的________（辩护或诉讼代理）律师，发现________（被申请回避人员）具有下列应当回避的情形：________________________

根据《中华人民共和国刑事诉讼法》第二十九条、第三十二条的规定，特申请对其作出回避决定。

此致

____

申请人（签名）：

（律师事务所章）

年　月　日

2. 对于提供证人、鉴定人、有专门知识的人的名单和拟当庭出示的证据，相关司法解释规定在开庭5日前提供即可，因此在庭前会议召开时，只就是否申请调取在侦查、审查起诉期间公安机关、人民检察院收集但未随案移送的证明被告人无罪或者罪轻的证据材料；是否提供新的证据；是否对出庭证人、鉴定人、有专门知识的人的名单有异议等问题交流意见，不是必须在庭前会议就提供证人、鉴定人、有专门知识的人的名单和拟当庭出示的证据。

3. 被告人及其辩护人申请排除非法证据的，应当同时递交相关线索和材料，如非法取证的人员、时间、地点、方式、内容，不能只是简单地提出申请，因为只有经人民法院审查对证据收集的合法性有疑问的，才能启动非法证据排除程序，由人民检察院通过出示有关证据材料等方式，对证据收集的合法性加以说明。

辩护人提出排除非法证据的申请时，最好能提交书面的申请书，将申请的理由、相关的线索和材料予以标明，具体的格式如下：

非法证据排除申请书

申请人：________律师事务所律师________

通讯地址或联系方法：______________________________

申请事项：要求对以非法方法收集的证据予以排除。

申请理由：

犯罪嫌疑人涉嫌________一案中，申请人作为受委托的（辩护人、诉讼代理人）________，认为________证据是以非法方法收集的。提供相关的线索、材料如下：

____

根据《中华人民共和国刑事诉讼法》第五十六条第二款、第五十八条第二款的规定，特申请对该证据依法予以排除。

此致

____

申请人（签名）：

（律师事务所章）

年　月　日

4. 被告人及其辩护人申请不公开审理的，应当说明不公开审理的理由，必要时可以附上相关证据，如案件是否涉及国家秘密、个人隐私、商业秘密、审判时被告人是否不满18周岁或者其他依法应当或者可以不公开审理的情形。辩护人递交申请时，最好以书面形式递交，具体格式如下：

不公开审理申请书

申请人：________律师事务所律师________

通讯地址或联系方法：______________________________

申请事项：对被告人________涉嫌________一案进行不公开审理。

申请理由：被告人________涉嫌________一案，涉及________。申请人作为受委托的________（辩护人、诉讼代理人），根据《中华人民共和国刑事诉讼法》第一百八十八条的规定，特此申请贵院对本案进行不公开审理。

此致

________人民法院

申请人（签名）：

（律师事务所章）

年　月　日

5. 对于审判人员询问控辩双方对证据材料有无异议时，辩护人应当把握度，尤其是在被告人尚未到场的情况下，避免被告人被变相剥夺了质证权。因为对于无异议的证据材料，正式庭审时举证、质证可以简化，庭审只会重点调查有异议的证据材料。

附：本节相关法律规范性文件

1. 法律

《中华人民共和国刑事诉讼法》（2018 年修正）（2018 年 10 月 26 日施行）第 187 条

2. 规范性文件

最高人民法院《关于适用〈中华人民共和国刑事诉讼法〉的解释》（2021 年 3 月 1 日施行）第 128～130 条、第 221～223 条

最高人民检察院《人民检察院刑事诉讼规则》（2019 年 12 月 30 日施行）第 69～77 条

最高人民法院、最高人民检察院、公安部、国家安全部、司法部《关于办理刑事案件严格排除非法证据若干问题的规定》（2017 年 6 月 27 日施行）

《律师办理刑事案件规范》（2017 年 8 月 27 日施行）第 77～85 条

第四节　参加一审开庭

法庭审判阶段，是决定被告人是否有罪以及罪轻罪重的重要阶段，也是辩护律师行使辩护权利、展示辩护能力的最为关键的环节之一。法庭审判分为开庭、法庭调查、法庭辩论、被告人最后陈述以及评议和判决五个阶段。辩护律师在每个阶段的工作侧重点有所不同。

一、开庭阶段

（一）确定开庭时间是否符合法律规定

根据刑事诉讼法及相关司法解释的规定，人民法院应当在开庭 10 日前将起诉书副本送达被告人、辩护人，在开庭 3 日前将传唤当事人的传票和通知辩护人、诉讼代理人、法定代理人、证人、鉴定人等出庭的通知书送达。此外，对于公开审理的案件，应当在开庭 3 天前公布案由、被告人姓名、开庭时间和地点。

由此可见，人民法院确定开庭时间，应当在被告人、辩护人收到起诉书副本 10 日之后，在当事人收到传票，辩护人收到出庭通知书 3 日之后，在案由、被告人姓名、开庭时间和地点公布 3 日之后，否则就违反了法律规定，辩护律师应当对确定的开庭时间提出异议。需要注意的是，最高人民法院《关于适用〈中华人民共和国刑事诉讼法〉的解释》还规定，通知有关人员出庭，也可以采取电话、短信、传真、电子邮件、即时通讯等能够确

认对方收悉的方式，突破了刑事诉讼法关于送达通知书的要求，即使如此，人民法院也应当在开庭 3 日前通知。

（二）确定旁听人员是否符合法律规定

虽然旁听人员的确定是人民法院的工作范围，但为了维护被告人的合法权益，辩护律师发现旁听人员不符合法律规定，也应当提出异议。例如，根据法律规定，不公开审理的案件，任何人不得旁听，但法律另有规定的除外。因此，对于不公开审理的案件，如果发现有旁听人员，应当让法院说明旁听的依据，除法律另有规定允许旁听的以外，应当要求旁听人员离开法庭；此外，法律还明确规定了证人、鉴定人、有专门知识的人都不得旁听法庭，精神病人、醉酒的人、未经人民法院批准的未成年人以及其他不宜旁听的人不得旁听案件审理，如果辩护律师在庭审中发现旁听人员存在以上人员和情形的，也应当要求旁听人员离开法庭。

（三）申请回避

在开庭时，审判长应当询问当事人及其法定代理人、辩护人、诉讼代理人是否申请回避，如果辩护律师在庭前会议或者庭前沟通并没有解决相关人员的回避问题，应当当庭申请回避，并陈述何人回避以及申请回避的理由，有必要的，也可以提交相关证据以支持回避的理由。

对驳回申请回避的决定，虽然辩护人和诉讼代理人不能直接申请复议，但当事人及其法定代理人还可以申请复议一次，律师应当将该权利告知当事人及其法定代理人，以便其行使应有的权利。必要时还可以代当事人及其法定代理人撰写《复议申请书》，格式如下：

复议申请书

申请人：________

通信地址或联系方式：________________________________

申请事项：申请对驳回申请（被申请回避人员职务、姓名）________回避的决定进行复议。

申请理由：

作为________案的________（当事人、法定代理人），要求对（被申请回避人员）________进行回避的申请被驳回。但________（被申请回避人员）具有下列回避情形：________

鉴于此，申请人认为驳回申请回避的决定错误。根据《中华人民共和国刑事诉讼法》第三十一条、第三十二条的规定，申请对驳回申请回避的决定进行复议。

此致

____

申请人（签名）：

年　月　日

（四）管辖异议

在开庭时，辩护律师可以对审理的法院提出管辖异议，确定审理的法院是否享有管辖权。

1. 级别管辖

（1）基层人民法院：管辖第一审普通刑事案件，但是依法由上级人民法院管辖的除外。

（2）中级人民法院：管辖第一审的危害国家安全、恐怖活动案件和可能判处无期徒刑、死刑的案件。在此应特别注意的是，一人犯数罪、共同犯罪和其他需要并案审理的案件，其中一人或者一罪属于上级人民法院管辖的，全案应由上级人民法院管辖。

（3）高级人民法院：管辖第一审全省（自治区、直辖市）性的重大刑事案件。

（4）最高人民法院：管辖第一审全国性的重大刑事案件。

2. 地域管辖

刑事案件一般由犯罪地的人民法院管辖。如果由被告人居住地的人民法院审判更为适宜的，可以由被告人居住地的人民法院管辖。

3. 优先、移送管辖

几个同级人民法院都有权管辖的案件，由最初受理的人民法院审判。在必要的时候，可以移送主要犯罪地的人民法院审判。

4. 指定管辖

上级人民法院可以指定下级人民法院审判管辖不明的案件，也可以指定下级人民法院将案件移送其他人民法院审判。

因此，辩护律师对审理案件的人民法院不符合管辖相关规定的，应当提出管辖异议，请求人民法院将案件退回检察院或者移送其他法院审理，并附加必要的证明材料。

二、法庭调查阶段

法庭调查阶段是庭审的一个重要阶段，一切用作定案的证据都要经过此阶段予以查证核实，这个阶段是法庭形成公正判决的前提和基础。因此，辩护律师要积极全面地履行辩护职能，通过举证和质证来确立辩护观点，从而维护被告人的合法权益，具体工作主要包括：

（一）听取公诉人宣读起诉书

辩护律师应当认真听取公诉人宣读起诉书，注意公诉人宣读的起诉书的内容与辩护人收到的起诉书的内容是否一致，公诉机关指控被告人涉嫌犯罪的事实和证据是否发生变化。如果不一致或者发生变化的，辩护律师可以要求给予必要的准备时间。

（二）听取被告人、被害人陈述

公诉人在法庭上宣读起诉书后，如果被告人、被害人就起诉书指控的犯罪进行陈述的，辩护律师应当认真听取，注意被告人、被害人当庭的陈述与他们庭前在询问笔录和讯问笔录中陈述的内容是否一致，是否发生重大变化，以便及时调整辩护策略。

（三）听取公诉人讯问被告人

在公诉人宣读起诉书、被告人和被害人就起诉书指控的犯罪进行陈述后，公诉人一般会讯问被告人。此时，辩护律师应当认真听取公诉人对被告人的讯问，掌握其讯问的内容、主要思路和策略。如果辩护律师认为公诉人的讯问方式不当，如存在威逼性、诱导性讯问或者讯问的内容与本案无关的，应当立即提出异议，申请审判长制止或者纠正。

（四）向被告人发问

在公诉人讯问被告人后，辩护人经审判长许可，也可以向被告人发问。这是调查事实的一个重要环节，辩护人应当把握时机，紧紧围绕自己的辩护方案进行发问，通过发问将案件中存在争议的事实和证据展现给法庭，以达到良好的辩护效果。但需要特别注意以下问题：

1. 辩护律师事先应当准备发问提纲，但不能机械照搬，对于公诉人已经讯问过被告人的问题，一般不再重复发问，除非要从不同视角强化被告人回答的内容。

2. 对于公诉人只是片面的、割裂整体的讯问，辩护律师应当进行补充和完善。

3. 辩护律师的发问也不得采取诱导等不当方式，对未成年人进行发问时，应当注意其智力发育程度和心理状况，态度要严肃和蔼，语调要尽量温和。

4. 整个发问的过程中，律师的用语应当文明、准确，通俗易懂。如果公诉人对律师发问提出异议，应当尊重审判长作出的支持或者驳回的决定。

（五）对公诉人出示的证据进行质证

公诉人出示证据时，辩护律师应当认真听取，逐一提出质证意见。一般情况下，质证主要从证据的真实性、合法性、关联性三个方面展开。

1. 对物证、书证的质证内容

（1）物证、书证是否为原物、原件，是否经过辨认、鉴定；物证的照片、录像、复制品或者书证的副本、复制件是否与原物、原件相符，是否由二人以上制作，有无制作人关于制作过程以及原物、原件存放于何处的文字说明和签名。

（2）物证、书证的收集程序、方式是否符合法律、有关规定；经勘验、检查、搜查提取、扣押的物证、书证，是否附有相关笔录、清单，笔录、清单是否经侦查人员、物品持有人、见证人签名，没有物品持有人签名的，是否注明原因；物品的名称、特征、数量、质量等是否注明清楚。

（3）物证、书证在收集、保管、鉴定过程中是否受损或者改变。

（4）物证、书证与案件事实有无关联；对现场遗留与犯罪有关的具备鉴定条件的血迹、体液、毛发、指纹等生物样本、痕迹、物品，是否已作DNA鉴定、指纹鉴定等，并与被告人或者被害人的相应生物检材、生物特征、物品等比对。

（5）与案件事实有关联的物证、书证是否全面收集。

2. 对证人证言、被害人陈述的质证内容

（1）证言的内容是否为证人直接感知；

（2）证人作证时的年龄，认知、记忆和表达能力，生理和精神状态是否影响作证；

（3）证人与案件当事人、案件处理结果有无利害关系；

（4）询问证人是否个别进行；

（5）询问笔录的制作、修改是否符合法律、有关规定，是否注明询问的起止时间和地点，首次询问时是否告知证人有关作证的权利义务和法律责任，证人对询问笔录是否核对确认；

（6）询问未成年证人时，是否通知其法定代理人或者有关人员到场，其法定代理人或者有关人员是否到场；

（7）证人证言有无以暴力、威胁等非法方法收集的情形；

（8）证言之间以及与其他证据之间能否相互印证，有无矛盾。

3. 对被告人供述和辩解的质证内容

（1）讯问的时间、地点，讯问人的身份、人数以及讯问方式等是否符合法律、有关规定；

（2）讯问笔录的制作、修改是否符合法律、有关规定，是否注明讯问的具体起止时间和地点，首次讯问时是否告知被告人相关权利和法律规定，被告人是否核对确认；

（3）讯问未成年被告人时，是否通知其法定代理人或者有关人员到场，其法定代理人或者有关人员是否到场；

（4）被告人的供述有无以刑讯逼供等非法方法收集的情形；

（5）被告人的供述是否前后一致，有无反复以及出现反复的原因；被告人的所有供述和辩解是否均已随案移送；

（6）被告人的辩解内容是否符合案情和常理，有无矛盾；

（7）被告人的供述和辩解与同案被告人的供述和辩解以及其他证据能否相互印证，有无矛盾。

4. 对鉴定意见的质证内容

（1）鉴定机构和鉴定人是否具有法定资质；

（2）鉴定人是否存在应当回避的情形；

（3）检材的来源、取得、保管、送检是否符合法律、有关规定，与相关提取笔录、扣押物品清单等记载的内容是否相符，检材是否充足、可靠；

（4）鉴定意见的形式要件是否完备，是否注明提起鉴定的事由、鉴定委托人、鉴定机构、鉴定要求、鉴定过程、鉴定方法、鉴定日期等相关内容，是否由鉴定机构加盖司法鉴定专用章并由鉴定人签名、盖章；

（5）鉴定程序是否符合法律、有关规定；

（6）鉴定的过程和方法是否符合相关专业的规范要求；

（7）鉴定意见是否明确；

（8）鉴定意见与案件待证事实有无关联；

（9）鉴定意见与勘验、检查笔录及相关照片等其他证据是否矛盾；

（10）鉴定意见是否依法及时告知相关人员，当事人对鉴定意见有无异议。

5. 对勘验、检查、辨认、侦查实验等笔录的质证内容

（1）勘验、检查是否依法进行，笔录的制作是否符合法律、有关规定，勘验、检查人员和见证人是否签名或者盖章；

（2）勘验、检查笔录是否记录了提起勘验、检查的事由，勘验、检查的时间、地点，在场人员、现场方位、周围环境等，现场的物品、人身、尸体等的位置、特征等情况，以及勘验、检查、搜查的过程；文字记录与实物或者绘图、照片、录像是否相符；现场、物品、痕迹等是否伪造、有无破坏；人身特征、伤害情况、生理状态有无伪装或者变化等；

（3）补充进行勘验、检查的，是否说明了再次勘验、检查的缘由前后勘验、检查的情况是否矛盾。

6. 对视听资料、电子数据的质证内容

（1）是否附有提取过程的说明，来源是否合法；

（2）是否为原件，有无复制及复制份数；是复制件的，是否附有无法调取原件的原因、复制件制作过程和原件存放地点的说明，制作人、原视听资料持有人是否签名或者盖章；

（3）制作过程中是否存在威胁、引诱当事人等违反法律、有关规定的情形；

（4）是否写明制作人、持有人的身份，制作的时间、地点、条件和方法；

（5）内容和制作过程是否真实，有无剪辑、增加、删改等情形；

（6）内容与案件事实有无关联。

7. 对电子邮件、电子数据交换、网上聊天记录、博客、微博客、手机短信、电子签名、域名等电子数据的质证内容

（1）是否随原始存储介质移送；在原始存储介质无法封存、不便移动或者依法应当

由有关部门保管、处理、返还时，提取、复制电子数据是否由二人以上进行，是否足以保证电子数据的完整性，有无提取、复制过程及原始存储介质存放地点的文字说明和签名；

（2）收集程序、方式是否符合法律及有关技术规范；经勘验、检查、搜查等侦查活动收集的电子数据，是否附有笔录、清单，并经侦查人员、电子数据持有人、见证人签名；没有持有人签名的，是否注明原因；远程调取境外或者异地的电子数据的，是否注明相关情况；对电子数据的规格、类别、文件格式等注明是否清楚；

（3）电子数据内容是否真实，有无删除、修改、增加等情形；

（4）电子数据与案件事实有无关联；

（5）与案件事实有关联的电子数据是否全面收集。

（六）辩护人举证

在公诉人举证完毕后，辩护人有证据的也可以举证，将证据在法庭予以出示或者宣读，并由公诉人进行质证。辩护人举证的范围主要包括物证、书证、证人证言、被害人陈述、鉴定意见、视听资料、电子数据等。在举证时，辩护人应当说明证据的形式、内容、来源以及所要证明的问题。

辩护人应向法庭申请对本方证据进行举证。主要包括相关的证人、鉴定人出庭，宣读未到庭证人的证言，出示相关的书证、物证、视听资料、电子数据、鉴定意见等证据。辩护律师举证时，应向法庭说明证据的来源和拟证明的事实。辩护人举证后，公诉人进行质证，必要时，辩护人还可以针对公诉人的质证意见进行一次答辩。

（七）向证人、鉴定人、有专门知识的人发问

《刑事诉讼法》第192条第1款规定："公诉人、当事人或者辩护人、诉讼代理人对证人证言有异议，且该证人证言对案件定罪量刑有重大影响，人民法院认为证人有必要出庭作证的，证人应当出庭作证。"

《刑事诉讼法》第192条第3款规定："公诉人、当事人或者辩护人、诉讼代理人对鉴定意见有异议，人民法院认为鉴定人有必要出庭的，鉴定人应当出庭作证。"

最高人民法院《关于适用〈中华人民共和国刑事诉讼法〉的解释》第250条第1款规定："公诉人、当事人或者辩护人、诉讼代理人申请法庭通知有专门知识的人出庭，就鉴定意见提出意见的，应当说明理由。法庭认为有必要的，应当通知有专门知识的人出庭。"

由此可见，在庭审过程中，如果有证人、鉴定人或者有专门知识的人出庭，辩护律师应当向他们进行发问。发问由提请通知的一方先进行，在发问完毕后，经审判长准许，对方也可以发问。

1. 发问应当遵循的总规则

（1）发问的内容应当与本案事实有关；

（2）不得以诱导方式发问；

（3）不得威胁证人、鉴定人、有专门知识的人；

（4）不得损害证人、鉴定人、有专门知识的人的人格尊严。

2. 发问应遵循的具体规则

（1）发问方式：向证人、鉴定人、有专门知识的人发问，可以要求他们就其所了解的与案件有关的事实进行陈述，也可以直接发问。如果证人、鉴定人、有专门知识的人不能连贯陈述的，辩护人也可以直接发问。

（2）发问内容：对证人、鉴定人、有专门知识的人发问，应当针对证言、鉴定意见中有遗漏、矛盾、模糊不清和有争议的内容，并围绕与定罪量刑紧密相关的事实进行。

（3）发问形式：发问应当采取一问一答形式，提问应当简洁、清楚。

（4）证人、鉴定人、有专门知识的人进行虚假陈述的，应当通过发问澄清事实，必要时还应当宣读证人在侦查、审查起诉阶段提供的证言笔录或者出示、宣读其他证据对证人、鉴定人、有专门知识的人进行询问。

（5）公诉人、被害人、诉讼代理人对证人发问后，辩护人可以根据证人回答的情况，经审判长许可，再次对证人发问。

（八）参加非法证据排除的法庭调查

非法证据排除是2012年《刑事诉讼法》修改的一大亮点，明确规定了在法庭审理过程中，审判人员认为可能存在法定的以非法方法收集证据情形的，应当对证据收集的合法性进行法庭调查。辩护律师应当积极参与，力争将非法证据予以排除，以维护当事人的合法权益。

1. 判断是否符合非法证据排除的标准

根据《刑事诉讼法》第56条的规定，并不是所有的非法证据均应完全予以排除，要符合一定条件和达到一定标准的才能予以排除。因此，辩护律师在启动非法证据排除程序前，应当根据会见被告人和了解到的情况以及掌握的线索和材料，判断是否符合非法证据排除的条件和标准。

（1）采用刑讯逼供等非法方法收集的犯罪嫌疑人、被告人供述应当予以排除。

（2）采用暴力、威胁等非法方法收集的证人证言、被害人陈述，应当予以排除。

（3）收集物证、书证不符合法定程序，可能影响司法公正的，应当予以补正或者作出合理解释；不能补正或者作出合理解释的，对该证据应当予以排除。认定“可能严重影响司法公正”，应当综合考虑收集物证、书证违反法定程序以及所造成后果的严重程度等情况。这里的“补正”是指对取证程序上的非实质性瑕疵进行补救；“合理解释”是指对取证程序的瑕疵作出符合常理及逻辑的解释。

2. 庭审中申请非法证据排除

在整个刑事诉讼过程中，辩护人均有权申请非法证据排除。在第一审程序中，辩护律师一般应当在开庭审理前提出申请，并提供相关线索或者材料，以便人民法院召开庭前会议，就非法证据排除等问题了解情况，听取意见，以便人民检察院通过出示有关证据材料对证据收集的合法性加以说明。

但是，如果辩护人在法庭审理期间才发现非法证据的相关线索或者材料的，也仍然可以在庭审过程中提出排除非法证据的申请，法院也应当对此进行审查。经审查，对证据收集的合法性有疑问的，应当进行调查；没有疑问的，应当当庭说明情况和理由，继续法庭审理。如果辩护人以相同理由再次申请排除非法证据的，法庭则不再进行审查。

3. 就证据收集合法性问题进行质证和辩论

在对证据收集的合法性进行法庭调查过程中，对证据收集合法性的证明责任由人民检察院承担，辩护人不具有证明证据收集系非法的举证责任，因此，辩护人应对公诉人举证证明证据收集合法的证据进行质证和辩论。

一般说来，法庭决定对证据收集的合法性进行调查的，可以由公诉人通过出示、宣读讯问笔录或者其他证据，有针对性地播放讯问过程的录音录像，提请法庭通知有关侦查人员或者其他人员出庭说明情况等方式，证明证据收集的合法性。

辩护人则应当针对公诉人出示的证据或者说明材料提出质证意见。例如对于公诉人提交的取证过程合法的说明材料，提出按照法律规定应当经有关侦查人员签名，并加盖公章，如果说明材料未经有关侦查人员签名的，应当提出不得作为证据使用的质证意见。即使证明材料经有关侦查人员签名的，也应当提出这些说明材料不能单独作为证明取证过程合法的根据，要求公诉人应当出示能够与其相互印证的证明证据收集合法性的其他证据。

（九）其他工作

根据《刑事诉讼法》第197条的规定，法庭审理过程中，当事人和辩护人、诉讼代理人有权申请通知新的证人到庭，调取新的物证，申请重新鉴定或者勘验。如果由此需要延期审理的，也可提出延期审理的申请。在司法实践中，辩护人提出上述申请的，最好提交书面的申请书，这些申请书都有对应的格式文书，具体如下：

1. 申请新的证人到庭

通知证人出庭申请书

[　　]第　号

申请人：________律师事务所律师________

通信地址或者联系方法：______________________________

申请事项：通知证人________出庭作证。

申请理由：________系被告人________被控________一案的证人。申请人认为需要证人出庭作证。根据《中华人民共和国刑事诉讼法》第四十三条第一款的规定，特提出申请。

此致

________人民法院

申请人签名：

（律师事务所章）

年　月　日

附：证人地址、联系方式：________________________________

2. 申请调取新的物证

提请收集、调取证据申请书

［　］第　号

申请人：________律师事务所________律师

通信地址或联系方法：________________________________

申请事项：申请________向________收集、调取证据。

申请理由：作为犯罪嫌疑人________涉嫌________一案的辩护律师，本人认为需要向证人（有关单位、公民个人）________收集、调取证据。因情况特殊，根据《中华人民共和国刑事诉讼法》第四十三条第一款的规定，特申请贵院予以收集、调取。

此致

________人民法院

申请人签名：

（律师事务所章）

年　月　日

附：证人、个人姓名：________

有关单位名称：________

住址或通信方法：________

收集、调取证据范围、内容：________

3. 申请重新鉴定或者勘验

重新鉴定、勘验申请书

［　］第　号

申请人：________律师事务所________律师

通信地址或联系方法：________________________________

申请事项：重新鉴定、勘验

申请理由：我作为________案________人________委托的辩护人（诉讼代理人），

认为本案关于________的鉴定（勘验）结论存在以下问题：
根据《中华人民共和国刑事诉讼法》第一百九十七条的规定，特申请对________事项重新鉴定、勘验。
此致
________人民法院

申请人签名：
（律师事务所章）
年　月　日

4. 申请延期审理

延期审理申请书

[　　]第　号

申请人：________律师事务所________律师
通信地址或联系方法：________________________
申请事项：延期审理。
申请理由：作为________案________人________委托的辩护人（代理人），由于________，根据《中华人民共和国刑事诉讼法》二百零四的规定，特提请法庭延期审理。
此致
________人民法院

申请人签名：
（律师事务所章）
年　月　日

三、法庭辩论阶段

《刑事诉讼法》第198条规定，法庭审理过程中，对与定罪、量刑有关的事实、证据都应当进行调查、辩论。经审判长许可，公诉人、当事人和辩护人、诉讼代理人可以对证据和案件情况发表意见并且可以互相辩论。法庭辩论阶段是律师最集中、最系统发表自己辩护观点的阶段，也是辩护律师充分展示自己的辩护能力和技巧的阶段。法庭辩论应当在审判长的主持下，按照一定的顺序，围绕公诉人指控、法庭调查反映出来的案件范围，就定罪、量刑的事实、证据和适用法律等问题进行。辩护律师在法庭辩论阶段应做好如下工作：

（一）听取公诉人发言

法庭辩论阶段先由公诉人发言，律师应认真听取公诉人如何论证被告人构成指控的罪名，如何论证证明被告人有罪的证据体系的完整性和严密性，如何论证指控的犯罪事实清楚，证据确实充分，适用法律正确。辩护人应当从公诉人的发言中寻找漏洞和突破口，并根据公诉人的发言以及庭审的情况对原拟定的辩护意见进行调整、修改、充实以及补充。

（二）听取被害人及其诉讼代理人发言

公诉案件虽然是由公诉人出庭支持公诉，但被害人及其诉讼代理人也是诉讼参与人之一，立场和出发点与公诉人有相同之处，也有差异之处。不论是在定性还是在量刑方面，被害人及其诉讼代理人发表的意见有可能与公诉意见存在很大差异。例如刑讯逼供致人死亡案件，公诉人指控的罪名是故意伤害罪，被害人的家属或者诉讼代理人有可能提出被告人构成故意杀人罪的意见。因此，辩护律师除了认真听取公诉人的发言外，还要认真听取被害人及其诉讼代理人的发言。

（三）听取被告人的自行辩护

辩护律师应当在开庭审理前会见被告人，并告知被告人享有自行辩护的权利，就其自行辩护的事项进行交流和沟通。在庭审过程中，辩护律师应当认真听取被告人的辩护意见。一方面，辩护律师根据被告人的自行辩护，可以对其辩护中存在的不充分之处进行补充，以达到更好的辩护效果；另一方面，辩护律师还应当根据被告人的自行辩护，适时调整辩护人事先拟定的辩护意见。举个极端的例子，被告人在庭审前认罪，与辩护律师达成罪轻辩护的共识，但在自行辩护时突然翻供，拒不认罪，辩护律师则应当马上改变原定的辩护计划，不能成为第二公诉人。

（四）发表辩护意见

辩护律师应当根据公诉人指控的犯罪事实和法庭调查的情况发表辩护意见。发表辩护意见应当围绕案件本身，不宜冗长、重复，不得进行人身侮辱和攻击。辩护意见应当结合事先准备的辩护提纲和计划，针对公诉机关的指控，从事实是否清楚、证据是否确实充分、适用法律是否正确、诉讼程序是否合法等不同方面进行分析论证，并提出关于案件定罪量刑的意见和理由。

1. 事实认定层面

辩护人应当对整个法庭调查活动作出总结，从而形成整体上的对事实认定的意见。在发表辩护意见时，应当以事实为依据，将公诉意见中涉及的事实和证据的论证存在的问题进行归纳、总结，打破其论证体系的完整性和严密性。

2. 法律适用层面

辩护人应当结合法庭调查后对事实形成的基本结论，就公诉意见中的法律适用问题提出辩护意见。这里的法律适用问题既包括实体法的法律适用，也包括程序法的法律适用；既包括定罪方面的法律适用，也包括量刑方面的法律适用。

3. 程序合法层面

辩护律师应当结合非法证据排除程序以及整个刑事诉讼过程中出现的问题，对程序违法的地方发表辩护意见，如承办法院没有管辖权、应当回避的人员没有回避、超期羁押、刑讯逼供等问题。

律师的辩护发言应观点明确，论据充分，论证有力，逻辑严谨，用词准确，语言简洁。

（五）控辩双方进行辩论

辩护律师在控辩双方辩论时，应当注意以下方面：

1. 有针对性，要针对控方关系到定罪量刑的主要观点进行辩驳，细枝末节的问题可以一笔带过或者放到辩护词中进行阐述。

2. 善于抓住公诉人的错误观点和逻辑推理，得出无罪或罪轻的结论。

3. 在庭审时要有完整的辩护提纲，但法庭辩论要随机应变，不能看着辩护词“照本宣科”。

4. 抓住第二轮以上的辩论机会，充分表达自己的意见，突出重点，避免重复，着重针对控方的新问题、新观点进行辩驳，不纠缠细枝末节。

5. 辩护律师发表辩论意见，不是以旁听人员为发言对象，应当避免因哗众取宠而影响辩护效果。

四、被告人最后陈述阶段

法庭辩论终结后，被告人还享有最后陈述的权利，任何人不得剥夺。被告人可以用这个机会重申自己对案件的看法和提出对法庭的要求，辩护律师也可以在庭前通过会见听取被告人的最后陈述。如果被告人在最后陈述中提出新的事实、证据，可能影响正确裁判的，辩护律师可以建议法庭恢复法庭调查；如果被告人在最后陈述中提出新的辩解理由，可能影响正确裁判的，辩护律师也可以建议法庭恢复法庭辩论。因此，即使在被告人最后陈述阶段，辩护律师也应当认真听取被告人的陈述，保障其合法权益。

五、评议和宣判阶段

在被告人最后陈述后，审判长宣布休庭，合议庭进行评议，根据已经查明的事实、证据和有关的法律规定，分别作出有罪判决或者无罪判决。如果宣告判决的，不管是公开审理的案件还是不公开审理的案件，一律公开进行。

对于定期宣告判决的，人民法院应当在宣判前先期宣告判决的时间和地点，传唤当事人并通知公诉人、法定代理人、辩护人和诉讼代理人。辩护人在接到通知后，一般应当到庭。如果确因特殊情况不能到庭的，应当向法院和当事人说明理由，取得理解，因为辩护人即使不到庭，也不会影响宣判的进行。

案例分析

在一起聚众斗殴案件中，法院通知被告人张某的律师开庭宣判。但律师认为法庭宣判，律师无须到场，于是让法院直接给其邮寄判决书。但是该律师之后只告诉家属开庭宣判的时间、地点，并未告诉家属其将不到庭。一审宣判后，被告人家属一致认为一审判决过重，认为律师宣判也不到庭，服务不到位，对被告人不重视，于是向律师所在的律师事务所投诉。

在本案中，辩护律师没有坚守最后一岗，虽然律师不到庭并不能改变判决，也不影响宣判的进行，但这是其在一审工作的范围之一，如果因为特殊原因确实不能到庭的，也应当事先跟法院、当事人及其家属进行解释沟通，以求取得理解。

附：本节相关法律规范性文件

1. 法律

《中华人民共和国刑事诉讼法》（2018 年修正）（2018 年 10 月 26 日施行）第 187 条、第 190～191 条、第 194～198 条、第 204～205 条

2. 规范性文件

最高人民法院《关于适用〈中华人民共和国刑事诉讼法〉的解释》（2021 年 3 月 1 日施行）第 238～239 条、第 241 条、第 244 条、第 246～248 条、第 258～262 条、第 264～273 条、第 276～288 条

最高人民法院、最高人民检察院、公安部、国家安全部、司法部、全国人大常委会法制工作委员会《关于实施刑事诉讼法若干问题的规定》（2013 年 1 月 1 日施行）第 26～27 条

最高人民法院《关于全面推进以审判为中心的刑事诉讼制度改革的实施意见》（2017 年 2 月 17 日施行）

《律师办理刑事案件规范》（2017 年 8 月 27 日施行）第 86～125 条

第五节　庭后工作

一、提交辩护词

为了更好地履行自己的辩护职责，取得更好的辩护效果，在庭审结束后，辩护律师应当向法庭递交书面的辩护意见，即辩护词。一般来说，辩护律师虽然在庭前就应当撰写好辩护词，但庭审仍会有很大变数，会出现新的证据，通过向被告人、证人、鉴定人、有专门知识的人发问会发现新的问题，通过法庭调查和法庭辩论，可能需要对庭前撰写的辩护词进行调整、修改，甚至完全重新撰写。辩护词应当紧紧围绕争议的事实、争议的证据和

争议的焦点展开，做到条理清晰、结构严谨、论证充分。

二、会见被告人

一般情况下，开庭审理结束后，如果需要二次开庭或者择期宣判的，辩护律师在庭后应当及时会见被告人，了解被告人对庭审的意见和想法，及时掌握其主观动态和心理想法，对开庭审理中出现的一些情况进行解释和疏导，进行安抚和沟通，如果需要继续开庭的，还应当与其交流下一次开庭庭审的主要内容和范围。

三、监督审理期限

人民法院审理公诉案件，应当在受理后2个月以内宣判，至迟不得超过3个月。对于可能判处死刑的案件，附带民事诉讼的案件，交通十分不便的边远地区的重大复杂案件，重大的犯罪集团案件，流窜作案的重大复杂案件，犯罪涉及面广、取证困难的重大复杂案件，经上一级人民法院批准，可以延长3个月；因特殊情况还需要延长的，报请最高人民法院批准。人民法院改变管辖的案件，从改变后的人民法院收到案件之日起计算审理期限。人民检察院补充侦查的案件，补充侦查完毕移送人民法院后，人民法院重新计算审理期限。法院决定中止审理的，中止审理的期间不计入审理期限。

在司法实务中，辩护律师应当根据上述规定监督人民法院的审理期限，并注意审查法院是否有超期、逾期判决的现象。若已过审限而仍未宣判，应向有关部门进行控告。

四、领取判决书

一审判决后，律师有权获得判决书。如果是当庭宣告判决的，应当在5日以内将判决书送达辩护人；定期宣告判决的，应当在宣告后立即将判决书送达辩护人。所以，辩护人应当根据实际情况领取判决书。

判决书是人民法院根据已经查明的事实、证据和有关法律规定，在充分考虑控辩双方意见的基础上，确定被告人是否有罪、构成何罪，有无从重、从轻、减轻或者免除处罚情节，应否处以刑罚、判处何种刑罚，附带民事诉讼如何解决，查封、扣押、冻结的财物及其孳息如何处理等内容，是辩护律师辩护成果的集中体现，也是确定被告人是否上诉的重要前提和依据。

五、回访被告人

一审判决后，律师在取得判决书后，一般应当对被告人进行回访，听取其对判决书的意见，询问其是否上诉，并给予法律帮助。对于被告人服从判决的情况，律师应该给予人文关怀，提醒被告人在服刑期间遵守法律规定，认真改造，争取早日服刑完毕。对于被告人不服判决的情况，律师应当就是否上诉与被告人进行沟通，为其分析上诉的法律后果，如果被告人上诉想继续委托其作为第二审程序的辩护人，可以做好会见笔录，然后与委托人重新签订委托协议，确立委托关系。

案例分析

在一起职务侵占案中，被告人王某一审被判处有期徒刑 3 年，辩护律师对一审判决书分析后，认为一审判决书存在很大问题，被告人家属也提出要上诉，并与辩护律师办理了二审的委托手续，并缴纳了律师费。于是律师起草好上诉状，到看守所会见被告人王某。岂知无论律师怎么分析，也不管家属是什么意见，被告人本人就是不同意上诉。于是，律师只好将被告人本人的意见记入笔录，由被告人签名捺印确认。会见结束后，律师再次接待了被告人的家属，向其说明了整个会见的经过，表明了被告人确实不愿意上诉的态度，并向家属出示了会见时的笔录。随后，双方只好终止了委托协议，退回了律师费。

在本案中，辩护律师在领取判决书后，应当第一时间回访被告人，听取被告人本人的意见，在确定被告人要提起上诉后，做好会见笔录再与家属进行沟通，可以避免花费大量精力撰写上诉状，又无法继续代理二审的尴尬局面。

附：本节相关法律规范性文件

1. 法律

《中华人民共和国刑事诉讼法》（2018 年修正）（2018 年 10 月 26 日施行）第 202 条、第 208 条

2. 规范性文件

最高人民法院《关于适用〈中华人民共和国刑事诉讼法〉的解释》（2021 年 3 月 1 日施行）第 127 条、第 129～130 条、第 221～223 条

《律师办理刑事案件规范》（2017 年 8 月 27 日施行）第 126～128 条

第六节　其他案件的辩护

本章第一节至第五节主要介绍的是公诉案件在第一审程序中适用普通程序的律师辩护工作，下面就律师参与自诉案件以及适用简易程序审理的案件的特殊的一审辩护工作进行简单介绍。

一、自诉案件

律师可以接受自诉案件被告人的委托担任其辩护人，在庭审阶段应注意下列事项：

（一）审查是否属于自诉案件

根据《刑事诉讼法》第210条的规定，自诉案件包括以下案件：

1. 告诉才处理的案件，包括侵占罪、诽谤罪、侮辱罪、虐待罪、暴力干涉婚姻自由罪。

2. 被害人有证据证明的轻微刑事案件。

3. 被害人有证据证明对被告人侵犯自己人身、财产权利的行为应当依法追究刑事责任，而公安机关或者人民检察院不予追究被告人刑事责任的案件。

（二）参与和解

根据《刑事诉讼法》第212条的规定，自诉人在宣告判决前，可以同被告人自行和解。作为被告人的辩护人也可以参与和解的谈判，帮助当事人起草和解协议书等。

（三）参与调解

根据《刑事诉讼法》第206条的规定，人民法院对于自诉案件，可以进行调解，但被害人有证据证明对被告人侵犯自己人身、财产权利的行为应当依法追究刑事责任，而公安机关或者人民检察院不予追究被告人刑事责任的案件不适用调解。

人民法院审理自诉案件，可以在查明事实、分清是非的基础上，根据自愿、合法的原则进行调解。作为被告人的辩护律师，也可以积极参与，促成调解达成协议，由人民法院制作刑事调解书。

（四）提起反诉

根据《刑事诉讼法》第213条的规定，自诉案件的被告人在诉讼过程中，可以对自诉人提起反诉。因此，若被告人有相应诉求，辩护律师应予以协助，起草反诉状，提起反诉。需要注意的是，反诉必须符合以下条件：(1) 反诉的对象必须是本案自诉人；(2) 反诉的内容必须是与本案有关的行为；(3) 提起反诉的主体必须是告诉才处理和被害人有证据证明的轻微刑事案件的被告人或者其法定代理人。

（五）注意撤诉的情形

1. 判决宣告前，自诉案件的自诉人可以撤回自诉。

2. 自诉人经两次合法传唤，无正当理由拒不到庭的，按撤诉处理。

3. 自诉人未经法庭许可中途退庭的，按撤诉处理。

因此，在自诉案件的庭审过程中，如果出现自诉人撤诉或者按撤诉处理的情形，应当督促人民法院作出裁定，如果被告人被采取强制措施的，应当要求法院立即解除强制措施，以维护被告人的合法权益。

当然，如果自诉案件有多名自诉人，只是部分自诉人撤诉或者被裁定按自诉处理的，不影响案件的继续审理。

（六）监督审理期限

自诉案件的被告人未被羁押和被羁押的，在审理期限上有不同的规定。

1. 被告人未被羁押的，人民法院在受理后 6 个月以内必须宣判。

2. 被告人被羁押的，人民法院应当在受理后 2 个月以内宣判，至迟不得超过 3 个月。对于可能判处死刑的案件，附带民事诉讼的案件，交通十分不便的边远地区的重大复杂案件，重大的犯罪集团案件，流窜作案的重大复杂案件，犯罪涉及面广、取证困难的重大复杂案件，经上一级人民法院批准，可以延长 3 个月；因特殊情况还需要延长的，报请最高人民法院批准。人民法院改变管辖的案件，从改变后的人民法院收到案件之日起计算审理期限。

在司法实务中，辩护律师应当根据上述规定监督人民法院的审理期限，并注意审查法院是否有超期、逾期判决的现象。若已过审限而仍未宣判，应向有关部门进行控告。

二、简易程序

（一）简易程序的适用范围

根据《刑事诉讼法》第 214 条的规定，基层人民法院管辖的案件，符合下列条件的，可以适用简易程序审判：

1. 案件事实清楚、证据充分的；

2. 被告人承认自己所犯罪行，对指控的犯罪事实没有异议的；

3. 被告人对适用简易程序没有异议的。

（二）简易程序适用的启动

1. 人民法院决定适用；

2. 人民检察院建议适用；

3. 被告人及其辩护人建议适用。

可见，是否适用简易程序，最终由人民法院决定，人民检察院有建议权，被告人及其辩护人也有建议的权利，建议书的格式如下：

适用简易程序的建议书

建议人：________律师事务所________律师

通信地址或联系方式：______________________________

建议事项：对被告人________涉嫌________一案适用简易程序审判。

建议理由：被告人________涉嫌________一案，案件事实清楚、证据充分；被告人承认自己所犯罪行，对指控的犯罪事实没有异议；被告人对适用简易程序没有异议。本人作为被告人的辩护人，根据《中华人民共和国刑事诉讼法》第二百一十四条的规定，特此建议贵院对本案适用简易程序审判。

此致

________人民法院

建议人（签名）：

年　月　日

需要注意的是，如果辩护人认为案件不符合适用简易程序的条件，也应当书面提出申请，建议适用普通程序审理，具体格式如下：

适用普通程序建议书

建议人：________律师事务所________律师

通信地址或联系方式：______________________________

建议事项：对被告人________涉嫌________一案适用普通程序审判。

建议理由：被告人________涉嫌________一案，具有以下不应适用简易程序的情形：______________________________（被告人的行为可能不构成犯罪；被告人可能不负刑事责任；案件事实不清、证据不足；不应当或者不宜适用简易程序的其他情形）。本人作为被告人的辩护人，根据《刑事诉讼法》第二百一十五条的规定，特此建议贵院对本案适用普通程序审判。

此致

________人民法院

建议人（签名）：

年　月　日

（三）适用简易程序的后果

1. 审判组织简化

适用简易程序审理的案件，对可能判处 3 年有期徒刑以下刑罚的，可以组成合议庭进行审判，也可以由审判员一人独任审判。但是对于可能判处的有期徒刑超过 3 年的，还是应当组成合议庭进行审判。

2. 庭审程序简化

适用简易程序审理案件，可以对庭审作如下简化：

(1) 公诉人可以摘要宣读起诉书；

(2) 公诉人、辩护人、审判人员对被告人的讯问、发问可以简化或者省略；

(3) 对控辩双方无异议的证据，可以仅就证据的名称及所证明的事项作出说明；对控辩双方有异议，或者法庭认为有必要调查核实的证据，应当出示，并进行质证；

(4) 控辩双方对与定罪量刑有关的事实、证据没有异议的，法庭审理可以直接围绕罪名确定和量刑问题进行。

3. 当庭宣告判决

适用简易程序审理案件，一般应当当庭宣判，可以避免被告人漫长的等待。

4. 审理期限较短

适用简易程序审理案件，人民法院应当在受理后 20 日以内审结；对可能判处的有期徒刑超过 3 年的，可以延长至一个半月。

(四) 简易程序不能省略的环节

1. 适用简易程序审理公诉案件，不论可能判处的刑期长短，人民检察院都应当派员出席法庭。

2. 适用简易程序审理案件，判决宣告前都应当听取被告人的最后陈述。

(五) 简易程序的正确选择

从简易程序适用的后果来看，不论从审判组织、审判程序、审理期限、宣告判决任何一个角度来看，都还是有利于被告人的，因此，对于确实符合适用简易程序的案件，作为被告人的辩护人应当向有关部门提出适用简易程序的申请或者建议。

但是，如果案件不符合条件或者条件发生变化不再适合适用简易程序，则应当对简易程序的适用提出异议，或者告知被告人适用简易程序审理的法律规定及法律后果，让被告人不同意适用简易程序。作为辩护律师，应当掌握以下规定。

1. 具有下列情形之一的，不适用简易程序：

(1) 被告人是盲、聋、哑人；

(2) 被告人是尚未完全丧失辨认或者控制自己行为能力的精神病人；

(3) 有重大社会影响的；

(4) 共同犯罪案件中部分被告人不认罪或者对适用简易程序有异议的；

(5) 辩护人作无罪辩护的；

(6) 被告人认罪但经审查认为可能不构成犯罪的；

(7) 不宜适用简易程序审理的其他情形。

2. 适用简易程序审理案件，在法庭审理过程中，有下列情形之一的，应当转为普通程序审理：

（1）被告人的行为可能不构成犯罪的；

（2）被告人可能不负刑事责任的；

（3）被告人当庭对起诉指控的犯罪事实予以否认的；

（4）案件事实不清、证据不足的；

（5）不应当或者不宜适用简易程序的其他情形。

附：本节相关法律规范性文件

1. 法律

《中华人民共和国刑事诉讼法》（2018 年修正）（2018 年 10 月 26 日施行）第 210 条、第 212～220 条

2. 规范性文件

最高人民法院《关于适用〈中华人民共和国刑事诉讼法〉的解释》（2021 年 3 月 1 日施行）第 34～128 条、第 316～318 条、第 327 条、第 334 条、第 359～360 条

最高人民检察院《人民检察院刑事诉讼规则》（2019 年 12 月 30 日施行）第 431 条

最高人民检察院《关于在检察工作中贯彻宽严相济刑事司法政策的若干意见》（2007 年 1 月 15 日施行）第 18 条

《律师办理刑事案件规范》（2017 年 8 月 27 日施行）第 160～162 条、第 177～181 条

练习与测试

1. 第一审案件正式开庭之前应当做好哪些准备？

2. 庭前会议是为了解决什么问题？辩护律师应当如何参加庭前会议？

3. 律师应当如何启动非法证据排除程序？应当做好哪好哪些工作？

4. 律师在庭审过程中应当如何向被告人、出席的证人、鉴定人发问？应当如何质证？应当如何举证？

5. 如何制定辩护策略？如何发表辩护意见？

6. 辩护律师参与自诉案件与参与公诉案件，参与简易程序与参与普通程序在工作上的差别有哪些？

第六章

第二审程序中的律师辩护实务

本章要点

本章主要学习辩护律师在第二审程序阶段的主要工作内容方法、程序等。相比于第一审程序，律师在第二审程序中虽然参加的也是审判工作，但辩护的工作侧重点仍有很大差异。本章主要突出了提起上诉、争取开庭审理、辩护词的撰写等与第一审程序存在差异的内容。

第一审裁判宣告以后，可能存在被告人上诉或者人民检察院抗诉从而启动第二审程序的情形。第二审程序既以第一审程序为基础，又以第一审法院的裁判为检验对象，通过进行二审，可以有效地避免裁判错误，纠正量刑不公。同时在我国二审终审的背景下，律师在第二审程序中的辩护工作也显得非常重要和必要，通过指出一审裁判在事实认定、法律适用以及程序上存在的问题，最大限度地维护当事人的合法权益。

第一节 前期准备工作

案件进入第二审程序后，前期准备工作与第一审程序基本相同：律师应当在与符合法定条件的委托人签订委托协议及委托书，取得符合法律规定的授权后，及时与二审法院进行联系，递交有关手续并协调阅卷工作。这些工作的方法、流程与注意事项与第一审程序并无实质区别，在此仅对特殊情况进行介绍，其他相同的部分具体可以参照本书第五章的内容学习。

一、办理委托手续

（一）委托的主体

在二审阶段，一审被告人提起上诉的，为上诉人；一审被告人没有提起上诉的，为原审被告人。所以在二审阶段可以委托辩护人的主体，为上诉人或者原审被告人或者他们的监护人、近亲属，具体不再展开论述。

（二）委托的时间

当事人在二审阶段可以随时委托辩护人，人民法院自受理案件之日起 3 日以内，也有告知上诉人或者原审被告人有权委托辩护人的义务。当然，当事人也可以在一审判决宣告并确定要提起上诉后就开始委托辩护人，这时案件虽然还没有正式进入第二审程序，但律师接受委托后可以为第二审程序做一些准备工作，如帮助当事人撰写上诉状，为当事人提起上诉提供帮助等。

（三）委托的手续

由于第二审程序的结果有可能维持原判或者直接改判，作出终审判决，也可能裁定撤销原判，发回原审人民法院重新审判，因此，律师在与当事人办理委托手续时，要说明二审程序可能发生的结果，确定委托的范围仅限于第二审程序，还是包括可能发回的重审，以便确定律师费和工作的范围。如果仅限于第二审程序，在签署委托协议和委托书时，应当载明有效期截止到“二审终结之日止”，而不要笼统地写“审判终结之日止”。

（四）委托后的工作

在第二审阶段，律师与委托人办理完必要的委托手续后，应当让委托人尽可能地提供一些材料，如一审判决书或相关证据材料，并与委托人及相关人员进行充分的交流。如果是担任上诉人的辩护人，应当了解上诉人或者委托人不服一审判决的理由；如果是担任人民检察院抗诉案件中原审被告人的辩护人，应当了解检察院抗诉的理由以及原审被告人自己对一审判决的看法；如果是担任其他被告人上诉案件中原审被告人的辩护人，则应当了解其他被告人上诉的理由以及原审被告人自己对一审判决的看法。

在了解这些情况后，初步确定二审辩护的工作方向，为下一步的工作做好充分的准备。

二、帮助提起上诉

对于被告人不服一审判决而提起上诉的案件，如果受委托担任上诉人的辩护人且上诉期尚未届满时，律师还应当为一审被告人提起上诉提供相应的帮助。

（一）提起上诉的主体

根据《刑事诉讼法》第227条的规定，可以提起上诉的人员主要包括以下三类：

1. 被告人、自诉人和他们的法定代理人：他们不服地方各级人民法院第一审的判决、裁定，有权用书状或者口头向上一级人民法院上诉。

2. 被告人的辩护人：经被告人同意，可以提起上诉。

3. 被告人的近亲属：经被告人同意，可以提起上诉。

需要注意的是，被告人的辩护人和近亲属虽然也可以提出上诉，但必须经过被告人的同意，且上诉人仍是被告人。

（二）提起上诉的时间

有权提起上诉的主体不服第一审裁判，需要提起上诉的，应当在法定期限内提出。根据我国刑事诉讼法的相关规定，不服判决的上诉期限为10日，不服裁定的上诉期限为5日，上诉期限从接到判决书、裁定书的第二日起计算。因此，作为辩护律师，不管谁提起上诉，都应当告知上诉期限，以免过了期限而无法提起上诉。

（三）提起上诉的方式

根据法律规定，提起上诉既可以提交书状，也可以口头提出，不管提起上诉的主体是谁。

根据最高人民法院《关于适用〈中华人民共和国刑事诉讼法〉的解释》第379条的规定，人民法院受理上诉案件，一般应当有上诉状正本及副本。由此可见，提起上诉最好采用书面的方式，采用口头方式虽然比较简便，但也需要由人民法院工作人员制作笔录或者记录在案。

因此，作为上诉人的辩护律师，在接受委托后，辩护律师可能需要撰写上诉状。根据最高人民法院《关于适用〈中华人民共和国刑事诉讼法〉的解释》的规定，上诉状的内容应当包括：第一审判决书、裁定书的文号和上诉人收到的时间；第一审法院的名称；上诉的请求和理由；提起上诉的时间。被告人的辩护人、近亲属经被告人同意提出上诉的，还应当写明其与被告人的关系，并应当以被告人作为上诉人。

在撰写上诉状时，辩护律师应当通过研读第一审裁判，充分了解案件情况，寻找第一审裁判中可能存在的问题，包括事实认定是否清楚、证据是否确实充分、法律适用是否正确、程序是否合法等，由此明确自己的上诉理由，并在此基础上制作一份条理清晰、说理透彻的上诉状。

示例：刑事上诉状

刑事上诉状

上诉人：（姓名、性别、出生年月日、民族、籍贯、职业或工作单位和职务、住址等基本情况）

被上诉人：（这里的被上诉人是指自诉案件的自诉人或者被告人，需要列明被上诉人的姓名等基本情况，公诉案件被告人提起上诉的不列被上诉人）

上诉人因________一案，不服________人民法院____年____月____日（____）字第____号刑事判决（或裁定），现提出上诉。

上诉请求：____

（应当写明上诉人不服原审裁判，要求第二审人民法院部分或全部撤销原裁判，或者要求变更原审裁判，或者要求第二审人民法院发回原审法院重新审判等）。

上诉理由：____

（应当从事实认定、法律适用、程序正当三个层面阐明对一审判决或裁定不服的具体内容，同时需要阐明上诉的理由和法律依据）。

此致

__________人民法院

（附：本上诉状副本　　份）

上诉人：

年　月　日

如果是被告人的辩护人或者近亲属提起上诉的，应当写明其与上诉人的关系，并且需要提供其经过被告人同意的证明，最后落款可以是被告人的辩护人或者近亲属。

示例：刑事上诉状

刑事上诉状

上诉人：（姓名、性别、出生年月日、民族、籍贯、职业或工作单位和职务、住址等基本情况）

被上诉人：（这里的被上诉人是指自诉案件的自诉人或者被告人，需要列明被上诉人的姓名等基本情况，公诉案件被告人提起上诉的不列被上诉人）

上诉人因________一案，不服________人民法院____年____月____日（____）字第____号刑事判决（或裁定），本人系上诉人的辩护人（或者近亲属），现经被告人同意，特提出上诉。

上诉请求：____

（应当写明上诉人不服原审裁判，要求第二审人民法院部分或全部撤销原裁判，或者要求变更原审裁判，或者要求第二审人民法院发回原审法院重新审判等）。

上诉理由：____

（应当从事实认定、法律适用、程序正当三个层面阐明对一审判决或裁定不服的具体内容，同时需要阐明上诉的理由和法律依据）。

此致

__________人民法院

（附：本上诉状副本　　份）

上诉人的辩护人（或者近亲属）：

年　月　日

（四）提起上诉的途径

根据《刑事诉讼法》第231条的规定，刑事案件的当事人提起上诉可以通过以下两个途径：一是通过原审人民法院提出上诉，由原审人民法院在3日内将上诉状连同案卷、证据移送上一级人民法院，同时将上诉状副本送交同级人民检察院和对方当事人；二是直接向第二审人民法院提出上诉，由第二审人民法院在3日以内将上诉状交原审人民法院送交同级人民检察院和对方当事人。

三、与审判机关联系

（一）及时告知审判机关

根据《刑事诉讼法》第 34 条第 4 款的规定，律师在第二审阶段接受委托后，也应当及时告知办理二审案件的审判机关。除了告知对象不同外，告知的义务、时间和方式与第一审阶段都相同，不再赘述。

（二）确定辩护人身份

不是任何案件都会发生第二审程序的，一审裁判宣告后，在法定期限内，当事人没有提起上诉，人民检察院也没有提起抗诉的，一审裁判即为生效裁判，案件不会进入第二审程序。因此，二审程序的启动，必须要有当事人的上诉或者检察机关的抗诉。一个二审案件，存在只有当事人上诉或者只有检察院抗诉或者上诉和抗诉同时都有的情况，因此律师接受委托担任辩护人后，应当根据案件情况确定自己的辩护人身份。

1. 上诉人委托律师的，担任上诉人的辩护人；

2. 其他被告人上诉的案件，没有上诉的原审被告人委托律师的，担任原审被告人的辩护人；

3. 人民检察院提起抗诉的案件，没有上诉的原审被告人委托律师的，担任原审被告人的辩护人。

（三）递交委托手续

律师在接受委托后，应当及时告知审判机关，并递交有关委托手续，包括律师执业证书、律师事务所证明和委托书。这里的律师事务所证明和委托书，与第一审阶段的律师事务所证明和委托书在格式文书的使用上完全相同，填写也相同，不再赘述。

（四）协调阅卷工作

在第二审阶段，律师可以查阅、摘抄、复制案卷的案卷材料，由人民法院提供方便，并保证必要的时间。为了保障阅卷工作的顺利进行，律师在与审判机关联系的同时，也应当与相关部门或者人员协调阅卷的时间、场地、方式等问题。

附：本节相关法律规范性文件

1. 法律

《中华人民共和国刑事诉讼法》（2018 年修正）（2018 年 10 月 26 日施行）第 227 条、第 230 条、第 231 条

2. 规范性文件

最高人民法院《关于适用〈中华人民共和国刑事诉讼法〉的解释》（2021 年 3 月 1 日

施行）第 380 条

《律师办理刑事案件规范》（2017 年 8 月 27 日施行）第 129 条

第二节 了解案件情况

同第一审程序一样，二审阶段的辩护律师在做好前期准备工作的基础上，应当尽快开展工作，通过查阅案卷、会见被告人或者通信、调查取证等工作，全面充分地了解案件情况，理清对案件的认识，形成辩护思路。

一、查阅案卷材料

辩护律师在第二审程序阶段查阅案卷材料，与在第一审程序阶段查阅案卷材料并没有本质性的区别，只是第一审程序阶段是在第一审法院阅卷，第二审程序阶段是在第二审法院阅卷，但阅卷的工作流程是基本相同的，在阅卷范围上，除了第一审程序阶段可以查阅、摘抄、复制的诉讼文书和证据材料外，还可以查阅、摘抄、复制第一审程序的开庭笔录、被告人及其辩护人在第一审阶段递交的辩护意见和辩护词。

对于没有参加过一审而直接代理二审的辩护律师，查阅、摘抄、复制一审的庭审笔录和辩护意见，有利于全面了解一审的开庭和辩护情况，有利于抓住一审辩护的不足进行补充和完善，有利于根据新的证据和情况找到二审辩护的切入点。另外，一审裁判书是二审检验的对象，律师在阅卷时也应当认真阅读并研究一审裁判书，以一审裁判书查明的事实、采信的证据和适用的法律为切入点和落脚点。

对于人民检察院提出抗诉的案件，辩护律师还应当认真查阅和复制人民检察院递交的抗诉书，了解和掌握人民检察院抗诉的理由；对于其他被告人提起上诉的案件，辩护律师也应当认真查阅和复制其他被告人、辩护人或者近亲属递交的上诉状或者人民法院制作的笔录，了解其他被告人上诉的理由以及与自己当事人之间有无利害关系。

二、会见被告人

律师在第二审阶段会见被告人，工作流程及内容与在第一审阶段会见被告人大同小异，可以参照上一章的相关内容对照学习。在本节中，我们对第二审阶段会见工作的特殊内容进行专门介绍。

（一）会见应递交的手续

根据我国刑事诉讼法的规定，律师在第二审阶段有权会见被告人，无须经办案机关的许可。不论是会见在押的被告人还是被监视居住的被告人，律师应向羁押的看守所或者监视居住的执行机关递交的手续和填写内容与第一审阶段的相同，即律师执业证书、律师事务所证明、委托书。

（二）会见时的工作内容

第二审阶段的会见工作与第一审阶段的大体相同，但工作侧重点有所差异，除了第一审阶段会见时要做的工作外，还要特别注意以下内容：

1. 了解当事人对一审裁判的整体意见

律师代理二审案件，有可能担任上诉人的辩护人，也有可能担任原审被告人的辩护人。担任上诉人的辩护人，在会见时要了解上诉人不服一审裁判的理由和依据。如果担任原审被告人的辩护人，虽然原审被告人没有提起上诉，也没有不服一审裁判，但也应当了解原审被告人对一审裁判的意见，以便应对检察机关的抗诉和其他被告人上诉可能影响到当事人的利益情况。

2. 了解当事人在一审阶段的辩护意见

律师代理二审的辩护工作，要形成二审的辩护意见，但为了更具针对性，辩护律师在会见时可以了解当事人及其一审辩护人在一审阶段的辩护意见，如果辩护思路一致，可以做到意见的衔接；如果改变辩护思路，则可以突出改变的原因和依据。

3. 了解当事人对一审认定事实的意见

一审认定的事实是否清楚和正确是二审辩护的一大方向，所以辩护律师通过会见当事人听取其对一审认定事实的意见是辩护的一个重要基础。通过会见当事人，辩护律师可以了解当事人是否具有犯罪动机、犯罪目的，是否实施了一审认定的犯罪手段和犯罪事实，是否产生了一审认定的危害后果，行为和后果之间是否具有因果关系，是否具有从重、从轻、减轻或者免除处罚的情节，等等。

4. 了解当事人对一审认定证据的意见

证据是认定事实的基础，一审裁判必须达到证据确实充分的标准。通过会见当事人，辩护律师可以听取其对一审认定证据的意见，如哪些证据不具有真实性和客观性，哪些证据不具有关联性，哪些证据不具有合法性，是否存在非法证据需要排除的情况，等等。

5. 了解当事人对一审法律适用的意见

一审适用法律是否正确是二审辩护又一内容，由于当事人不是专业的法律人士，因此对于法律适用是否正确一般由辩护律师提出辩护意见，但在会见时，也仍然需要征求和听取当事人本人的意见。

6. 了解当事人对诉讼程序的意见

一审法院在案件审理过程中是否存在严重违反法定诉讼程序，影响公正审判的情形，是二审辩护的又一方向，辩护律师通过会见也应当听取当事人在这一方面的意见，如回避问题、管辖问题等等。

7. 向当事人介绍二审程序和处理后果

有些当事人第一次参与第二审程序，有可能完全不了解第二审程序，辩护律师在会见当事人时，要对当事人进行必要的法律辅导，告诉二审程序的内容、流程，以便当事人做好应对和准备。与此同时，还要告诉二审程序结束后不同情况下可能面临的处理结果，有可能维持原判，有可能直接改判，也有可能发回原审法院重新审判，以便当事人做好充分的思想准备。

三、与被告人通信

辩护律师在第二审阶段除了可以会见被告人以外，还可以与被告人通信，以便向被告人了解案件的情况，了解被告人对一审裁判书的看法和意见，了解被告人的目的、动机、手段和犯罪前后的思想变动和表现以及生活方面的需求。辩护律师在第二审阶段与被告人通信应当注意的问题与第一审阶段大体一致，在此不再赘述。

四、调查取证

在第二审程序中，辩护律师同样拥有自行调查取证的权利和申请调查取证的权利，辩护律师通过调查取证可以进一步了解案件情况，其调查取证的方式、内容、范围、对象、注意事项与第一审阶段的相同，在此不再赘述。

第三节　开庭前的准备

一、研究案情、法律及专业知识

在二审开庭审理前，辩护律师除了通过阅卷、会见被告人、与被告人通信、调查取证等工作，熟悉和证据情况，了解被告人供述、证人证言等证据材料是否发生变化，深入研究与本案有关的法律、政策问题，充实相关的专业知识。具体内容参见第一审程序。

二、确定二审审理方式

根据我国刑事诉讼法的规定，第二审人民法院对于二审案件的审理，有书面审理和开庭审理两种方式。虽然采用何种审理方式的决定权在于第二审人民法院，但法律也明确规定了应当开庭审理和可以不开庭审理的情形，辩护律师在掌握这些规定的基础上，根据案件具体情况，力争使法院确定采取有利于当事人的审理方式。

1. 应当开庭审理的案件

（1）被告人、自诉人及法定代理人对第一审认定的事实、证据提出异议，可能影响定罪量刑的上诉案件。

（2）被告人被判处死刑的上诉案件。这里需要说明的是，被告人被判处死刑立即执行的上诉案件应当开庭审理，而被告人被判处死刑缓期执行的上诉案件，虽然不具有第一项规定的情形，但有条件的，也应当开庭审理。

（3）人民检察院抗诉的案件。不管被告人是否上诉，只要检察机关抗诉的案件，就应当开庭审理。

（4）其他应当开庭审理的案件。

2. 可以不开庭审理的案件

对上诉、抗诉案件，第二审人民法院经审查，认为原判事实不清、证据不足，或者具有违反法定诉讼程序情形，需要发回重新审判的，可以不开庭审理。

一般说来，开庭审理更有利于查清案件事实，更有利于辩护人全面充分地表达辩护观点，为了达到能够开庭审理的目的，辩护人可以向法院口头积极申请，也可以出具书面函件要求，具体格式如下：

要求二审开庭审理的函

____________________：

贵院审理的被告人________涉嫌________上诉案，本人作为被告人的辩护人，发现具有以下应当开庭审理的情形：

____。

根据《中华人民共和国刑事诉讼法》第三十七条、第二百三十四条的规定，特此提请贵院对本案进行开庭审理。

此致

________人民法院

辩护律师（签名）：

年　月　日

三、提交证据和相关申请

不管是开庭审理还是不开庭审理，对于有证据需要出示，对于需要申请证人、鉴定人、有专门知识的人出庭、申请新的证人到庭、调取新的物证，申请延期审理的，辩护律师均应当提交证据和递交相关申请，并与承办法官进行沟通和交流。具体内容见第一审程序。

四、拟定和形成辩护意见

不论是开庭审理还是不开庭审理，辩护律师都应当根据掌握的案件情况和证据材料，在与被告人进行充分交流的基础上，确定辩护框架，拟定辩护意见。针对第一审的裁判书，二审辩护意见一般分为以下几个类型：

（一）事实认定不清或者错误的辩护意见

这类辩护意见主要是针对第一审裁判书认定的事实不清或者有错误，导致定性或者量刑明显不当的情形，主要包括：第一审裁判书认定的事实与证据不一致；认定的事实与裁判结论有重大矛盾；有新的证据证明第一审裁判书认定的事实确有错误；等等。辩护律师可以从以下角度切入进行辩护：

1. 第一审裁判书认定的犯罪动机、目的是否明确；
2. 第一审裁判书认定的犯罪手段是否清楚；
3. 第一审裁判书认定的与定罪量刑有关的情节是否具备；
4. 第一审裁判书认定的犯罪危害后果是否查明；
5. 第一审裁判书认定的行为与结果之间是否存在刑法上的因果关系。

（二）证据不足的辩护意见

这类辩护意见主要是针对第一审裁判书采信的证据有错误，导致定性或者量刑明显不当的情况。主要包括：第一审裁判书采信的证据不具有真实性、关联性或者合法性；第一审裁判书认定案件事实的证据不确实；证据不足以认定案件事实，或者所证明的案件事实与裁判结论之间缺乏必然联系；据以定案的证据之间存在矛盾；第一审裁判书采信的证据不能形成封闭的证据链；等等。辩护律师可以从以下角度切入进行辩护：

1. 认定主体的证据是否确实充分；
2. 认定犯罪行为和证明犯罪要素的证据是否确实充分；
3. 涉及犯罪性质、决定罪名的论据是否确实充分；
4. 涉及量刑情节的相关证据是否确实充分；
5. 对于人民检察院抗诉的案件，要审查支持抗诉的证据是否具备合法性、客观性和关联性；抗诉主张的每一个环节是否均由相应的证据予以证实；抗诉主张与抗诉证据之间、抗诉证据与抗诉证据之间是否存在矛盾；支持抗诉主张的证据是否形成完整的锁链。

（三）定性错误的辩护意见

这类辩护意见主要针对第一审裁判书对案件进行实体评判时发生错误，导致无罪判有罪，有罪判无罪，或者混淆此罪与彼罪、一罪与数罪的界限，造成适用法律错误，罪刑不相适应的情形。辩护律师可以从以下角度切入进行辩护：

1. 适用的关于定性的法律和法律条文是否正确；
2. 罪与非罪的认定是否正确；
3. 此罪与彼罪的认定是否正确；
4. 一罪与数罪的认定是否正确。

（四）量刑错误的辩护意见

这类辩护意见主要是针对第一审裁判书存在轻罪重判，量刑明显不当的情形。主要包括：未认定有法定量刑情节而超出法定刑幅度量刑；认定法定量刑情节错误，导致未在法定刑幅度内量刑或者量刑明显不当；适用主刑刑种错误；不应当判处死刑立即执行而判处；不应当并处附加刑而并处；等等。辩护律师可以从以下角度切入进行辩护：

1. 具有法定从轻、减轻、从重、免除处罚情节的，适用法律是否正确；

2. 适用刑种和量刑幅度是否正确。

（五）程序违法的辩护意见

这类辩护意见主要是针对人民法院在审判过程中严重违反法定诉讼程序，影响公正判决或者裁定的情形。主要包括：

1. 违反有关回避规定的；

2. 审判组织的组成严重不合法的；

3. 除另有规定的除外，证人证言未经庭审质证直接作为定案根据，或者人民法院根据律师申请收集、调取的证据材料和合议庭休庭后自行调查取得的证据材料没有经过庭审辨认、质证直接采纳为定案根据的；

4. 剥夺或者限制当事人法定诉讼权利的；

5. 具备应当中止审理的情形而作出有罪判决的；

6. 当庭宣判的案件，合议庭不经过评议直接宣判的；

7. 其他严重违反法律规定的诉讼程序，影响公正判决或者裁定的。

对于以上五类辩护意见，辩护律师应当根据案件的具体情况采用适当的辩护类型，符合情况要求的，也可以同时采用两类以上的辩护意见。

五、开庭审理的特有准备

（一）拟定发问提纲

在二审案件的开庭审理过程中，辩护律师经审判长许可，也可以向被告人、被害人、附带民事诉讼原告人、证人、鉴定人、有专门知识的人发问。因此，辩护律师在人民法院决定开庭审理前，应当根据可以发问的对象的到庭情况和辩护思路，拟定详细的发问提纲。

在拟定发问提纲时，应将发问的内容紧紧围绕上诉、抗诉理由以及对原审判决、裁定认定的事实、证据、定罪、量刑以及程序有争议的部分进行，对没有异议的部分不再全面发问。

（二）拟定举证提纲

在二审案件开庭审理前，辩护人应当确定需要在法庭上宣读或者出示的存有异议的一审的证据材料，确定需要在法庭上出示的新收集的证据材料，拟定详细的举证提纲，列明举证的目的，该证据所要证明的对象，并注明取证主体、取证对象以及取证时间和地点，说明取证程序是否合法。

（三）拟定质证方案

对于检察员在二审法庭上出示的证据材料，不管是新的证据材料还是原审庭审已经举证、质证的证据材料，辩护人都应当参与质证。因此，在开庭审理前，辩护人可以根据抗诉书或者上诉状，确定在庭上可能举证的证据，然后针对这些证据，事先制定质证方案。

（四）拟定辩论提纲

法庭调查结束，进入法庭辩论阶段，辩护人应当事先拟定辩论提纲，发表支持上诉或者维持原判的意见，并针对检察员或者其他被告人可能提出的不利于己方当事人的观点，做好答辩准备。

六、撰写和形成书面辩护词

辩护律师在拟定辩护意见和庭审提纲后，应当将辩护意见系统化、书面化，即写成观点正确、论据充分、说理透彻、条理清楚、层次分明，具有说服力的二审辩护词。对于二审辩护词撰写的基本要求和基本格式与一审辩护词一样，在此不再赘述。

对于开庭审理的案件，应当将庭前撰写的辩护词根据庭审的具体情况进行调整、修改、补充和完善后再提交；对于不开庭审理的案件，辩护词应当集中、全面反映辩护人的意见，也是人民法院听取辩护人意见最直观的方式，辩护人应当特别加以重视。

七、撤回上诉

在司法实践中，可能存在当事人上诉后要要求撤回上诉的情形。在这种情况下，辩护律师应当尊重当事人的意思，但应当询问撤诉的理由，并告知不同时期撤诉可能产生的法律后果，如果当事人坚持撤诉的，辩护人应当协助其撤回上诉，提交撤回上诉的申请。

根据我国刑事诉讼法和相关司法解释的规定，在上诉期满前后撤回上诉所产生的法律后果是不同的：

1. 上诉人在上诉期满前撤回上诉的，人民法院应当允许；

2. 上诉人在上诉期满后要求撤回上诉的，第二审人民法院应当审查：（1）经审查，认为原判认定事实和适用法律正确，量刑适当的，应当裁定准许撤回上诉；（2）认为原判认定事实不清、证据不足或者将无罪判为有罪、轻罪重判等的，应当不予准许，继续按照上诉案件审理；（3）被判处死刑立即执行的被告人在第二审开庭后宣告裁判前申请撤回上诉的，应当不予准许，继续按照上诉案件审理。

在上诉、抗诉期满前撤回上诉、抗诉的，第一审判决、裁定在上诉、抗诉期满之日起生效。在上诉、抗诉期满后要求撤回上诉、抗诉，第二审人民法院裁定准许的，第一审判决、裁定应当自第二审裁定书送达上诉人或者抗诉机关之日起生效。

附：本节相关法律规范性文件

最高人民法院《关于适用〈中华人民共和国刑事诉讼法〉的解释》（2021 年 3 月 1 日施行）第 383 条

《律师办理刑事案件规范》（2017 年 8 月 27 日施行）第 130～132 条

第四节　参加二审开庭

对于人民法院决定组成合议庭，开庭审理的案件，律师不管是作为上诉人的辩护人，还是作为原审被告人的辩护人，都应当积极参与二审的开庭审理。二审的开庭审理也分为开庭、法庭调查、法庭辩论、被告人最后陈述以及评议和判决五个阶段，而且流程和工作方向与第一审程序大体相同。在此，笔者仅介绍与第一审程序中存在差异的地方。

一、开庭阶段

与第一审程序相同，不再赘述。

二、法庭调查阶段

（一）听取审判人员宣读第一审裁判书

在第一审程序的法庭调查阶段，是先由公诉人宣读起诉书，而在第二审程序的法庭调查阶段，是由审判人员宣读第一审判决书、裁定书。从这个差别可以看出，第一审程序的法庭调查紧紧围绕起诉书指控的事实和证据进行，而第二审程序的法庭调查则紧紧围绕对第一审裁判书提出异议的事实和证据进行。

（二）上诉人或者辩护人宣读上诉状

如果是上诉案件，在审判人员宣读第一审裁判书后，则应当由上诉人或者辩护人宣读上诉状或者陈述上诉的理由。

(三) 听取检察员宣读抗诉书

如果是抗诉案件，则应当由检察员先宣读抗诉书，阐明抗诉的理由。如果既有上诉又有抗诉的案件，则应当先由检察员宣读抗诉书，再由上诉人或者辩护人宣读上诉状或者陈述上诉理由。

(四) 听取公诉人讯问被告人

检察员在审判长的主持下可以讯问被告人，辩护律师应当认真听取检察员对被告人的讯问，掌握检察员认为有争议的部分，掌握其讯问的思路和策略。如果辩护律师认为检察员讯问的内容与案件无关，或者采取不当的发问语言和态度，辩护人应当及时请求合议庭予以制止。

(五) 向被告人发问

辩护人经审判长的许可，也可以向被告人发问，发问时需要注意以下问题：

1. 发问应当围绕上诉、抗诉理由以及对原审判决、裁定认定的事实、证据、定罪、量刑以及程序有争议的部分进行，对没有异议的部分不再全面发问。

2. 对于被告人翻供的，应当询问翻供的理由和依据。

3. 发问应当注意方式、方法，讲究技巧和策略。对于被告人供述不清、不全、前后矛盾，或者供述明显不合情理，或者供述与已查证属实的证据相互矛盾的问题，应当发问。与案件无关、被告人已经供述清楚或者无争议的问题，无须再发问。

4. 向被告人发问应当有针对性，语言准确、简练、严密。

5. 对检察员已经讯问而被告人作出客观回答的问题，一般不进行重复发问。检察员讯问后，被告人翻供或者回答含糊不清的，如果涉及案件事实、性质的认定或者影响量刑的，辩护人可以有针对性地充分发问。

(六) 对出示的证据进行质证

辩护人对于检察员、被害人、其他原审被告人在法庭上出示的证据材料，不论是新的证据材料还是原审庭审时已经举证、质证的证据材料，均应积极参与质证。既要对检察员所出示的证据材料的真实性、合法性和关联性发表意见，也要注意检察员的举证意图。如果检察员运用该证据材料所说明的观点不能成立，应当及时予以反驳。对出示的新的证据材料，辩护人认为必要时，可以进行发问、质证，并就该证据材料的合法性、证明力提出意见。

(七) 辩护人举证

在二审庭审中，辩护人也可以提请合议庭同意出示原审庭审时已经举证、质证但有异议的证据材料，也可以出示收集的新的证据材料，在出示证据时，应当说明证据的证明对象，说明取证主体、取证对象以及取证的时间和地点，说明取证程序合法。

（八）向证人、鉴定人、有专门知识的人发问

在二审庭审过程中，如果有证人、鉴定人或者有专门知识的人出庭，辩护律师也可以向他们进行发问。发问由提供的一方先进行，在发问完毕后，经审判长准许，对方也可以发问。

对证人、鉴定人或者有专门知识的人，应当注意以下问题：

1. 针对证言、鉴定意见中有遗漏、矛盾、模糊不清和有争议的内容进行发问；

2. 着重围绕与定罪量刑紧密相关的事实进行发问；

3. 发问应当采取一问一答的形式，做到简洁、清楚。

（九）其他工作

在二审庭审中，辩护人可能还需要参加非法证据排除的法庭调查，申请通知新的证人到庭，调取新的物证，申请重新鉴定或者勘验，还有申请延期审理。这些工作与第一审程序相同，申请所使用的格式文书也相同，不再赘述。

三、法庭辩论阶段

二审开庭审理中的法庭辩论阶段的工作内容与一审开庭审理大致相同，重点要注意发言的顺序。

1. 如果是上诉案件，先由上诉人、辩护人发言，后由检察员、诉讼代理人发言；

2. 如果是抗诉案件，先由检察员、诉讼代理人发言，后由上诉人、辩护人发言；

3. 如果是既有上诉又有抗诉的案件，则先由检察员、诉讼代理人发言，后由上诉人、辩护人发言。

辩护人在法庭辩护阶段应当发表支持上诉或者维持原判的意见，对于检察员、被害人、诉讼代理人、其他原审被告人及其辩护人提出的观点，认为需要答辩的，应当在法庭上进行答辩。答辩应当抓住重点，主次分明，针对与案件有关的和新提出的观点进行。对与案件无关或者已经辩论过的观点和内容，不再答辩。

四、被告人最后陈述阶段

法庭辩论终结后，二审被告人同样还享有最后陈述的权利，任何人不得剥夺。辩护律师在这个阶段应当认真听取被告人的最后陈述。如果被告人在最后陈述中提出新的事实、证据，可能影响正确裁判的，辩护律师可以建议法庭恢复法庭调查；如果被告人在最后陈述中提出新的辩解理由的，可能影响正确裁判的，辩护律师也可以建议法庭恢复法庭辩论。

五、评议和宣判阶段

在被告人最后陈述后，审判长宣布休庭，合议庭进行评议，根据已经查明的事实、证据和有关的法律规定，按照下列情形分别处理：

1. 原判决、裁定认定事实和适用法律正确、量刑适当的，应当裁定驳回上诉或者抗诉，维持原裁判；

2. 原判决、裁定认定事实没有错误，但适用法律有错误，或者量刑不当的，应当改判或者变更原裁定；

3. 原判决、裁定认定事实不清楚或者证据不足，可以在查清事实后改判或者变更原裁定；也可以裁定撤销原判决、裁定，发回原审人民法院重新审判。

4. 第二审人民法院发现第一审人民法院的审理有下列违反法律规定的诉讼程序的情形之一的，应当裁定撤销原判决、裁定，发回原审人民法院重新审判：

（1）违反刑事诉讼法有关公开审判的规定的；

（2）违反回避制度的；

（3）剥夺或者限制了当事人的法定诉讼权利，可能影响公正审判的；

（4）审判组织的组成不合法的；

（5）其他违反法律规定的诉讼程序，可能影响公正审判的。

第二审人民法院可以委托第一审人民法院代为宣判，并向当事人送达第二审判决书、裁定书。

附：本节相关法律规范性文件

1. 法律

《中华人民共和国刑事诉讼法》（2018 年修正）（2018 年 10 月 26 日施行）第 234 条

2. 规范性文件

最高人民法院《关于适用〈中华人民共和国刑事诉讼法〉的解释》（2021 年 3 月 1 日施行）第 393～395 条、第 398～400 条

第五节　庭后工作

一、提交辩护词

不管是开庭审理的案件还是不开庭审理的案件，辩护律师都应当向第二审人民法院递交详尽的书面辩护词。一般来说，如果是开庭审理的案件，辩护律师应当在庭前就撰写好辩护词，然后根据庭审发生的情况对辩护词进行调整、修改、补充和完善。辩护词应当紧紧围绕

争议的事实、争议的证据和争议的焦点展开，做到条理清晰、结构严谨、论证充分。

二、会见被告人

一般情况下，开庭审理结束后，如果需要二次开庭或者择期宣判的，辩护律师在庭后应当及时会见人，了解被告人对庭审的意见和想法，及时掌握其主观动态和心理想法，对开庭审理中出现的一些情况进行解释和疏导，进行安抚和沟通，如果需要继续开庭的，还应当与其交流下一次开庭庭审的主要内容和范围。对于不开庭审理的案件，辩护律师应当根据辩护的需要随时会见被告人。

三、监督审理期限

第二审人民法院受理上诉、抗诉案件，应当在 2 个月以内审结。对于可能判处死刑的案件或者附带民事诉讼的案件，以及交通十分不便的边远地区的重大复杂案件，或者重大的犯罪集团案件，或者流窜作案的重大复杂案件，或者犯罪涉及面广，取证困难的重大复杂案件，经省、自治区、直辖市高级人民法院批准或者决定，可以延长 2 月；因特殊情况还需要延长的，报请最高人民法院批准。最高人民法院受理上诉、抗诉案件的审理期限，由最高人民法院决定。对于第二审人民法院决定开庭审理的案件，人民检察院应当在 1 个月以内查阅案卷完毕，但人民检察院查阅案卷的时间不计入审理期限。

在司法实务中，辩护律师应当根据上述规定监督人民法院的审理期限，并注意审查法院是否有超期、逾期判决的现象。若已过审限而仍未宣判，应向有关部门进行控告。

四、领取裁判书

二审判决后，律师也有权获得裁判书。如果是当庭宣告判决的，应当在 5 日以内将裁判书送达辩护人；定期宣告判决的，应当在宣告后立即将裁判书送达辩护人。所以，辩护人应当根据实际情况领取裁判书。

需要注意的是，第二审人民法院审理被告人或者他的法定代理人、辩护人、近亲属上诉的案件，不得加重被告人的刑罚。但人民检察院提出抗诉或者自诉人提出上诉的，不受上诉不加刑的限制。这里的不得加重被告人的刑罚，包括不得加重刑罚的种类、增加自由刑的刑期、新增财产刑或者增加财产刑的数量等，第二审人民法院应当执行以下规定：

1. 同案审理的案件，只有被告人上诉的，既不得加重上诉人的刑罚，也不得加重其他同案被告人的刑罚；

2. 原判事实清楚，证据确实、充分，只是认定的罪名不当的，可以改变罪名，但不得加重刑罚；

3. 原判对被告人实行数罪并罚的，不得加重决定执行的刑罚，也不得加重数罪中某罪的刑罚；

4. 原判对被告人宣告缓刑的，不得撤销缓刑或者延长缓刑考验期；

5. 原判没有宣告禁止令的，不得增加宣告；原判宣告禁止令的，不得增加内容、延长期限；

6. 原判对被告人判处死刑缓期执行没有限制减刑的，不得限制减刑；

7. 原判事实清楚，证据确实、充分，但判处的刑罚畸轻、应当适用附加刑而没有适用的，不得直接加重刑罚、适用附加刑，也不得以事实不清、证据不足为由发回第一审人民法院重新审判。必须依法改判的，应当在第二审判决、裁定生效后，依照审判监督程序重新审判。

辩护律师在领取终审裁判书后，应当注意以上规定，如果第二审人民法院违反上诉不加刑原则，可以通过审判监督程序维护当事人的合法权益。

五、回访被告人

二审判决后，律师在取得裁判书后，一般应当对被告人进行回访，听取其对裁判书的意见。如果是裁定发回重审的，辩护律师可以告知发回重审的相关规定，如果被告人想继续委托律师作为其重审程序的辩护人，可以做好会见笔录，然后与委托人重新签订委托协议，确立委托关系；如果是终审的判决、裁定，被告人仍不服的，告之还可以通过审判监督程序进行救济；被告人服从裁判的，辩护律师应该给予人文关怀，提醒被告人在服刑期间遵守法律规定，认真改造，争取早日服刑完毕。

附：本节相关法律规范性文件

1. 法律

《中华人民共和国刑事诉讼法》（2018 年修正）（2018 年 10 月 26 日施行）第 237 条、第 243 条

2. 规范性文件

最高人民法院《关于适用〈中华人民共和国刑事诉讼法〉的解释》（2021 年 3 月 1 日施行）第 401～402 条

《律师办理刑事案件规范》（2017 年 8 月 27 日施行）第 133～135 条

第六节　其他案件的辩护

本节主要简单介绍一下代理自诉案件和重审案件的特殊规定。

一、自诉案件

（一）调解与和解

对第二审自诉案件，必要时可以调解，当事人也可以自行和解。调解结案的，应当制作调解书，第一审判决、裁定视为自动撤销；当事人自行和解的，应当裁定准许撤回自诉，并撤销第一审判决、裁定。

辩护律师应当在调解与和解中积极发挥作用，促成调解与和解，以维护当事人的合法权益。

（二）提出反诉

在第二审期间，如果自诉案件的当事人又提出反诉的，律师应当代其另行起诉。

二、重审案件

（一）可以发回重审的情形

原判决、裁定事实不清楚或者证据不足，可以裁定撤销原判决、裁定，发回原审人民法院重新审判。

（二）应当发回重审的情形

第二审人民法院发现第一审人民法院的审理有违反法律规定的诉讼程序的情形，应当裁定撤销原判决、裁定，发回原审人民法院重新审判。

（三）不得再发回重审的情形

原判事实不清、证据不足，第二审人民法院发回重审的案件，原审人民法院重新作出判决后，被告人提出上诉或者人民检察院提出抗诉，第二审人民法院应当依法作出判决或者裁定，不得再发回原审人民法院重新审判。

（四）重审中的上诉不加刑

被告人或者其法定代理人、辩护人、近亲属提出上诉的案件，第二审人民法院发回原审人民法院重新审判后，除有新的犯罪事实，人民检察院补充起诉以外，原审人民法院也不得加重被告人的刑罚。但人民检察院提出抗诉或者自诉人提出上诉的，不受上诉不加刑的限制。

（五）发回重审案件的审判

原审人民法院对于发回重新审判的案件，应当另行组成合议庭，依照第一审程序进行审判。对于重新审判后的判决，可以上诉、抗诉，然后按照第二审程序进行审判。

（六）发回重审审判的期限

第二审人民法院发回原审人民法院重新审判的案件，原审人民法院从收到发回的案件之日起，重新计算审理期限。

附：本节相关法律规范性文件

1. 法律

《中华人民共和国刑事诉讼法》（2018 年修正）（2018 年 10 月 26 日施行）第 236 条、第 239～241 条

2. 规范性文件

最高人民法院《关于适用〈中华人民共和国刑事诉讼法〉的解释》（2021 年 3 月 1 日施行）第 401～404 条、第 412 条

练习与测试

1. 律师启动二审的条件是什么？
2. 在二审阶段，辩护律师阅卷的重点是什么？
3. 如何撰写二审辩护词？
4. 针对二审开庭审理，律师应做哪些工作（包括审前、审中、审后）？
5. 针对二审不开庭审理，律师应做哪些工作（包括审前、审中、审后）？
6. 辩护律师如何利用上诉不加刑原则维护原审被告人的合法权益？

第七章

死刑复核阶段的律师辩护实务

本章要点

本章主要介绍我国死刑复核程序的概念、特点、设置的意义以及律师介入死刑复核程序的现状，重点介绍辩护律师参与死刑复核程序的工作内容和存在的问题。

第一节 概 述

我国法律一方面把死刑作为打击犯罪、保护人民的有力武器，另一方面又强调严格控制死刑的适用。2006 年 10 月 31 日第十届全国人民代表大会常务委员会第二十四次会议对《人民法院组织法》进行了修改，规定死刑除依法由最高人民法院判决的以外，应当报请最高人民法院核准，将死刑案件的复核权全面收回最高人民法院，这是我国死刑复核体系的重大进步，也是建设社会主义法治国家的理性选择。

一、我国关于死刑的适用及其限制

作为辩护律师，在死刑复核阶段开展辩护工作时，应当熟练掌握我国对死刑的法律规定及刑事政策，以便落实到每一个具体的案件中，维护被告人的合法权益。

“保留死刑，严格控制和慎重适用死刑”是我国死刑的基本政策。我国当前还不能完全废除死刑，但随着社会的发展以及社会主义法治建设的进一步完善，我国对死刑的适用已经越来越严格。在 2011 年 5 月 1 日生效的《刑法修正案（八）》中，取消了 13 个经济性非暴力犯罪的死刑，此外，《全国法院维护农村稳定刑事审判工作座谈会纪要》等相关会议也对“少杀、慎杀”作出了的具体指导。

我国刑法第三章第五节以四个条文对死刑的适用和限制作出了规定，具体体现在以下层面：

1. 适用条件的限制。我国《刑法》第 48 条规定，死刑只适用于罪行极其严重的犯罪分子。罪行未达到极其严重程度的，不得适用死刑。

2. 适用对象的限制。我国《刑法》第 49 条规定，犯罪的时候不满 18 周岁的人和审判的时候怀孕的妇女，不适用死刑；审判的时候已满 75 周岁的人，也不适用死刑，但以特别残忍的手段致人死亡的除外。

另根据最高人民法院研究室《关于如何理解“审判的时候怀孕的妇女不适用死刑”问题的电话答复》，在羁押期间已是孕妇的被告人，不论其怀孕是否属于违反国家计划生育政策，也不论其是否自然流产或者经人工流产以及流产后移送起诉或者审判时间长短，都不应适用死刑。

3. 适用程序的限制。我国《刑法》第 48 条规定，死刑除依法由最高人民法院判决的以外，都应当报请最高人民法院核准。死刑缓期执行的，可以由高级人民法院判决或者核准。

4. 执行制度的限制。对于应当判处死刑的犯罪分子，如果不是必须立即执行的，可以判处死刑同时宣告缓期二年执行，缓刑期间故意犯罪，查证属实的，由最高人民法院核准，执行死刑。通过死刑缓期二年执行的制度，可以有效控制实际执行死刑的案件数量。

5. 刑法分则的限制。我国刑法分则中并不是所有的犯罪都规定了死刑，正如前面提到的，我国通过了八个刑法修正案，取消了大量罪名中可以适用死刑的规定。在现存的刑法规定可以适用死刑的犯罪中，也都以情节特别严重、后果特别严重作为死刑适用的条件。

二、死刑复核程序的概念及特点

死刑复核程序是人民法院对判处死刑的案件进行复查核准所遵循的一种特别审判程序。我国刑事诉讼法第三编第四章对死刑复核程序作出了具体规定。

死刑复核程序是由享有死刑复核权的人民法院对下级人民法院报请复核的死刑判决、裁定，在认定事实和适用法律上是否正确进行全面审查，依法作出是否核准死刑的裁定。根据我国刑法和刑事诉讼法，对于判处死刑的案件，只有经过核准程序才能生效。因此，死刑复核程序有其自身的特点：

（一）审理对象特定

死刑复核程序只适用于判处死刑的案件，包括判处死刑立即执行和判处死刑缓期二年执行的案件。而没有被判处死刑的案件则无须经过这一程序。

（二）死刑复核程序是死刑案件的必经程序

死刑案件，不论是死刑立即执行案件还是死刑缓刑二年执行案件，也不论是只经过第一审程序还是又经历了第二审程序，都必须经过死刑复核程序，死刑复核程序是死刑案件的必经程序。从这个角度来看，也可以说是两审终审制的一个例外。

（三）所处的诉讼阶段特殊

死刑复核程序一般是在死刑判决或者裁定作出之后，发生法律效力并交付执行之前。而审判监督程序则是在判决或者裁定发生法律效力之后甚至是交付执行之后。

（四）核准权具有专属性

依据刑事诉讼法的规定，有权进行死刑复核的机关只有最高人民法院和高级人民法院。但第一审程序可以由任何级别的法院进行，第二审程序由中级以上的法院进行，审判监督程序则由原审法院或者原审法院级别以上的法院进行。

（五）程序启动的必然性

我国死刑复核程序的启动是“必然启动”，也就是说一审法院或二审法院在作出死刑裁判后，即使被告人不上诉、人民检察院不抗诉，作出死刑裁判的人民法院也要主动逐级地将案件报请最高人民法院或者高级人民法院进行复核或者核准。之所以采用这种启动方式，是因为上级人民法院有权对下级人民法院的工作进行监督，因此，我国死刑复核程序的启动，实行“不告也理”，不附任何条件，不受控辩双方意志所左右，而是由作出死刑裁判的下级人民法院主动向最高人民法院或者高级人民法院报请而启动死刑复核程序。

（六）报请复核方式特殊

根据我国现行刑事诉讼法关于死刑复核程序的规定，我国的死刑复核程序性质上具有浓重的行政审批色彩。死刑复核程序的启动方式采用行政化的报请方式。报请复核应当按照法院的组织系统逐级上报，不得越级报核。具体如下：

1. 中级人民法院判处死刑的第一审案件，被告人未上诉、人民检察院未抗诉的，在上诉、抗诉期满后10日内报请高级人民法院复核，高级人民法院同意判处死刑的，应当在作出裁定后10日内报请最高人民法院核准；不同意的，应当依照第二审程序提审或者发回重新审判；

2. 中级人民法院判处死刑的第一审案件，被告人上诉或者人民检察院抗诉，高级人民法院裁定维持的，应当在作出裁定后10日内报请最高人民法院核准；

3. 高级人民法院判处死刑的第一审案件，被告人未上诉、人民检察院未抗诉的，应当在上诉、抗诉期满后10日内报请最高人民法院核准。

三、设置死刑复核程序的意义

死刑复核程序，特别是死刑核准权回归最高人民法院是我国刑事法制建设发展过程之中的一件大事，也是社会主义法制建设不断完善的重要标志。它不仅切实地尊重和保障了人权，也是刑事法制建设中贯彻党中央“以人为本”执政理念的重要举措，这一程序具有重大的政治意义和社会意义，具体表现在：

第一，死刑复核程序有利于保障死刑适用的正确性。死刑案件通常比较复杂，而且死刑是剥夺人生命的刑罚，一旦被执行就不可逆转。死刑复核程序的设置使死刑案件在一审和二审的基础上又增加了一道保障。这对于保障死刑的正确适用具有重大意义。

第二，死刑复核程序是统一执法标准、提高死刑案件审判质量的重要手段。死刑复核权的统一行使，不仅有利于死刑适用标准的统一，摆脱将死刑核准权分散于不同地区而导致被判处死刑的犯罪行为存在差异的状况，同时也有利于发挥死刑复核程序独立审查的功能。

第三，死刑复核程序有利于控制死刑的适用，实现少杀、慎杀的刑事政策。严肃谨慎、少杀、慎杀是我们党和国家的一贯方针，在刑事诉讼法中专门设立死刑复核程序，正是贯彻这一方针的具体体现。通过死刑复核程序，不仅有利于防止无辜错杀和死刑滥用，避免给国家、社会和人民造成重大损失，而且还可以收到良好的政治效果。

第四，死刑复核程序是保障人权的重要举措。2004 年，我国宪法修正案提出“尊重和保障人权”，2012 年修订的《刑事诉讼法》规定最高人民法院复核死刑案件，应当讯问被告人，辩护律师提出要求的，应当听取辩护律师的意见。这些规定对于切实保障公民特别是被判处死刑的被告人的人身权利和诉讼权利以及其他合法权益，具有重要意义。

四、死刑复核程序的现状

（一）行政化色彩浓厚

根据我国现行刑事诉讼法的规定以及死刑复核程序反映出的特点来看，我国的死刑复核程序实质上具有浓重的行政审批色彩，如死刑复核程序的启动方式采用行政化的报请方式，而且报请复核的方式严格按照法院的组织系统逐级上报，不得越级上报。

（二）法律规定相对粗糙

我国现有的法律和司法解释对辩护律师参与死刑复核程序鲜有详细规定，死刑复核程序立法粗糙，规定较少，这导致实践中多数死刑复核案件以秘密审核的方式进行。2012 年刑事诉讼法修改后，虽共有 6 个条文规定了死刑复核程序，但复核的方式、内容、期限以及辩护律师在死刑复核程序中的权利和义务等内容都还尚未明确。

（三）进行有效辩护难度大

1. 了解案件情况难

知晓复核程序的启动时间，是律师介入该程序行使辩护权的重要前提，否则其他一切相关活动都无从谈起。由于相关法律并没有规定各级人民法院和最高人民法院告知辩护律师死刑复核案件进展情况和案件情况的义务，导致辩护律师对死刑案件是否已经进入死刑复核程序，具体的承办法官是谁，复核案件进行到了哪个阶段都不得而知，辩护律师与承办法院之间联系的渠道不顺畅。

2. 会见和通信难

虽然《刑事诉讼法》第 39 条明确规定辩护律师可以同在押的犯罪嫌疑人、被告人会见和通信，但在死刑复核程序中并未明确规定辩护律师的会见权。在司法实践中，一方面，最高人民法院通常不会安排辩护律师会见被告人，理由是法律没有明文规定；但是另一方面，如果关押被告人的看守所同意会见，最高人民法院也不会反对和干涉。由于法律规定的缺失、对看守所权力的放任以及最高人民法院超然的姿态，导致辩护律师在死刑复核程序能否同被告人会见和通信充满了不确定性。

3. 查阅案卷难

与会见一样，查阅案卷也是辩护律师行使辩护权的重要途径，但由于刑事诉讼法及相关司法解释没有明确规定辩护律师在死刑复核程序中享有阅卷权，导致律师在这个程序中很难进行阅卷。根据目前的现状来看，辩护律师在最高人民法院是无法查阅案卷的，但有些高级人民法院又允许律师查阅案卷。死刑复核案件中查阅案卷的权利还需要辩护律师在实践中探索和争取，这种情况给辩护律师开展辩护工作带来了极大的不便。

4. 辩护意见被采纳难

2012 年《刑事诉讼法》修改后，明确规定辩护律师可以提交书面意见或者要求当面反映意见，最高人民法院应当认真听取，但法律并没有要求最高人民法院应当主动听取辩护律师的意见，也没有规定最高人民法院需要对辩护律师的意见进行反馈，而且关于法院听取辩护律师当面陈述意见的规定则过于简单、原则，可操作性也不强。在实践中，辩护律师很难获知承办法官的具体信息，难以直接接触承办法官，甚至连通话都很不易。所以，刑事诉讼法的修改虽然强化了辩护律师提出意见的权利，但由于辩护律师与承办法官之间的沟通交流渠道尚不畅通，辩护律师的权利在该程序中如同空中楼阁。

附：本节相关法律规范性文件

1. 法律

《中华人民共和国人民法院组织法》（2018 年修订）（2018 年 10 月 26 日颁布）第 17 条

《中华人民共和国刑法》（1997 年 10 月 1 日施行）第 48 条、第 49 条

《中华人民共和国刑法修正案（八）》（2011 年 5 月 1 日施行）第 26 条、第 27 条、第 31 条、第 33 条、第 34 条、第 39 条、第 44 条、第 45 条

《中华人民共和国宪法修正案》（2004 年 3 月 14 日施行）第 24 条

《中华人民共和国刑事诉讼法》（2018 年修正）（2018 年 10 月 26 日施行）第 251 条

2. 规范性文件

最高人民法院研究室《关于如何理解“审判的时候怀孕的妇女不适用死刑”问题的电话答复》（1991 年 3 月 18 日发布）

《全国法院维护农村稳定刑事审判工作座谈会纪要》（1999 年 10 月 27 日施行）

第二节　死刑案件的复核

我国的死刑案件既包括死刑立即执行的案件，也包括死刑缓期执行的案件，不论是哪一类案件，都应当经过死刑复核程序，由相关的人民法院核准。

一、死刑立即执行案件的复核

（一）复核的人民法院及合议庭组成

1. 死刑立即执行案件由最高人民法院核准。

2. 死刑立即执行案件的复核具体由最高人民法院的死刑复核庭承办，最高人民法院根据案件发生的地域和案件性质将死刑复核庭分为五个庭，这五个庭负责的案件和范围每三年进行轮换，2012 年轮换以来的划分如下：

（1）刑事审判第一庭：发生在青海省、甘肃省、宁夏回族自治区、陕西省、山东省、安徽省、福建省、浙江省等不由刑二庭办理的被判处死刑立即执行的案件；

（2）刑事审判第二庭：专管发生在新疆维吾尔自治区的被判处死刑立即执行的案件以及全国各地依据刑法分则第一章（危害国家安全罪）、第三章（破坏社会主义市场经济秩序罪）、第八章（贪污贿赂罪）的条文判处死刑立即执行的案件；

（3）刑事审判第三庭：发生在上海市、重庆市、四川省、贵州省、云南省、西藏自治区、江西省、江苏省等不由刑二庭办理的被判处死刑立即执行的案件；

（4）刑事审判第四庭：发生在黑龙江省、吉林省、河北省、广东省、广西壮族自治区、海南省等不由刑二庭办理的被判处死刑立即执行的案件；

（5）刑事审判第五庭：发生在北京市、天津市、辽宁省、内蒙古自治区、山西省、河南省、湖北省、湖南省等不由刑二庭办理的被判处死刑立即执行的案件。

3. 最高人民法院复核死刑立即执行案件，应当由审判员三人组成合议庭进行。

（二）复核程序的启动和流程

1. 高级人民法院报请最高人民法院核准

（1）高级人民法院判处死刑立即执行的第一审案件，被告人未上诉、人民检察院未抗诉的，高级人民法院应当在上诉、抗诉期满后 10 日内报请最高人民法院核准。

（2）中级人民法院判处死刑立即执行的第一审案件，被告人上诉或者人民检察院抗诉，高级人民法院经过第二审程序裁定维持的，应当在作出裁定后 10 日内报请最高人民法院核准。

2. 经过高级人民法院复核后报请最高人民法院核准

这种情况发生在中级人民法院判处死刑立即执行且被告人未上诉、人民检察院也未抗诉的第一审案件中，具体流程如下：

（1）中级人民法院应当在上诉、抗诉期满后 10 日内报请高级人民法院复核。

（2）高级人民法院同意判处死刑的，应当在作出裁定后 10 日内报请最高人民法院核准；高级人民法院不同意判处死刑的，应当依照第二审程序提审或者发回中级人民法院重新审判。

（3）如果被判处死刑立即执行的被告人未提出上诉，但附带民事诉讼原告提出上诉的，高级人民法院应当适用第二审程序对附带民事诉讼依法审理，并由同一审判组织对未提出上诉的被告人死刑判决进行复核，作出是否同意判处死刑的裁判，然后再按照第（2）项的流程走。

需要注意的是，高级人民法院在复核死刑案件的过程中，应当讯问被告人，如果被告人没有委托辩护人的，还应当通知法律援助机构指派律师为其提供辩护。这是2012年刑事诉讼法修改后对高级人民法院增加的义务性规定，也是辩护律师介入高级人民法院复核死刑案件的重要法律依据。

（三）报请复核的要求和报送的材料

报请复核的死刑立即执行案件，应当一案一报。报送的材料包括：

1. 报请复核的报告五份，应当写明案由、简要案情、审理过程和判决结果。

2. 第一、二审裁判文书五份，且应附送电子文本。

3. 死刑案件综合报告五份，且应附送电子文本。死刑案件综合报告应当包括以下内容：

（1）被告人、被害人的基本情况。被告人有前科或者曾受过行政处罚的，应当写明。

（2）案件的由来和审理经过。案件曾经发回重新审判的，应当写明发回重新审判的原因、时间、案号等。

（3）案件侦破情况。通过技术侦查措施抓获被告人、侦破案件的情况，以及与自首、立功认定有关的情况，均应当写明。

（4）第一审审理情况。包括控辩双方意见，第一审认定的犯罪事实，合议庭和审判委员会意见。

（5）第二审审理或者高级人民法院复核情况。包括上诉理由、检察机关意见，第二审审理或者高级人民法院复核认定的事实，证据采信情况及理由，控辩双方意见及采纳情况。

（6）需要说明的问题。包括共同犯罪案件中另案处理的同案犯的定罪量刑情况，案件有无重大社会影响，以及当事人的反应等情况。

（7）处理意见。写明合议庭和审判委员会的意见。

4. 全部案卷、证据。主要应注意：（1）同案审理的案件应当报送全案案卷、证据；（2）曾经发回重新审判的案件，原第一、二审案卷应当一并报送。

（四）复核死刑案件应审查的内容

复核死刑立即执行案件，应当全面审查以下内容：

（1）被告人的年龄，被告人有无刑事责任能力、是否系怀孕的妇女；

（2）原判认定的事实是否清楚，证据是否确实、充分；

（3）犯罪情节、后果及危害程度；

（4）原判适用法律是否正确，是否必须判处死刑，是否必须立即执行；

（5）有无法定、酌定从重、从轻或者减轻处罚情节；

（6）诉讼程序是否合法；

（7）应当审查的其他情况。

（五）复核后对案件的处理

1. 处理的一般规则

（1）原判认定事实和适用法律正确、量刑适当、诉讼程序合法的，应当裁定核准；

（2）原判认定的某一具体事实或者引用的法律条款等存在瑕疵，但判处被告人死刑并无不当的，可以在纠正后作出核准的判决、裁定；

（3）原判事实不清、证据不足的，应当裁定不予核准，并撤销原判，发回重新审判；

（4）复核期间出现新的影响定罪量刑的事实、证据的，应当裁定不予核准，并撤销原判，发回重新审判；

（5）原判认定事实正确，但依法不应当判处死刑的，应当裁定不予核准，并撤销原判，发回重新审判；

（6）原审违反法定诉讼程序，可能影响公正审判的，应当裁定不予核准，并撤销原判，发回重新审判。

2. 一人有两罪以上被判处死刑的案件的处理

对一人有两罪以上被判处死刑的数罪并罚案件，最高人民法院复核后，认为其中部分犯罪的死刑判决、裁定事实不清、证据不足的，应当对全案裁定不予核准，并撤销原判，发回重新审判；认为其中部分犯罪的死刑判决、裁定认定事实正确，但依法不应当判处死刑的，可以改判，并对其他应当判处死刑的犯罪作出核准死刑的判决。

3. 两名以上被告人被判处死刑的案件的处理

对有两名以上被告人被判处死刑的案件，最高人民法院复核后，认为其中部分被告人的死刑判决、裁定事实不清、证据不足的，应当对全案裁定不予核准，并撤销原判，发回重新审判；认为其中部分被告人的死刑判决、裁定认定事实正确，但依法不应当判处死刑的，可以改判，并对其他应当判处死刑的被告人作出核准死刑的判决。

（六）不予核准死刑后的程序

1. 高级人民法院报请最高人民法院核准的死刑立即执行案件，最高人民法院裁定不予核准死刑的，可以根据案件情况，发回第二审人民法院或者第一审人民法院重新审判。

（1）第一审人民法院重新审判的，应当开庭审理。

（2）第二审人民法院重新审判的，可以直接改判；必须通过开庭查清事实、核实证据或者纠正原审程序违法的，应当开庭审理。

2. 经过高级人民法院复核再报请最高人民法院核准的死刑立即执行案件，最高人民法院裁定不予核准，发回高级人民法院重新审判的，高级人民法院可以依照第二审程序提审或者发回重新审判。

3. 对于最高人民法院裁定不予核准死刑，发回重新审判的案件，原审人民法院应当另行组成合议庭审理，但是复核期间出现新的影响定罪量刑的事实、证据或者原判认定事实正确，但依法不应当判处死刑的案件除外。换句话说，出现以上两种情形，仍可以由原审人民法院的原审合议庭审理，无须另行组成合议庭。

二、死刑缓期执行案件的复核

（一）复核的人民法院及合议庭组成

1. 死刑缓刑执行案件由高级人民法院核准。
2. 实践中，高级人民法院未设置专门的复核庭。
3. 高级人民法院复核死刑缓期执行的案件，应当由审判员三人组成合议庭进行。

（二）复核程序的启动和流程

1. 中级人民法院报请高级人民法院核准

（1）中级人民法院判处死刑缓期执行的第一审案件，被告人未上诉、人民检察院未抗诉的，中级人民法院应当在上诉、抗诉期满后10日内报请高级人民法院核准。

（2）高级人民法院同意判处死缓的，应当作出核准的裁定；高级人民法院不同意判处死缓的，应当依照第二审程序提审或者发回中级人民法院重新审判。

2. 高级人民法院二审合议庭直接核准

（1）中级人民法院判处死刑缓期执行的第一审案件，被告人上诉或者人民检察院抗诉，高级人民法院经过第二审程序裁定维持的，应当在作出二审裁定书时同时标明“本裁定即为核准死刑缓刑执行的刑事裁定”。

（2）对判处死刑缓期执行的刑事附带民事案件，被告人不上诉而附带民事原告上诉的，高级人民法院适用第二审程序对附带民事诉讼依法审理，并由同一审判组织对未提出上诉的被告人死刑缓刑执行的判决进行复核，作出是否同意判处死缓的裁判。

需要注意的是，高级人民法院复核死刑缓期执行的案件，也应当讯问被告人。虽然最高人民法院《关于适用〈中华人民共和国刑事诉讼法〉的解释》第47条规定，高级人民法院复核死刑案件，被告人没有委托辩护人的，应当通知法律援助机构指派律师为其提供辩护。但在司法实践中，这里的死刑案件是否包括死刑缓期执行案件尚存在争议，是否在死缓案件的复核阶段都指派律师为其提供辩护，各地高级人民法院的做法不尽相同。

（三）报请复核的要求和报送的材料

报请复核的死刑缓刑执行案件，也应当一案一报。报送的材料与报请复核死刑立即执行案件的相同，此处不再赘述。

（四）复核死缓案件应审查的内容

复核死刑缓期执行案件，应当审查的内容与复核死刑立即执行案件的内容相同，此处不再赘述。

（五）复核后对案件的处理

高级人民法院复核死刑缓期执行案件，应当按照下列情形分别处理：

1. 原判认定事实和适用法律正确、量刑适当、诉讼程序合法的，应当裁定核准；

2. 原判认定的某一具体事实或者引用的法律条款等存在瑕疵，但判处被告人死刑缓期执行并无不当的，可以在纠正后作出核准的判决、裁定；

3. 原判认定事实正确，但适用法律有错误，或者量刑过重的，应当改判；

4. 原判事实不清、证据不足的，可以裁定不予核准，并撤销原判，发回重新审判，或者依法改判；

5. 复核期间出现新的影响定罪量刑的事实、证据的，可以裁定不予核准，并撤销原判，发回重新审判，或者依照《关于适用〈中华人民共和国刑事诉讼法〉的解释》第 271 条规定审理后依法改判；

6. 原审违反法定诉讼程序，可能影响公正审判的，应当裁定不予核准，并撤销原判，发回重新审判。

高级人民法院复核死刑缓期执行案件，不得加重被告人的刑罚。

附：本节相关法律规范性文件

1. 法律

《中华人民共和国刑事诉讼法》（2018 年修正）（2018 年 10 月 26 日施行）第 246～251 条

2. 规范性文件

最高人民法院《关于适用〈中华人民共和国刑事诉讼法〉的解释》（2021 年 3 月 1 日施行）第 47 条、第 423～436 条

第三节　律师参与复核程序

被判处死刑的被告人有权委托辩护律师参与死刑复核程序，但在实践中，被判处死刑的被告人实施的多为暴力案件，有的被告人经济较为困难，无力委托辩护律师，考虑到死刑案件的特殊性，最高人民法院《关于适用〈中华人民共和国刑事诉讼法〉的解释》第 47 条明确规定，高级人民法院复核死刑案件，被告人没有委托辩护人的，应当通知法律援助机构指派律师为其提供辩护。这为辩护律师介入死刑复核程序提供了法律

保障，有利于保护被判处死刑的被告人的合法权益。辩护律师参与死刑复核程序中的具体工作如下：

一、办理委托手续

如果委托人要为被判处死刑的被告人在死刑复核程序中委托辩护律师的，在这一阶段也应当与其他阶段一样，与律师及其所在的律师事务所办理委托手续，具体的手续与其他阶段相同，不再赘述。

二、联系承办法院

律师在接受委托后，应当根据了解的案件情况判断案件系由高级人民法院还是由最高人民法院承办，然后根据案件发生的地域或者性质通过相关途径联系承办的合议庭、死刑复核庭或者相关的承办人员，并递交有关委托手续。

三、获取案卷材料

正如前文所述，律师在死刑复核程序阶段从承办法院查阅案卷材料比较困难，现在虽然有些高级人民法院允许律师查阅案卷，但最高人民法院仍不允许，因而目前辩护律师在最高人民法院阅卷非常困难。但如果辩护律师不查阅案卷材料，则根本无法真正行使辩护权，所以仍应主动寻求获取案卷材料的途径。一方面，应当积极与承办法院联系，要求查阅案卷材料，呼吁辩护律师在死刑复核程序的阅卷权，使辩护律师拥有畅通的阅卷途径；另一方面，如果确实无法从承办法院查阅案卷，也应当尽量通过其他途径获取，案件既然已经到了死刑复核程序，案卷材料经过法庭审理已经解密，辩护律师可以通过与参与第一审程序或者第二审程序的辩护律师联系查阅案卷。这样查阅的案卷材料可能不够完整和充分，但却是获得案卷材料的办法之一。

四、会见在押的被告人

前面我们提到，律师在死刑复核程序阶段会见被告人也是非常困难的，因为法律并未明确规定辩护律师在死刑复核程序中的会见权。辩护律师在实践中仍应当积极争取、呼吁。实在无法会见到被告人的，也应当通过查阅庭审笔录以及之前律师会见被告人的会见笔录，了解被告人对案件的意见和想法，作为辩护意见的切入点。

辩护律师如果在实践中通过递交相关手续会见到被告人的，应当做好以下工作：

1. 核实有无可不予核准死刑的理由和证据

在死刑复核阶段，辩护律师会见在押的被判处死刑的被告人，通过了解、核对事实，听取被告人本人的陈述与辩解，主要任务是判断是否具有不予核准死刑的理由和证据。

2. 帮助当事人树立起希望和信心

在死刑复核阶段，辩护律师应通过会见当事人，帮助当事人树立起希望和信心，使当事人积极配合辩护律师和司法机关的工作。在司法实践中，有些当事人因为一审、二审，两次都被判处死刑立即执行后完全绝望，以绝食或闹事来对抗看守所的管教，拒绝配合其家属为他聘请的在死刑复核阶段的辩护律师的工作，甚至拒绝配合死刑复核法官的提审。因此在会见时，辩护律师应向其释明死刑复核程序的价值，争取在复核程序中能不被核准死刑而获得生路，帮助当事人树立起希望和信心。

案例分析

在办理一起因抢劫被山东省某法院判处死刑的死刑复核案件时，辩护律师会见了被告人，了解到当事人在死刑复核的关押期间获知了同监室被告人重大犯罪线索。后来被告人在辩护律师的指导下向有关部门检举，最后线索被查证属实，被认定为立功表现，最终该被告人在死刑复核程序中没有被核准死刑。

这就是通过会见而获得复核成功的案例之一。

五、调查取证

在死刑复核程序中，辩护律师自行调查取证通常不会遇到严重的阻碍，最高人民法院和高级人民法院对辩护律师自行调查取证是认可的。司法实践中，辩护律师把自行调取的证据提交给承办的法院，承办的法院一般都会接受。但是，对于辩护律师无法自行调取的证据，申请承办的人民法院或者对应的人民检察院调取的，则会受到一定的障碍，司法机关通常会以死刑复核阶段辩护律师申请调取证据没有法律依据为由而拒绝。因此，在实践中，死刑复核阶段申请调查取证的方式往往很难取得实质性的效果。不管是自行调查取证还是申请调查取证，相关的程序和工作内容，可以参考前面章节，不再赘述。

六、提出辩护意见

在司法实践中，死刑复核阶段的辩护律师向最高人民法院提出辩护意见的方式主要有两种：一是通过邮寄的方式提交书面的辩护意见；二是约见法官，当面向法官陈述辩护意见。2012 年刑事诉讼法修改，对最高人民法院听取辩护律师意见作出了硬性规定，明确了辩护律师提出要求的，应当听取辩护律师的意见，辩护律师要求当面反映意见的，最高人民法院有关合议庭应当在办公场所听取其意见，并制作笔录；辩护律师提出书面意见的，应当附卷。可见，此次刑事诉讼法修改对在死刑复核程序中听取辩护律师意见相当重视，辩护律师应当抓住机会，充分行使辩护权，以维护当事人的合法权益。

辩护律师如何反映和提交意见，也应当从事实认定、法律适用和程序合法等角度入手，但与侦查、审查起诉、一审和二审程序不同的是，在死刑复核程序反映和提交意见的终极目标是“不被核准死刑”，对于死刑立即执行案件，终极目标则是“保命”，所以反映和提交的意见一定要围绕终极目标进行，并从以下几个方面介入。

（一）事实认定方面

1. 发现新情况、新证据，可能影响被告人定罪量刑的

如果辩护律师通过调查取证等方法发现新情况，取得可能直接影响死刑判决的新证据，如新的证人证言、新的物证等，则应当尽快与案件的承办法官取得联系，向法院反映新情况，提交新证据，并提出不予核准死刑意见。

2. 死刑裁判在事实认定和证据采信上确有错误的

如果辩护律师认为在死刑裁判中据以判决被告人死刑的事实和证据认定存在以下问题，应当及时向承办法官反映和提交意见。

（1）案件认定中的关键证据获取程序非法，应当启动非法证据排除程序予以排除，或者可能使案件事实认定存在争议的；

（2）控方提供的证据无法形成完整的证据链，根据现有证据不足以认定被告人罪大恶极的；

（3）法院根据现有证据认定事实不清的；

（4）法院在事实认定时采信证据存在错误，如忽略了控方提供的足以证明被告人有从轻、减轻情节的证据的；

（5）其他可能存在的事实认定问题，不应当判处被告人死刑的。

（二）法律适用方面

1. 适用罪名错误

在死刑复核阶段发现这类错误的可能性极小，但如果辩护律师发现确有此类错误，应当及时向法院指出。例如错误地将普通诈骗案件认定为集资诈骗案件，因为诈骗罪不存在死刑，而集资诈骗罪存在死刑，如果能改变这方面的罪名和定性，是极好的辩护方向。

2. 量刑存在问题

（1）被告人存在罪轻情节，法院仍然判处被告人死刑的

当被告人存在法定的从轻、减轻处罚情节时，一般可以认为被告人并非罪大恶极，不应当判处死刑。辩护律师应当尽量找出被告人是否存在这些罪轻情节。

（2）法院判处当事人死刑违反法律规定的

刑法明确规定了不得适用死刑的情形，如果被告人具备这些情形而仍被判处死刑的，显然违反了法律规定，例如法院对在羁押期间怀孕并流产的妇女适用了死刑的，就属于适用法律的错误。

（3）被告人存在其他在判处死刑时应当考虑的情节的

在具体案件中，被告人可能存在一些在刑法条文中没有明文规定，但根据刑事立法精神和有关刑事政策，通过司法机关的一般经验，一般不予判处死刑的情节。这时，律师应当将这些细节明确、清晰地列明，请求法院在复核时予以考虑，如：

1）犯罪事出有因，并非不可饶恕

例如被告人基于义愤、大义灭亲、不堪虐待、遭受迫害、受害人存在过错等原因杀人，往往可以认为是事出有因，司法机关对这类案件一般也不适用死刑。而因邻里、债务等矛盾激化引起斗殴而造成死亡的案件，由于犯罪人改造的难度相对较小，一般不适用死刑立即执行，在必要时可以考虑适用死缓。

2）犯罪前一贯表现好、犯罪后又真诚悔罪

犯罪前一贯表现好，偶尔失足的犯罪人，主观恶性弱，再犯可能性小，改造难度小，对于这类犯罪人，司法机关一般会尽量避免适用死刑立即执行。如果存在犯罪后积极采取措施抢救受害人、挽回损失，协助司法机关侦破案件等情形的，更应当在量刑时予以考虑。对于存在这些情节的案件，辩护律师应当向法官提供相关的材料、证据，争取最好的辩护结果。

3）积极退赃或积极赔偿被害人的经济损失

例如在财产型、贪污受贿类犯罪案件中，被告人如果能积极退出大部分赃款，减小其犯罪给社会造成的经济损失；或者在暴力类犯罪案件中，被告人能赔偿被害人的经济损失，取得被害人的谅解，一般应当认为被告人的认罪态度较好，改造可能性较大，司法机关一般也会慎重适用死刑，尤其慎重适用死刑立即执行。

（三）诉讼程序方面

诉讼程序正当合法是正确裁判的重要保障，如果辩护律师发现在死刑复核的案件中存在以下情形，也应当提出相应的意见，请求法院不予核准死刑：

1. 严重违反法律规定的诉讼程序，可能影响公正审判的；
2. 司法工作人员在办理案件时，有贪污受贿、徇私舞弊、枉法裁判等行为的；
3. 其他诉讼程序存在问题的。

案例分析

冯某因卷入宅基地纠纷与被害人赵某发生矛盾，两家发生争吵并扭打，冯某见状持一把尖刀从自家房内冲出，造成1死、1重伤、1轻伤。一审法院认定被告人冯某犯故意伤害罪，判处死刑，剥夺政治权利终身。浙江省高院维持原判，最高人民法院在复核该案时，考虑到该案系邻里纠纷引起，且被告人家属积极赔偿，取得被害人家属谅解，原来两家关系不错，本着化解邻里矛盾的精神，裁定不核准被告人死刑。

七、提出申诉

在死刑复核期间，当事人及其近亲属也可以委托律师向最高人民检察院提出不服死刑裁判的申诉，由最高人民检察院死刑复核检察部门审查。最高人民检察院死刑复核检察部门对死刑复核监督案件的审查可以采取下列方式进行：

1. 书面审查最高人民法院移送的材料、省级人民检察院报送的相关案件材料、当事人及其近亲属或者受委托的律师提交的申诉材料；

2. 听取原承办案件的省级人民检察院的意见，也可以要求省级人民检察院报送相关案件材料；

3. 必要时可以审阅案卷、讯问被告人、复核主要证据。

最高人民检察院对于死刑复核监督案件，经审查认为确有必要向最高人民法院提出意见的，应当以死刑复核案件意见书的形式提出。死刑复核案件意见书应当提出明确的意见或者建议，并说明理由和法律依据。

附：本节相关法律规范性文件

最高人民法院《关于适用〈中华人民共和国刑事诉讼法〉的解释》（2021 年 3 月 1 日施行）第 47 条、第 434 条

最高人民检察院《人民检察院刑事诉讼规则》（2019 年 12 月 30 日施行）第 604～610 条

《律师办理刑事案件规范》（2017 年 8 月 27 日施行）第 199～205 条

练习与测试

1. 死刑复核阶段辩护律师接受当事人委托应当注意哪些事项？

2. 死刑复核阶段辩护律师的阅卷权、会见权如何实现？

3. 死刑复核阶段辩护律师应当从哪些角度提出辩护意见？

第八章

审判监督程序中的律师实务

本章要点

本章主要学习在判决、裁定发生法律效力后，律师帮助委托人申诉以及参加审判监督程序的主要工作内容和流程，包括制作申诉状，代为提出申诉，参加按照审判监督程序进行的审判活动等。

根据我国刑事诉讼法及相关司法解释的规定，当事人及其法定代理人、近亲属，对已经发生法律效力的判决、裁定，可以向人民法院或者人民检察院提出申诉。申诉可以委托律师代为进行。此外，人民法院、人民检察院发现生效裁判确有错误的，也可以启动审判监督程序。一个案件虽然经历了侦查、审查起诉、一审程序，有的甚至还经历了二审及死刑复核程序，但由于案情错综复杂，仍然可能存在裁判错误的情况。为了保障司法公正，保护被告人的合法权益，我国刑事诉讼法还设置了审判监督程序，如果律师受委托参与其中，应当掌握具体的实务操作。

第一节　审判监督程序的启动

我国实行两审终审制，已经发生法律效力的判决、裁定如果确有错误，必须经过审判监督程序才能得以纠正。但审判监督程序不是任何一个案件必经的阶段，必须经过一定的程序才能启动。启动的方式具体有：

一、当事人及其法定代理人、近亲属申请再审

根据《刑事诉讼法》第 252 条的规定，当事人及其法定代理人、近亲属，对已经发生法律效力的判决、裁定，可以向人民法院或者人民检察院提出申诉，但是不能停止判决、裁定的执行。可见，当事人等人仅享有申请权，其提出申诉，是否能够启动审判监督程序，必须经有关司法机关的审查。

根据《刑事诉讼法》第 253 条的规定，为了使申诉能够引起人民法院重新审判案件，当事人及其法定代理人、近亲属的申诉应当尽量符合下列情形之一：

（1）有新的证据证明原判决、裁定认定的事实确有错误，可能影响定罪量刑的；

（2）据以定罪量刑的证据不确实、不充分、依法应当予以排除的；

（3）证明案件事实的主要证据之间存在矛盾的；

（4）主要事实依据被依法变更或者撤销的；

（5）认定罪名错误的；

（6）量刑明显不当的；

（7）违反法律关于溯及力规定的；

（8）违反法律规定的诉讼程序，可能影响公正裁判的；

（9）审判人员在审理该案件的时候，有贪污受贿，徇私舞弊，枉法裁判行为的。

以上第（5）、（6）、（7）属于原判决、裁定适用法律确有错误的情形。第（1）项中的“新的证据”，是指具有以下情形之一，可能改变原判决、裁定据以定罪量刑的事实的证据：1）原判决、裁定生效后新发现的证据；2）原判决、裁定生效前已经发现，但未予收集的证据；3）原判决、裁定生效前已经收集，但未经质证的证据；4）原判决、裁定所依据的鉴定意见，勘验、检查等笔录或者其他证据被改变或者否定的。

当然，当事人及其法定代理人、近亲属提出申诉，也可以委托律师代为进行。为了能够成功启动审判监督程序，律师代为提起申诉时，应当认真了解案件情况，尽量找出符合上述启动条件的情形之一。

二、案外人申请再审

根据最高人民法院《关于适用〈中华人民共和国刑事诉讼法〉的解释》第451条的规定，除了当事人及其法定代理人、近亲属有权提出申诉外，案外人认为已经发生法律效力的判决、裁定侵害其合法权益的，也可以提出申诉，人民法院也应当审查处理。

案外人虽然不是当事人，但其提出申诉也可以委托律师代为进行，律师除了审查原判决、裁定是否确有错误或者违反法定程序，还要审查已经发生法律效力的判决、裁定是否侵害了案外人的合法权益，为启动审判监督程序做足准备。

三、人民法院提起再审

根据刑事诉讼法及相关司法解释的规定，相关人民法院或者其院长具有启动审判监督程序的权利，具体启动方式及流程如下：

1. 各级人民法院院长

各级人民法院院长对本院已经发生法律效力的判决和裁定，如果发现在认定事实或者在适用法律上确有错误，应当提交审判委员会讨论决定是否再审。

2. 上级人民法院

上级人民法院发现下级人民法院已经发生法律效力的判决、裁定确有错误，可以指令下级人民法院再审，一般应当指令原审人民法院以外的下级人民法院审理，由原审人民法院审理更有利于查明案件事实、纠正裁判错误的，可以指令原审人民法院审理。原判决、裁定认定事实正确但适用法律错误，或者案件疑难、复杂、重大，或者有不宜由原审人民法院审理情形的，也可以提审。

3. 最高人民法院

最高人民法院发现各级人民法院已经发生法律效力的判决和裁定确有错误，有权提审或者指令下级人民法院再审。

四、人民检察院提出抗诉

根据刑事诉讼法及相关司法解释的规定，最高人民检察院对各级人民法院已经发生法律效力的判决和裁定，上级人民检察院对下级人民法院已经发生法律效力的判决和裁定，如果发现确有错误，有权按照审判监督程序向同级人民法院提出抗诉。

人民检察院虽然也无权直接启动审判监督程序的审理，但人民法院应当在收到抗诉书后一个月内立案，接受抗诉的人民法院还应当组成合议庭审理，对原判事实不清、证据不足，包括有新的证据证明原判可能有错误，需要指令下级人民法院再审的，应当在立案之日起一个月内作出决定，并将指令再审决定书送达抗诉的人民检察院。

对于人民法院提起再审和人民检察院按照审判监督程序提出抗诉的案件，如果进入审判监督的审理程序的，当事人也可以委托律师作为辩护人或者诉讼代理人。

附：本节相关法律规范性文件

1. 法律

《中华人民共和国刑事诉讼法》(2018年修正)(2018年10月26日施行)第252～255条

2. 规范性文件

最高人民法院《关于适用〈中华人民共和国刑事诉讼法〉的解释》(2021年3月1日施行)第451、462条

第二节　代为提起申诉

在审判监督程序中，律师的一项重要工作就是代当事人及其法定代理人、近亲属甚至案外人提起申诉，具体内容包括：

一、了解案件情况

不管是代当事人及其法定代理人、近亲属，还是代案外人提出申诉，律师首先应当了解案件情况。如果律师在原一审程序或者二审程序已经介入案件，对案件事实、证据、法律适用等问题比较了解，那么律师在再审程序中的工作就相对简单、轻松一些，可以根据之前了解的案件情况，与委托人进行沟通，征询委托人的意见，并进一步形成申诉状等材料。如果律师在前些阶段从未参与，完全不了解案件情况，则应当尽快展开工作。

我国现行刑事诉讼法及相关司法解释对律师在再审阶段的各项权利并没有作出详细的规定，使得律师在办案过程中可能难以得到办案机关的配合，会见、阅卷等工作都很难展

开，对案件信息的获取渠道较少、难度较大。律师在办理申诉案件时，可以要求委托人全面、客观地介绍案情，并查阅能够获取到的所有文书、材料，尽可能地了解案件情况，具体途径包括：

（一）向委托人了解

律师在接受委托代为申诉后，应当与委托人，包括当事人、法定代理人、近亲属或者案外人进行充分的交流，了解案件的情况，主要包括：

1. 原判决、裁定认定的事实情况；
2. 原判决、裁定据以定罪量刑的证据情况；
3. 原判决、裁定的法律适用情况；
4. 有无发现新的情况，新的证据；
5. 原审的诉讼程序情况，如庭审中的质证情况、证人出庭情况等；
6. 原承办机关、承办人员有无违法行为，如贪污受贿、徇私舞弊，枉法裁判等；
7. 当事人的状况，如是否正在服刑、在何处服刑等；
8. 当事人及委托人对于申诉的意见和看法等。

如果委托人是当事人本人，律师的工作相对要简单很多，但如果因当事人还正在服刑等原因，委托人只是当事人的法定代理人或者近亲属，律师也应当耐心地向其了解以上情况，以便对案件情况形成一个初步的印象。如果是案外人委托律师申诉的，还要了解原判决、裁定侵害了其哪些合法权益。当然，律师了解案件情况应当客观，应当避免轻易听信委托人的一面之词而造成对案件的认识错误。

（二）查阅案卷材料

司法实践中，在判决、裁定发生法律效力之后，在人民法院决定再审之前，由于法律规定空白，律师很难直接到司法机关查阅案卷材料。但要具体了解案件材料，提出具有说服力的申诉理由，律师应当通过其他途径尽量获取并查阅案卷材料，如要求委托人、案外人提供或者到原代理案件的辩护人、诉讼代理人处查阅。

（三）会见犯罪人

犯罪人是最了解整个案情的人，通过与犯罪人的交流，律师可以从犯罪人的角度来了解案件情况，从中发现可能有利于申诉成功的信息。

1. 会见刑罚已经执行完毕的犯罪人

如果犯罪人的刑罚已经执行完毕，律师会见就可以省去很多麻烦，完全可以不受限制地接触犯罪人并与其交流案件情况，了解犯罪人申诉的理由、证据等情况因素。

2. 会见被判处管制，或者正在缓刑、假释考验期内的犯罪人

这种情况下犯罪人的刑罚虽然没有执行完毕，但人身相对自由，律师要会见也相对容

易。但是，根据《刑法》第 39 条、第 75 条、第 84 条的规定，被判处管制、宣告缓刑、假释的犯罪分子，在管制刑期、缓刑和假释的考验期内都应当按照有关机关的规定报告自己的活动情况，并遵守有关机关关于会客的规定，因此，犯罪人会见律师应当遵守有关的会客规定。

值得注意的是，根据我国《刑法》第 72 条、第 81 条的规定，犯罪人被判处缓刑或者被假释的条件中都要求"有悔罪表现"，同时，根据最高人民法院《关于办理减刑、假释案件具体应用法律若干问题的规定》第 3 条第 3 款的规定，罪犯在刑罚执行期间的申诉权利应当依法保护，对其正当申诉不能不加分析地认为是不认罪悔罪。这反映出我国实践中，司法机关通常会将申诉和不认罪悔罪联系起来。因此，律师会见这类犯罪人应当谨慎并注意方式方法，避免因会见犯罪人而导致执行机关撤销缓刑、假释的情况发生。

3. 会见正在监狱或者其他羁押场所服刑的犯罪人

当犯罪人被判处剥夺人身自由的刑罚，且正在服刑时，律师会见犯罪人则面临很多困难和阻碍。

（1）会见在监狱服刑的犯罪人

一般来说，剩余刑期在 3 个月以上的犯罪人，应当在监狱服刑。这种情况下，监外人员的会见受到严格的限制。根据《监狱法》第 48 条的规定，罪犯在监狱服刑期间，可以会见亲属、监护人，对于律师的会见问题没有作出规定。司法部发布的《律师会见监狱罪犯规定》第 4 条中对可以会见在押罪犯的人员作出了进一步的明确规定，将可以会见人员限定为：1）在刑事诉讼程序中，接受在押罪犯委托或者人民法院的指定，提供法律咨询，担任辩护人或者代理人的；2）在民事、行政诉讼程序中，接受在押罪犯委托，担任代理人的；3）接受在押罪犯委托，代理调解、仲裁的；4）其他需要会见在押罪犯的情形。

如果法院已经决定启动审判监督程序重新审理案件，那么律师接受在押罪犯委托或者人民法院的指定，担任辩护人或者代理人就可以会见到在押的罪犯。但如果律师仅仅是为在押罪犯准备申诉而提供服务，则在实践中很难按照第一项的规定会见到在押罪犯，只能争取按照"其他需要会见在押罪犯的情形"提出会见要求。由于《律师会见监狱在押罪犯暂行规定》并没有更详细的解释，实践中监狱机关很可能以法律没有规定而不同意律师会见在押罪犯，因此，这对于律师的协调和沟通能力是一个重大的考验。

（2）会见在看守所、未成年犯管教所服刑的犯罪人

根据《刑事诉讼法》第 264 条的规定，对被判处有期徒刑的罪犯，在被交付执行刑罚前，剩余刑期在 3 个月以下的，由看守所代为执行；对被判处拘役的罪犯，由公安机关执行；对未成年犯应当在未成年犯管教所执行刑罚。对于会见在这些羁押场所羁押的正在服刑的罪犯，由于法律没有明确的规定，律师的会见也难以得到保障，需要通过自身努力积极争取。

（四）调查取证

除了以上了解案件情况的途径之外，对申诉需要的证据，律师还可以进行调查取证，通过调查取证，进一步了解案件情况，丰富申诉的理由和依据。调查取证的工作内容，可以参照前面章节的内容与程序进行。

二、归纳申诉理由

律师在了解案件情况的基础上，应当根据原有的材料、证据和新发现的情况、证据，根据法律规定的申诉应当具备的条件和情形，归纳和总结申诉的理由，明确申诉的方向，为制作申诉状做准备。

三、制作申诉状

（一）制作申诉状的基本格式

申诉状由首部、正文、尾部构成：

1. 首部，包括文书标题、申诉人的基本情况和申诉的表示

（1）文书标题

一般写“申诉状”或者“刑事申诉状”，如果要在标题中直接体现案件的信息，也可以写“某某人某某罪一案的刑事申诉状”。

（2）申诉人的基本情况

在申诉状中，需要写明申诉人及其基本情况。申诉人为自然人的，应当写明其姓名、性别、出生年月日、民族、籍贯、文化程度、职业或工作单位和职务、住址等信息；申诉人是法人或者其他组织的，应当写明单位名称、所在地址和法定代表人的姓名、职务。

（3）申诉的表示

主要写明包括案件的案由、原审判机关的名称、裁判的时间，法律文书名称、案号、申诉的意思表示等。如：“申诉人×××（姓名）对×××人民法院××××年××月××日作出的（ ）××字第××号××刑事判决（或裁定）书不服，提出申诉”。

2. 正文，包括申诉请求、事实与理由两部分

（1）申诉请求

应当列出具体的申诉请求，例如要求人民法院撤销原审裁判或变更原审裁判的某项，要求人民法院如何改判；或者要求人民检察院依照审判监督程序提出抗诉。

（2）事实与理由

事实与理由是刑事申诉状的核心，是说服人民法院启动审判监督程序重新审判案件或者说服人民检察院按照审判监督程序提出抗诉的关键部分。如果申诉状中的事实和理由不

充分，就很难达到启动审判监督程序的既定目标。因此，律师在制作申诉状时，应当从以下几个方面写明申诉的事实与理由：

1）有新证据的，对新的事实和证据予以分析列明，指出原判决、裁定认定的事实确有错误；

2）对原判决、裁定的证据认定有疑问的，对证据认定进行重新分析阐明，针对原判决、裁定证据不足、主要证据之间存在矛盾等情况予以明确；

3）对原判决、裁定中法律适用有错误的，就法律适用问题进行分析和阐述；

4）对违反法律规定的诉讼程序，指出违法的诉讼程序并进行法律分析，提出可能影响公正审判的理由；

5）对有证据证明审判人员有贪污受贿，徇私舞弊，枉法裁判行为的，应当就这一问题予以说明，最好提出相关的线索来源或者证据材料。

3. 尾部，包括致送机关的名称、申诉人的签名或盖章并注明年月日

在申诉状的尾部，应当写明致送的机关名称，如人民法院或者人民检察院，然后交由申诉人签名或者盖章并注明年月日。此外，有的申诉状的尾部还有附项，说明申诉状的份数，并附上相关证据材料的情况，如物证、书证的名称及件数；有证人的，还要列出证人的姓名及住址；等等。

示例：

申诉状

申诉人（刑事案件的当事人及其法定代理人、近亲属）（写明姓名、性别、出生年月日、民族、籍贯、职业或工作单位和职务、住址等基本情况）

申诉人________对________人民法院____年____月____日（　）字第________号刑事判决（或裁定），提出申诉。

请求事项（写明请求事项的要点）

事实与理由（写明基本的案情事实、审判结果以及具体的申诉理由和法律依据）

此致

________人民法院

申诉人：

代书人：

年　月　日

（附：原审________书抄件一份）

（二）制作申诉状的具体要求

1. 抓住主要矛盾，在要害处做文章。申诉人不服原判决、裁定，其申诉理由必须针对原判决、裁定认定的事实和结论，将自己不服裁判的论点鲜明地摆出，围绕认为原审裁

判确有错误的实质问题做文章，将申诉理由阐述地坚定有力。

2. 逻辑严密，力求反驳坚实有力。申诉理由在摆出不服的论点后需要运用事实和证据进行反驳及论证，阐述时应注意反驳、论证的逻辑性，将论据与论点之间的逻辑关系阐释清楚，增加论证的说服力。

3. 排好行文结构，力求脉络清晰。制作申诉状，动笔之前应当认真考虑好申诉理由的表达顺序。根据不服原判决、裁定的论点，充分考虑哪条先写，哪条后写，哪条重点写，哪条概略写，何处该总，何处当分的前后次序。这样写出来，整个结构脉络就会清晰明了，避免描述行文拖泥带水。此外，还要尽量避免使用过多喊冤叫屈等带有强烈感情色彩的词汇。

四、提交申诉材料

（一）提交的材料内容

向人民法院、人民检察院申诉的，应当提交以下材料：

1. 申诉状。应当写明当事人的基本情况、联系方式以及申诉的事实与理由。

2. 原一、二审判决书、裁定书等法律文书。经过人民法院复查或者再审的，应当附有驳回通知书、再审决定书、再审判决书、裁定书；经过人民检察院复查的，应当附有刑事申诉复查通知书。

3. 其他相关材料。以有新的证据证明原判决、裁定认定的事实确有错误为由申诉的，应当同时附有新的证据目录、证人名单和主要证据复印件或者照片等相关证据材料；申请人民法院或者人民检察院调查取证的，应当附有相关线索或者材料。

申诉材料准备齐全对于申诉非常重要，如果申诉材料不符合上述规定的，司法机关可以要求申诉人或者律师补充材料；如果对必要材料拒绝补充且无正当理由的，司法机关可以不予审查。

在准备材料时，全部的纸质文件应尽量使用A4纸复印或者打印；全部文件上的字迹或图形应当清晰可辨。提交时应当仔细检查每一页文件，如果文件上有数字或字母或文字不清，应当立即补正。

（二）提交材料的对象

根据我国刑事诉讼法的规定，申诉人不服已经生效的刑事判决、裁定，既可以向人民检察院提出申诉，也可以向人民法院提出申诉，律师应当根据实际情况选择提交申诉材料的机关。

1. 向人民法院提出申诉

向人民法院递交申诉材料并提出申诉的，人民法院应当审查处理，并作出是否再审的决定。根据最高人民法院《关于适用〈中华人民共和国刑事诉讼法〉的解释》的规定，申诉人应当向符合法律规定的法院提出申诉：

（1）一般情况下，申诉应当向终审人民法院提出。

（2）对于第二审人民法院裁定准许撤回上诉的案件，申诉人对第一审判决提出申诉的，也可以直接向第一审人民法院提出。

（3）申诉人也可以向终审法院的上一级人民法院提出申诉，但是上一级人民法院有权选择自己审查处理或者告知申诉人向原审人民法院提出。

（4）对死刑案件的申诉，应当向原核准的人民法院提出，但是原核准法院可以直接审查处理，也可以交由原审人民法院审查。

律师应当结合上述规定，分析案件和当事人的实际情况，在与当事人进行协商后，灵活选择、决定提交申诉材料的人民法院。

2. 向人民检察院提出申诉

人民检察院如果发现判决、裁定确有错误，可以向人民法院提出抗诉，对于人民检察院提出再审抗诉的，人民法院应当受理。因此，申诉人也可以选择向人民检察院提出申诉，向其说明案件的情况和申诉的理由，请求人民检察院向人民法院提出抗诉。这种情况下，一般是由人民检察院的刑事申诉检察部门依法办理，所以，申诉人或者律师应当向该刑事申诉检察部门提交申诉材料。

五、申诉后的结果

（一）向人民法院申诉

1. 经审查，人民法院认为具备重新审判条件，决定重新审判的，应当制作再审决定书。再审期间不停止原判决、裁定的执行，但被告人可能经再审改判无罪，或者可能经再审减轻原判刑罚而致刑期届满的，可以决定中止原判决、裁定的执行，必要时，可以对被告人采取取保候审、监视居住措施。申诉人和律师应当做好参加重新审判程序的准备。

2. 经审查，人民法院认为不具备重新审判条件的，会说服申诉人撤回申诉；如果申诉人仍然坚持申诉，人民法院会书面通知驳回申诉；如果申诉人对驳回申诉不服的，可以向上一级人民法院申诉。上一级人民法院经审查认为申诉确实不符合重新审判条件的，也会说服申诉人撤回申诉；如果申诉人还仍然坚持申诉的，上一级人民法院会通知驳回申诉或者通知不予重新审判。

（二）向人民检察院申诉

人民检察院收到申诉人的申诉后，应当填写《刑事申诉受理登记表》，对申诉材料进行审查，并分别情况予以处理：

1. 对不属于本院管辖的刑事申诉，及时移送有管辖权的人民检察院或者有关部门，并通知申诉人，申诉人应当与有管辖权的检察院或者部门联系。

2. 对认为需要立案复查的刑事申诉，应制作《刑事申诉提请立案复查报告》，经承办部门负责人或主管检察长批准后立案复查。复查刑事申诉案件，应当由两名以上检察人员进行，原承办人员不得参加。复查人员应当审查申诉材料和全部案卷，还可以补充调查，制作相应的《阅卷笔录》和《调查笔录》，但应当在立案后 3 个月内办结，案情复杂的，最长不得超过 6 个月。对复查终结的刑事申诉案件，应制作《刑事申诉复查终结报告书》，经部门集体讨论，提出处理意见后，报检察长或者检察委员会决定。不论是否决定提出抗诉，都应当制作《刑事申诉复查决定书》予以公开宣布，并制作《刑事申诉复查通知书》，在 10 日内通知申诉人。如果决定提出抗诉的，应当制作《提请抗诉意见书》，报上一级人民检察院审查，上一级人民检察院经审查决定抗诉的，应制作《抗诉书》，向同级人民法院提出抗诉。对人民检察院提出抗诉的案件，人民法院应当在收到抗诉书后一个月内立案，接受抗诉的，应当组成合议庭审理。对需要指令下级人民法院再审的，应当在立案之日起一个月内作出决定，并将指令再审决定书送达抗诉的人民检察院。

3. 对不需要立案复查的刑事申诉，经承办部门负责人批准，可制作《刑事申诉不立案复查通知书》，通知申诉人。

附：本节相关法律规范性文件

1. 法律

《中华人民共和国刑法》(1997 年 10 月 1 日施行) 第 39 条、第 72 条、第 75 条、第 81 条、第 84 条

《中华人民共和国监狱法》(1994 年 12 月 29 日施行，2012 年 10 月 26 日修正) 第 48 条

《中华人民共和国刑事诉讼法》(2018 年修正) (2018 年 10 月 26 日施行) 第 264 条

2. 规范性文件

最高人民法院《关于适用〈中华人民共和国刑事诉讼法〉的解释》(2021 年 3 月 1 日施行) 第 452 条、第 453 条、第 457 条

最高人民法院《关于办理减刑、假释案件具体应用法律若干问题的规定》(2017 年 1 月 1 日施行) 第 3 条

司法部关于印发《律师会见监狱罪犯规定》的通知 (2017 年 11 月 21 日施行) 第 4 条

最高人民检察院《人民检察院刑事诉讼规则》(2019 年 12 月 30 日施行) 第 591 条、第 593 条、第 596 条

《律师办理刑事案件规范》(2017 年 8 月 27 日施行) 第 236～239 条

第三节　参加再审程序

一、再审的审判机构

一般说来，上级人民法院指令下级人民法院再审的，应当指令原审人民法院以外的下级人民法院审理；由原审人民法院审理更为适宜的，也可以指令原审人民法院审理。

如果由原审人民法院审理的，应当另行组成合议庭进行。参与过本案第一审、第二审、复核程序审判的合议庭组成人员，不得参与本案的再审程序的审判。

二、再审的审理方式

（一）应当开庭审理的情形

1. 依照第一审程序审理的；
2. 依照第二审程序需要对事实或者证据进行审理的；
3. 人民检察院按照审判监督程序提出抗诉的；
4. 可能对原审被告人（原审上诉人）加重刑罚的；
5. 有其他应当开庭审理情形的。

（二）可以不开庭审理的情形

1. 原判决、裁定认定事实清楚，证据确实、充分，但适用法律错误，量刑畸重的；
2. 1979 年《中华人民共和国刑事诉讼法》施行以前裁判的；
3. 原审被告人（原审上诉人）、原审自诉人已经死亡或者丧失行为能力的；
4. 原审被告人（原审上诉人）在交通十分不便的边远地区监狱服刑，提押到庭确有困难的；但人民检察院提出抗诉的，人民法院应征得人民检察院的同意；
5. 人民法院按照审判监督程序决定再审，在开庭 7 日以前已经将开庭的时间、地点通知人民检察院，但经两次通知，人民检察院不派员出庭的。

开庭审理的再审案件，再审决定书或者抗诉书只针对部分原审被告人，其他同案原审被告人不出庭不影响审理的，可以不出庭参加诉讼。

三、再审不加刑原则

除人民检察院抗诉的以外，再审一般不得加重原审被告人的刑罚。再审决定书或者抗诉书只针对部分原审被告人的，不得加重其他同案原审被告人的刑罚。

四、抗诉申诉的撤回

1. 人民法院审理人民检察院抗诉的再审案件，人民检察院在开庭审理前撤回抗诉的，应当裁定准许；人民检察院接到出庭通知后不派员出庭，且未说明原因的，可以裁定按撤回抗诉处理，并通知诉讼参与人。

2. 人民法院审理申诉人申诉的再审案件，申诉人在再审期间撤回申诉的，应当裁定准许；申诉人经依法通知无正当理由拒不到庭，或者未经法庭许可中途退庭的，应当裁定按照撤回申诉处理，但申诉人不是原审当事人的除外。

五、再审案件的开庭

开庭审理的再审案件，系人民法院决定再审的，由合议庭组成人员宣读再审决定书；系人民检察院抗诉的，由检察人员宣读抗诉书；系申诉人申诉的，由申诉人或者其辩护人、诉讼代理人陈述申诉理由。

1. 如果原来是第一审案件，应当依照第一审程序进行审判，律师参与该再审案件的开庭审理，参照本书第五章的内容进行。

2. 如果原来是第二审案件，或者是上级人民法院提审的案件，应当依照第二审程序进行审判，律师参与该再审案件的开庭审理，参照本书第六章的内容进行。

进入辩论阶段，原审被告人（原审上诉人）及其法定代理人、近亲属提出申诉的，先后由原审被告人（原审上诉人）及其辩护人发表辩护意见，公诉人发言，被害人及其代理人发言。

被害人及其法定代理人、近亲属提出申诉的，先由被害人及其代理人发言，公诉人发言，然后由原审被告人（原审上诉人）及其辩护人发表辩护意见。

人民检察院提出抗诉的，先由公诉人发言，被害人及其代理人发言，然后由原审被告人（原审上诉人）及其辩护人发表辩护意见。

既有申诉又有抗诉的，先由公诉人发言，后由申诉方当事人及其代理人或者辩护人发言或者发表辩护意见，然后由对方当事人及其代理人或辩护人发言或者发表辩护意见。

公诉人、当事人和辩护人、诉讼代理人经审判长许可，可以互相辩论。

六、再审案件的处理

再审案件经过重新审理后，应当按照下列情形分别处理：

1. 原判决、裁定认定事实和适用法律正确、量刑适当的，应当裁定驳回申诉或者抗诉，维持原判决、裁定；

2. 原判决、裁定定罪准确、量刑适当，但在认定事实、适用法律等方面有瑕疵的，应当裁定纠正并维持原判决、裁定；

3. 原判决、裁定认定事实没有错误，但适用法律错误，或者量刑不当的，应当撤销原判决、裁定，依法改判；

4. 依照第二审程序审理的案件，原判决、裁定事实不清或者证据不足的，可以在查清事实后改判，也可以裁定撤销原判，发回原审人民法院重新审判。

5. 原判决、裁定事实不清或者证据不足，经审理事实已经查清的，应当根据查清的事实依法裁判；事实仍无法查清，证据不足，不能认定被告人有罪的，应当撤销原判决、裁定，判决宣告被告人无罪。

原判决、裁定认定被告人姓名等身份信息有误，但认定事实和适用法律正确、量刑适当的，作出生效判决、裁定的人民法院可以通过裁定对有关信息予以更正。

七、再审裁判的处理

再审人民法院作出裁判后，当庭宣告判决的，应当在 5 日内将裁判文书送达当事人、法定代理人、诉讼代理人、提出抗诉的人民检察院、辩护人和原审被告人的近亲属；定期宣告判决的，应当在判决宣告后立即将裁判文书送达当事人、法定代理人、诉讼代理人、提出抗诉的人民检察院、辩护人和原审被告人的近亲属。

对再审改判宣告无罪并依法享有申请国家赔偿权利的当事人，人民法院宣判时，应当告知其在判决发生法律效力后可以依法申请国家赔偿。

如果原来是第一审案件，所作的判决、裁定，可以上诉、抗诉。如果原来是第二审案件，所作的判决、裁定，是终审的判决、裁定。

八、再审中强制措施的决定

人民法院决定再审的案件，需要对被告人采取强制措施的，由人民法院依法决定；人民检察院提出抗诉的再审案件，需要对被告人采取强制措施的，由人民检察院依法决定。

这是《刑事诉讼法》第 251 条明确规定的条款，而且是 2012 年修改后新增的条款，明确了在再审案件中强制措施的决定权，除人民检察院抗诉的案件以外，人民法院对于被告人可能经再审改判无罪，或者可能经再审减轻原判刑罚而致刑期届满的，人民法院可以决定中止原判决、裁定的执行，必要时可以对被告人采取取保候审、监视居住措施。

九、再审的审理期限

人民法院按照审判监督程序重新审判的案件，应当在作出提审、再审决定之日起 3 个月以内审结，需要延长期限的，不得超过 6 个月。

接受抗诉的人民法院按照审判监督程序审判抗诉的案件，审理期限适用前款规定；对需要指令下级人民法院再审的，应当自接受抗诉之日起一个月以内作出决定，下级人民法院审理案件的期限适用前款规定。

再审程序启动后，律师应当督促法院及时对案件进行处理，在审理期限内完成审判。

附：本节相关法律规范性文件

1. 法律

《中华人民共和国刑事诉讼法》（2018年修正）（2018年10月26日施行）第255～258条

2. 规范性文件

最高人民法院《关于适用〈中华人民共和国刑事诉讼法〉的解释》（2021年3月1日施行）第469～474条

最高人民法院《关于刑事再审案件开庭审理程序的具体规定（试行）》（2002年1月1日施行）第4～6条

《律师办理刑事案件规范》（2017年8月27日施行）第240条

练习与测试

1. 审判监督程序有哪些启动方式？
2. 律师如何代申诉人提起申诉？
3. 如何制作申诉状？
4. 律师参与再审案件的开庭审理应当注意哪些事项？

第九章

代理律师实务

本章要点

本书在第三章至第七章中主要介绍律师参与侦查、审查起诉、第一审、第二审和死刑复核程序的辩护实务，第八章审判监督程序中既有律师参与再审的辩护实务，也有代理申诉的代理实务。本章主要学习律师参与公诉案件被害人的代理、刑事自诉案件的代理以及刑事附带民事诉讼的代理案件中的工作内容和具体实务操作。

第一节　担任公诉案件被害人的诉讼代理人

一、办理委托手续

（一）委托的主体

委托是律师介入公诉案件，代理被害人的前提，在实务中，聘请律师的人包括被害人本人、被害人的监护人或者近亲属、被害人所在的单位或者单位的人员，还有可能是被害人的朋友或者有其他关系的人员。由于法律对委托人的范围有限制性规定，因此上述人员不一定能够作为签署委托书的委托人。

根据《刑事诉讼法》第 46 条及其他相关法律规定，对于公诉案件，有权委托律师作为被害人一方的诉讼代理人的有两类人员，一是被害人本人，二是被害人的法定代理人或者近亲属。第一类主要发生在被害人尚未死亡或者具有诉讼行为能力的案件中，第二类则主要发生在被害人死亡或者已经丧失诉讼行为能力的案件中。其中，法定代理人是指被代理人的父母、养父母、监护人和负有保护责任的机关、团体的代表；近亲属是指夫、妻、父、母、子、女、同胞兄弟姊妹。

基于上述规定，承办案件的国家机关在接受诉讼代理人递交的委托手续时，一般还须审查该委托人与被害人之间的关系，如身份证、结婚证、户口簿等能够证明他们之间关系的证件。因此，律师在接受委托时，可以要求委托人提供这些证件的复印件。

（二）委托的时间

《刑事诉讼法》第 46 条规定："公诉案件的被害人及其法定代理人或者近亲属……自案件移送审查起诉之日起，有权委托诉讼代理人。"由此可见，案件在尚未移送审查起诉之前，公诉案件的被害人及其法定代理人或者近亲属是无权委托诉讼代理人参与侦查活动的，如侦查阶段。因此，律师在接受委托时，应当注意了解案件的进展情况。

而且，根据《人民检察院刑事诉讼规则》第 55 条的规定，人民检察院自收到移送起诉案卷材料之日起3日内，也应当告知被害人及其法定代理人或者其近亲属有权委托诉讼代理人。告知可以采取口头或者书面方式，口头告知的，应当制作笔录，由被告知人签名；书面告知的，应当将送达回执入卷；无法告知的，应当记录在案。被害人有法定代理人的，应当告知其法定代理人；没有法定代理人的，应当告知其近亲属。法定代理人或者近亲属为二人以上的，可以只告知其中一人，按照法定顺序择先进行，如法定代理人按照被代理人的父母、养父母、监护人和负有保护责任的机关、团体的代表的顺序，近亲属按照夫、妻、父、母、子、女、同胞兄弟姊妹的顺序。

（三）委托的手续

办理代理的委托手续与办理辩护的委托手续大体相同：一是了解案件情况，达成委托意向；二是签署委托协议；三是让委托人签署委托书，最好在签字处加按手印；四是复印能够证明委托人与被害人关系的证件，如身份证、结婚证、户口簿等；五是律师事务所收取律师费。但这里的委托协议和委托书的内容与辩护实务中的内容有所不同。

除了称谓的不同之处，最大的区别在于委托人与代理律师签署委托协议和委托书时，应当确定委托律师的代理权限，如委托人是否授权代理律师参与刑事和解、达成和解协议、签署、接收、转达法律文书、发表代理意见等等。上述两个文书有专门的格式，分别是律师刑事诉讼格式文书十、十一，格式分别如下：

1. 律师刑事诉讼格式文书十

刑事案件代理委托协议　　　　编号：

委托人与律师事务所达成如下协议：

一、律师事务所指派________律师为________案________的诉讼代理人。

二、委托律师代理权限：________________________________。

三、根据《律师业务收费办法》的规定，委托人向________律师事务所缴纳律师费________元。

四、本委托协议有效期自双方签订之日起至______止。

五、本委托协议如需变更，另行协商。

委托人：　　　　　　　　　　　　　受托方：

（律师事务所章）

年　月　日

注：本协议书一式二份，委托人、律师事务所各持一份，用于刑事公诉、刑事自诉、刑事附带民事案件。

2. 律师刑事诉讼格式文书十一

委托书
委托人________根据法律的规定，特聘请________律师事务所律师为________案件的诉讼代理人。
委托律师代理权限：______________________________。
本委托书有效期自即日起至______止。
委托人：
年　月　日

（四）委托后的工作

在办理完必要的委托手续后，受委托的律师还应当与委托人及相关人员进行充分的交流，进一步了解必要的信息，为下一步的工作做准备。交流的内容包括但不限于以下几项：

1. 被害人的基本情况。如年龄、精神和身体健康状况，伤亡情况，财产受损情况，被害人有无过错，等等。

2. 犯罪嫌疑人或者被告人的情况。如是否被采取强制措施及采取了何种强制措施，涉嫌何种罪名，犯罪后的态度和悔罪表现如何，以及对被害人的赔偿和补救情况，等等。

3. 案件的承办情况。如案件由哪个机关办理，案件进展到了哪个阶段，具体承办人是谁，有无联系方式，司法机关对本案的态度，等等。

当然，这并不表示律师必须要求委托人提供以上全部信息，而是希望律师能够尽量对案情及进展做些前期的了解，以节约时间，提高效率，从而尽快展开工作。当然，律师还应当在联系到被害人或者承办机关后对上述情况进行核实，避免偏听偏信。

二、递交委托手续

律师在接受委托后，应当及时联系承办案件的人民检察院或者人民法院，并递交相关委托手续，主要包括律师执业证书、律师事务所证明和委托书。

在实务中，承办案件的司法机关一般要求查验委托律师的律师执业证书、律师事务所证明和委托书，上述证件只能是原件，而不能是复印件。也可将律师执业证书的复印件交司法机关留存，但律师事务所证明和委托书递交的必须是原件。需要注意的是，这里的律师事务所证明与辩护实务中的律师事务所证明的内容是不同的，使用的是律师刑事诉讼格式文书，具体格式如下：

律师刑事诉讼格式文书三

<table><tr><td>

律师事务所函

[　　]第　号

________________：

本所接受________的委托，指派________律师担任你院办理的________案件________的诉讼代理人。

特此函告。

律师联系方式：________

（律师事务所章）

年　月　日

附：委托书一份。

</td></tr></table>

三、会见被害人

在有被害人、且被害人尚未死亡或者尚未丧失诉讼行为能力的公诉案件中，由于被害人亲身经历了整个犯罪过程，对于案件有着直观的了解，因而代理律师应当及时会见被害人，就案件情况与其进行交流，了解被害人对案件的态度和意见，以便根据事实和法律，维护被害人的诉讼权利和合法权益。当然，律师分析案件情况时，不应只以被害人的陈述为准，还需结合其他证据，尤其是其他实物证据，防止因偏听偏信而无法对案件形成客观、真实、全面的认识。

相对于犯罪嫌疑人和被告人，被害人的人身比较自由，代理律师会见被害人相对容易。但由于被害人的身体、物质和精神可能因犯罪行为而受到创伤，代理律师在会见时应当根据被害人的具体情况，采取恰当的方式。此外，被害人的陈述属于证据种类之一，因此代理律师在会见时不得威胁、引诱被害人作伪证以及进行其他干扰司法机关诉讼活动的行为。

（一）会见的时间和地点

由于被害人的人身自由没有受到限制和剥夺，刑事诉讼法中对代理律师会见被害人也没有作出限制性规定，律师可以在任何时间、地点会见被害人。为了规范律师操作以及避免不必要的执业风险，代理律师最好选择在律师事务所会见被害人，必要时可以做好笔录和录音、录像，笔录须由被害人亲笔签字或者按手印。但是，代理律师也应当充分考虑被害人实际的身体和精神状况，尽量选择方便被害人行动和有利于被害人放松的时间和地点。如被害人尚在医院接受治疗的，可以前往其所在的医院并且在医院可以探视的时间内进行会见；如被害人是未成年人，则应当尽量选择在被害人家里进行会见，并且其法定代理人最好在场；如果被害人是因单位的职务行为遭受损失的，也可以选择到被害人单位进行会见。

（二）会见交流的内容

代理律师在与被害人交流的过程中，应当注意将被害人的陈述与案卷材料相结合。首先，将被害人的陈述与案卷材料进行比对，对于其中不一致的内容要询问原因。其次，要审查案卷材料中是否存在被疏忽、遗漏的内容，如果存在，应及时请求司法机关进行调查核实并予以补充。再次，应当询问被害人对犯罪嫌疑人、被告人涉嫌的罪名以及量刑方面的意见，是否谅解其犯罪行为。最后，应结合具体情况与被害人确定代理意见，包括定性与量刑建议等内容。除此之外，代理律师会见被害人时，亦应当就案件的事实、证据、程序、法律适用等问题与被害人沟通，向被害人说明案件情况，解答被害人的提问和咨询。

（三）会见交流的方法

代理律师会见被害人应当注意交流和沟通的方法，应当尽量考虑到被害人因犯罪行为所受到的伤害或者损失，心理上可能较不稳定，在陈述事实时可能带有个人情绪。因此，代理律师应当尽量避免使用刺激性语言，注意安抚被害人的情绪。对于特殊案件中的受害者，代理律师不仅要通过会见了解案情，还要尽量对被害人进行人文关怀。对于涉及隐私的案件，代理律师应当注意保密。

案例分析

甲律师接受了被害人父亲的委托，作为故意伤害案件中的被害人的代理律师。在会见与了解情况的过程中，甲律师对于案发时的情形产生了怀疑，询问被害人案发时的具体情况。被害人向代理律师陈述了当时的情形，说犯罪嫌疑人突如其来，持凶器将其砍伤，自己无力抵抗，而后犯罪嫌疑人弃械逃跑。甲律师没等被害人陈述完毕，便追问道："犯罪嫌疑人为什么要突然砍你？你和他之间有什么仇恨和过节？你之前是不是做错了什么事情？而且你看见他拿凶器冲过来你怎么不跑，正常人都会跑啊！"甲律师的话一说出，被害人非常生气，认为甲律师的言语冒犯了自己，告诉其父亲坚决不要甲律师做他的代理律师。被害人的父亲也认为其儿子不但受到了犯罪嫌疑人的伤害，还受到了律师的二次伤害，遂解除了与甲律师之间的委托。

在本案中，甲律师在与被害人的沟通中出现了问题，导致被解除委托。甲律师的本意虽然是想向被害人了解犯罪的起因和案发时的经过，但由于没有考虑到被害人的心理和情绪，没有采用合理的方式、方法，结果不但没能使被害人说明情况，反而让被害人产生抵触心理。

四、查阅案卷材料

根据最高人民检察院《人民检察院刑事诉讼规则》和最高人民法院《关于适用〈中华

人民共和国刑事诉讼法〉的解释》的规定，律师担任诉讼代理人与律师担任辩护人一样，同样有权查阅、摘抄、复制本案的案卷材料，不同的是，诉讼代理人的阅卷必须经过人民检察院、人民法院的许可。因此，代理律师在每个诉讼阶段开始后，应当及时向有关司法机关提出阅卷申请，说明查阅案卷材料对维护被害人诉讼权利和其他合法权益的重要意义，争取司法机关许可自己查阅相关案卷材料。

在取得人民检察院、人民法院许可的情况下，诉讼代理人阅卷的范围、内容、方式以及应当遵循的规则和流程以及注意事项与辩护人阅卷几乎相同，可以参照第四章、第五章、第六章中的查阅案卷材料中的工作内容进行，在此不再赘述。

五、收集调取证据

在公诉案件中，调查案件事实、搜集相关证据的责任由司法机关承担。我国刑事诉讼法没有像对待辩护律师一样，明确规定代理律师的调查取证的权利，只在《人民检察院刑事诉讼规则》第57条和最高人民法院《关于适用〈中华人民共和国刑事诉讼法〉的解释》第64条规定：律师担任诉讼代理人的，需要收集、调取与本案有关的证据材料的，可以申请人民检察院或者人民法院收集、调取。但这并不意味着代理律师只享有申请调查取证的权利，从《律师办理刑事案件规范》来看，律师担任诉讼代理人的，仍然享有自行调查取证的权利。

因此，代理律师应当根据案件的具体情况，认为需要收集、调取与本案有关的证据材料的，既可以申请调查取证，也可以自行调查取证。具体的操作实务和工作流程以及需要注意的事项，与辩护律师的调查取证大体相同，可以参照第四章中的“收集调取证据”一节的内容学习掌握。

六、做好庭审准备

代理律师与辩护律师在庭前需要做的准备工作大体相同，但是由于维护合法权益的对象不同，因此工作侧重点也不同。

（一）确定开庭日期

人民法院确定开庭日期后，也应当将开庭的时间、地点传唤被害人、通知诉讼代理人，传票和通知书至迟在开庭3日以前送达。如果公诉案件被害人和代理律师收到开庭通知时距开庭日期已经不满3日，则代理律师有权提出异议，要求法院更改开庭日期。法庭已决定开庭审理但是不通知被害人及其代理律师出庭的，代理律师有权要求法院依法通知，保证被害人及其代理律师出庭。代理律师接到开庭通知书后应按时出庭，如因客观原因不能出庭的，应及时与法院联系，申请延期开庭。律师申请延期开庭，未获批准，又确实不能出庭的，应与委托人协商，妥善解决。

（二）确定开庭方式

代理律师应在开庭前向人民法院了解该案件是开庭审理还是不开庭审理，如果是开庭审理的，应当继续了解是否公开开庭审理。如果案件涉及被害人的隐私，代理律师可以要求人民法院不公开审理。

（三）提交证据和申请

根据最高人民法院《关于适用〈中华人民共和国刑事诉讼法〉的解释》第 221 条的规定，诉讼代理人应当在开庭 5 日前提供证人、鉴定人名单，以及拟当庭出示的证据。如果需要申请证人、鉴定人、有专门知识的人出庭的，应当列明有关人员的姓名、性别、年龄、职业、住所、联系方式。

由此可见，代理律师如果要当庭出示证据的，应当在开庭 5 日前提供；如果要申请证人、鉴定人、有专门知识的人出庭的，也应当在开庭 5 日前递交相关申请，并提供证人、鉴定人名单并列明拟出庭的证人、鉴定人、有专门知识的人的姓名、性别、年龄、职业、住所、联系方式。相关的格式文书，之前介绍过，不再赘述。

（四）拟定庭审提纲

不论是一审程序还是二审程序，不论是发回重审，还是再审审理，只要开庭审理的，作为担任诉讼代理人的律师，在庭前都应当拟定庭审提纲，内容一般包括发问提纲、举证提纲以及质证提纲。根据案件的情况和代理思路，进一步确定需要向谁发问、发问的内容和发问的方式，确定需要出示哪些证据、证据的来源和证明目的，确定对哪些证据提出异议、质证的理由。只有做好充分的庭前准备，才能保障庭审的顺利进行，完成代理目标。

（五）参加庭前会议

刑事诉讼法规定，在开庭以前，审判人员可以召集公诉人、当事人和辩护人、诉讼代理人，对回避、出庭证人名单、非法证据排除等与审判相关的问题，了解情况，听取意见。根据案件情况，审判人员也可以通知被告人参加。因此，在正式开庭前，代理律师还可能要参加审判人员召开的庭前会议。参加的具体方式与辩护律师相同，可参照第五章的“参加庭前会议”的内容学习。

七、参加法庭审理

参加法庭审理是公诉案件进入审判程序后诉讼代理人的一项重要工作，每个审判阶段的庭审过程此前在辩护实务中已经有所介绍，在此不再赘述。

根据《律师办理刑事案件规范》，在法庭审理过程中，代理律师应当依法指导、协助、代理委托人行使诉讼权利，完成下列诉讼活动：

（一）陈述案件事实

被害人陈述，是被害人基于自己对案件具体情况的了解，就案件事实如实地向法庭所作的陈述。对案件定罪量刑有重要影响的细节，代理律师可以通过发问或者其他方式协助被害人回忆、叙述清楚，比如：案件发生的时间、地点、案发时的环境、被害人的生理特征、被告人的生理特征、被告人如何实施的犯罪行为、被害人有无反抗、被告人事后进行了施救还是逃跑，等等。代理律师协助被害人进行陈述应当注意不能放任或者引诱被害人夸大其词，虚构事实。

（二）发问

在庭审过程中，被害人及其法定代理人、诉讼代理人经审判长许可，可以向被告人、证人、鉴定人发问。发问可以由被害人及其法定代理人进行，也可以由代理律师进行，还可以由被害人及其法定代理人发问后，代理律师进行补充。发问时应围绕案件事实，不得引诱也不得威胁，尤其是对被告人的发问，应当尽量帮助被害人控制情绪，以保障庭审的顺利进行。在发问的过程中，代理律师应当注意的是，被告人或者其辩护人向被害人发问是否使用了威胁性、诱导性方式或者其发问内容与本案无关，当出现这种情况的时候，代理律师应当提出异议，及时申请审判长制止。

（三）质证

不论是对于公诉人还是检察员出示、宣读的证据，还是对被告人、辩护人出示、宣读的证据，被害人及其法定代理人、诉讼代理人均有权对各项证据发表质证意见，但发表的意见应当紧紧围绕代理意见进行，配合检察机关依法行使控诉职能。当代理意见与公诉意见不一致的情况下，要从维护被害人的合法权益出发，对证据发表独立的质证意见。

（四）举证

在庭审过程中，被害人及其法定代理人、诉讼代理人可以提请审判长通知证人、鉴定人出庭作证，或者出示、宣读有关证据，但应当说明证据的名称、来源和拟证明的事实。法庭认为必要的，应当准许；对方提出异议，认为有关证据与案件无关或者明显重复、不必要，法庭经审查异议成立的，可以不予准许。此外，在法庭审理过程中，被害人及其法定代理人、诉讼代理人还有权申请通知新的证人到庭，调取新的证据，申请重新鉴定或者勘验；遇到法定情形，还可以申请延期审理。因此，代理律师在举证前应当对证据进行充分的评估和考量，看手中掌握的证据是否能够在庭审过程中出示，对于新的证人和新的证据，应当提前做好准备。

（五）辩论

在法庭辩论阶段，代理律师应与公诉人、检察员互相配合，依法行使控诉职能，与被告人及其辩护人展开辩论。但如果代理意见与公诉意见不一致的，如重罪定性为轻罪，或者量刑建议过轻的，代理律师还应当从维护被害人的合法权益出发，独立发表代理意见，并可与公诉人展开辩论。

八、递交代理意见

案件不论是在审查起诉阶段还是审判阶段，律师接受委托担任诉讼代理人的，都应当向承办案件的人民检察院和人民法院反映、交流代理意见，必要时，还应当递交书面的法律意见书，充分阐明和论述自己的代理意见，以维护被害人的诉讼权利和其他合法权益。

与其他法律文书相比，法律意见书的写法比较灵活，但其制作仍有较为固定的格式，一般也是分为首部、正文和尾部三个部分。

1. 首部，即前言。在该部分中，代理律师应当写明委托人和代理律师的基本情况以及双方建立委托关系的事实。同时还应当写明案件的性质，简要说明代理律师已经进行的活动情况，然后提出对本案的基本看法和法律意见，以进入正文部分。

当然，有的法律意见书的首部先不提对本案的基本看法，而列明“对本案发表如下几点意见，供法庭参考”，这也是可以的。

2. 正文，即代理意见，是整个法律意见书的核心部分。在此部分中，代理律师应当根据案件的具体情况，抓住争执焦点，明确地提出代理意见，围绕观点从多角度、多侧面展开论证。

首先，律师应当结合自己通过查阅案卷、调查取证等方式了解到的案件情况，理清案件中的事实和证据。其次，结合法律的规定，层层论证犯罪嫌疑人、被告人的行为性质，分析其行为是否构成犯罪以及构成何种犯罪。对于检察机关定性错误的公诉意见和被告人及辩护人无罪或者改变定性的辩解意见，可以进行反驳并论述理由。再次，结合被害人的受害状况和案卷所反映出的情况，向法庭陈述被告人的行为给被害人带来的损害后果，提出量刑建议，也可以反驳公诉意见和辩护意见中不当的量刑建议。最后，对刑事诉讼活动中存在的程序性违法现象还要予以总结和明示，如阻碍被害人及其法定代理人、诉讼代理人依法行使诉讼权利等行为。

3. 尾部，即结语，是对法律意见的归纳和总结。在尾部中，代理律师要根据事实和法律总结正文部分的法律意见，对案件的定性和量刑提出明确的要求，以维护被害人的诉讼权利和其他合法权益。结束语要言简意赅，观点明确，给人以明晰的印象，并且要与正文部分的论述相一致。

九、庭审后的工作

庭审之后，代理律师应当及时与被害人及其法定代理人、近亲属进行沟通，告知庭审情况。如果被害人及其法定代理人在收到一审判决之后，认为对于被告人量刑畸轻或者因为其他理由而不服一审判决的，代理律师可协助或者接受委托代理，在其收到判决书后5日内，请求人民检察院抗诉。

若公诉案件一审审结，被害人及其法定代理人认同法院判决，被告人也认罪伏法没有提起上诉，检察院也没有提起抗诉，则此一审判决生效，整个代理活动结束。若公诉案件进入二审程序，律师的代理工作参照前文关于一审的相关要求办理。

附：本节相关法律规范性文件

1. 法律

《中华人民共和国刑事诉讼法》（2018年修正）（2018年10月26日施行）第39条、第43条、第46条

2. 规范性文件

最高人民法院《关于适用〈中华人民共和国刑事诉讼法〉的解释》（2021年3月1日施行）第64～66条、第221条

最高人民检察院《人民检察院刑事诉讼规则》（2019年12月30日施行）第55条、第157条、第158条

《律师办理刑事案件规范》（2017年8月27日施行）第136～146条

最高人民法院、最高人民检察院、公安部、国家安全部、司法部、全国人大常委会法制工作委员会《关于实施刑事诉讼法若干问题的规定》第29条、第30条

第二节 担任自诉案件当事人的诉讼代理人

一、委托前的审查

律师可以接受自诉人及其法定代理人的委托，担任其诉讼代理人。但在接受委托前，应当根据委托人介绍的情况，分析案件性质，审查案件是否属于刑事诉讼法规定的自诉案件的范围。根据我国刑事诉讼法和相关司法解释的规定，刑事自诉案件的范围包括以下三类：

1. 告诉才处理的案件，包括侵占罪、诽谤罪、侮辱罪、虐待罪、暴力干涉婚姻自由罪。

2. 被害人有证据证明的轻微刑事案件。

3. 被害人有证据证明对被告人侵犯自己人身、财产权利的行为应当依法追究刑事责任，而公安机关或者人民检察院不予追究被告人刑事责任的案件。

如果咨询委托的案件是不属于以上三类范围的公诉案件，那么律师可以告知委托人向有关机关报案，请求立案处理。在这种情况下，律师可以担任公诉案件中被害人的诉讼代

理人为其提供法律服务。如果案件性质极其轻微，不能构成犯罪，律师可以建议委托人通过民事诉讼的途径提起诉讼，要求被告人赔偿委托人所受损失。

二、办理委托手续

（一）委托的主体

自诉案件的自诉人及其法定代理人有权随时委托诉讼代理人，人民法院自受理自诉案件之日起 3 日以内，应当告知自诉人及其法定代理人有权委托诉讼代理人。委托的主体主要包括以下两类：

1. 被害人。在法律规定的自诉案件范围内，遭受犯罪行为直接侵害的被害人有权自己向人民法院提起自诉，也有权委托诉讼代理人向人民法院提起自诉。

2. 被害人的法定代理人、近亲属。如果被害人死亡、丧失行为能力或者因受强制、威吓等无法告诉，或者是限制行为能力人以及因年老、患病、盲、聋、哑等不能亲自告诉的，其法定代理人、近亲属有权向人民法院直接提起自诉或者代为提起自诉。在这种情况下，上述法定代理人、近亲属也有权委托诉讼代理人。

如果是被害人的法定代理人或者近亲属提起自诉或者代为提起自诉的，律师应当要求提供其与被害人关系的证明和被害人不能亲自告诉的原因的证明，如被害人系未成年人的证明，无行为能力或限制行为能力的证明，盲、聋、哑或者患病的证明等，为代理律师向法院提起自诉做好准备。

（二）委托的时间

自诉案件的自诉人及其法定代理人有权随时委托诉讼代理人，换句话说，委托人既可以在人民法院受理案件之前就委托诉讼代理人，委托律师调查取证、制作自诉状并向人民法院起诉，也可以在人民法院受理案件之后委托诉讼代理人，代理参加自诉案件的审理。法律对于律师担任自诉案件当事人的诉讼代理人没有时间上的限制。

（三）委托的手续

自诉案件中自诉人的诉讼代理人的委托手续与公诉案件中被害人的诉讼代理人的委托手续大体相同：（1）了解案件情况，达成委托意向；（2）签署委托协议；（3）委托人签署委托书；（4）要求提供能够证明委托人与被害人关系的证件并留存记录，如留下身份证、结婚证、户口簿的复印件；（5）要求委托人缴纳律师费。这里的委托协议和委托书所使用的格式文书与公诉案件中被害人委托诉讼代理人所使用的文书是完全相同的，不再赘述。

需要特别注意的是，自诉案件中的委托人与代理律师签署委托协议和委托书时，也应当确定委托律师的代理权限，特别是要明确委托人是否授权律师代为行使撤回自诉、参与和解、调解、应对反诉等诉讼权利。

（四）委托后的工作

在办理完必要的委托手续后，受委托的律师还应当与委托人及相关人员进行充分的交流，进一步了解必要的信息，为下一步的工作做准备。

1. 自诉人的基本情况。如年龄，精神和身体健康状况，伤亡情况，财产受损情况，自诉人有无过错，等等。

2. 被告人的情况。如被告人什么时间实施了什么行为，可能涉嫌什么罪名，目前的自然情况如何，是否存在死亡或者下落不明的状况，犯罪后的态度和悔罪表现，赔偿和补救的情况，等等。

3. 自诉人的诉讼请求。如自诉人要求追究被告人什么刑事责任，有无具体的诉讼请求，等等。

4. 自诉人现有的证据材料。如自诉人现在有哪些证据证明被告人实施了犯罪行为，还可以从哪些途径或者地方获取到更多的证据材料，律师调查取证可以从哪些角度入手，等等。

三、了解案件情况

代理律师在接受委托后，除了向委托人了解案件情况外，还应当通过会见被害人、查阅相关证据、调查收集证据等方法进一步了解案件情况。

（一）会见被害人

在司法实践中，委托人可能是被害人本人，也可能是被害人的法定代理人或近亲属，后者由于不是案件的亲身经历者，对案件肯定不如被害人本人了解的清楚、深刻、准确，因此代理律师在确定了委托关系之后，应当尽量会见被害人本人，了解案件发生的起因、经过和其他与本案有关的事项。只有在被害人确因客观原因不能亲自告诉的情况下，才由其法定代理人或近亲属代替。

会见的时间、地点、谈话的内容和方法与会见公诉案件被害人相同，在此不再赘述。

（二）查阅收集证据

代理律师在接受委托后，应当认真查阅自诉人提交的证据及材料，看是否能够证明被告人的犯罪事实，如果发现证据不足还需要调查、收集的，应当根据自诉人提供的线索，展开必要的调查取证工作，如可以调取证人证言，收集物证、书证和视听资料、电子数据，对伤情、损失等情况委托鉴定等。代理律师通过查阅和收集证据来进一步了解案件情况，进而形成代理思路，为提起自诉做足准备工作。

四、制作自诉状

自诉人提起自诉，应当向人民法院提交刑事自诉状。因此，制作刑事自诉状就成为代理律师在向法院立案之前的一项非常重要的工作。按照最高人民法院《关于适用〈中华人民共和国刑事诉讼法〉的解释》第319条的规定，自诉状应当包括以下内容：

（1）自诉人（代为告诉人）、被告人的姓名、性别、年龄、民族、出生地、文化程度、职业、工作单位、住址、联系方式；

（2）被告人实施犯罪的时间、地点、手段、情节和危害后果等；

（3）具体的诉讼请求；

（4）致送的人民法院和具状时间；

（5）证据的名称、来源等；

（6）证人的姓名、住址、联系方式等。

对两名以上被告人提出告诉的，还应当按照被告人的人数提供自诉状副本。

格式如下：

刑事自诉状

自诉人：姓名、性别、年龄、民族、出生地、文化程度、职业、工作单位、住址、联系方式

诉讼代理人：姓名，××律师事务所律师

被告人：姓名、性别、年龄、民族、出生地、文化程度、职业、工作单位、住址、联系方式

案由和诉讼请求

____

____

____

事实与理由

____

____

____

证据及证据来源

____

____

____

此致

________人民法院

自诉人：________

年　月　日

五、进行自诉立案

（一）确定管辖法院

代理律师代自诉人向人民法院提出自诉，首先应当选择并确定有管辖权的法院，因为人民法院受理自诉案件的首要条件就是该案属于本院管辖。

根据相关规定，刑事自诉案件由犯罪地的基层人民法院审判，如果由被告人居住地的基层人民法院审判更为适宜的，也可由被告人居住地的人民法院审判。几个法院都有管辖权的，由最先受理的人民法院审判。如果自诉人、被告人一方或双方是外国人的，则由犯罪地的中级人民法院审判。

因此，代理律师应当根据了解到的案件情况，先判断自诉人和被告人是否具有外国人身份，然后再根据犯罪地和被告人的居住地，确定级别管辖和地域管辖，最后选择向最适宜的有管辖权的人民法院提交立案申请。

（二）递交立案材料

代理律师选择好具有管辖权的人民法院后，则应当携带以下材料和文件前往人民法院进行立案：

1. 律师执业证；
2. 律师事务所证明；
3. 委托书；
4. 刑事自诉状，还要按照被告人的人数提供自诉状副本；
5. 自诉人身份证件，如果自诉人不是被害人本人的，则还应当提交与被害人之间的关系证明以及被害人不能亲自告诉的证明；
6. 证据材料及目录。

（三）做好补证工作

对于自诉案件，人民法院应当在15日内审查完毕。经审查，符合受理条件的，应当决定立案，并书面通知自诉人或者代为告诉人；如果经审查认为缺乏证据的，可以要求自诉人补充证据或撤回自诉。因此，代理律师应协助自诉人做好补充证据的工作或与自诉人协商是否撤回自诉。如果不撤回自诉又提不出补充证据的，则可能被人民法院裁定不予受理或者驳回起诉。

（四）进行复议与上诉

1. 人民法院对自诉案件作出不予立案的，律师可以代理自诉人向人民法院申请复议。
2. 人民法院对具有以下情形之一的自诉案件，应当说服自诉人撤回起诉，自诉人不撤回起诉的，裁定不予受理：（1）不属于自诉案件范围的；（2）缺乏罪证的；（3）犯罪已过追诉时效期限的；（4）被告人死亡的；（5）被告人下落不明的；（6）除因证据不足而撤诉的以外，自诉人撤诉后，就同一事实又告诉的；（7）经人民法院调解结案后，自诉人反悔，就同一事实再行告诉的。如果自诉人对人民法院不予受理的裁定不服，可以委托律师提起上诉。律师应当撰写上诉状，写明案件不具有不予受理的情形，或者第一审人民法院的裁定系基于错误的理由，以争取第二审人民法院撤销原裁定，并指令第一审人民法院立案受理。

3. 对已经立案、经审查缺乏罪证的自诉案件，自诉人又提不出补充证据的，人民法院应当说服其撤回起诉或者裁定驳回起诉。如果自诉人对人民法院驳回起诉的裁定不服，也可以委托律师提起上诉。律师应当说明被告人犯罪事实清楚，且有足够证据的理由，争取让第二审人民法院撤销原裁定，同时指令第一审人民法院进行审理。

六、做好庭前准备

人民法院对自诉案件进行审查后，认为犯罪事实清楚，有足够证据，决定开庭审理的，代理律师应做好开庭前准备工作。

（一）申请调查取证

一般来说，自诉案件由自诉人承担举证责任，缺乏罪证的，人民法院裁定不予受理或者驳回起诉。但如果确实因为客观原因不能取得证据，自诉人及其代理律师也可以申请人民法院调取，但应当说明理由，并提供相关线索或者材料，以便人民法院及时调取证据。

（二）同时担任反诉辩护人

在刑事自诉案件法庭审理过程中，如果被告人提起反诉，代理律师可接受自诉人委托，同时担任其反诉辩护人，但应办理相应委托手续。具体辩护实务参照第五章第一节的内容进行。

（三）告知法律规定及纪律

代理律师应向自诉人告知有关自诉案件开庭的法律规定，避免因自诉人拒不到庭或擅自中途退庭导致法院按自动撤诉处理的法律后果。自诉人因故不能出庭的，代理律师应按时出庭履行职责。

七、参加法庭审理

（一）开庭阶段

代理律师在开庭阶段可以确定开庭时间是否符合法律规定，旁听人员是否符合法律规定，并可以申请回避和提出管辖异议，具体操作实务详见第五章第四节“开庭阶段”的内容。

除此之外，对于自诉案件依法可以适用简易程序的，代理律师可以代理自诉人要求人民法院适用简易程序。自诉案件依法不应适用简易程序的，代理律师可以代理自诉人对于法院适用简易程序的决定提出异议。

（二）宣读自诉状

正式开庭时，可以由自诉人宣读刑事自诉状，也可以由代理律师代为宣读。刑事自诉状宣读后，自诉人还可以补充陈述自诉状中未提及的内容，代理律师应当事先帮助其做好准备，使自诉人的陈述简明扼要，突出核心。自诉人的陈述应着重于说明被告人的犯罪行为以及给自己造成的损害，其核心在于控诉被告人的犯罪行为，用证据证明被告人构成犯罪。

（三）参加法庭调查

在法庭调查阶段，自诉人和代理律师应当根据案件情况出示能够证明被告人犯罪事实的证据，包括证人证言、书证、物证、视听资料、电子数据、鉴定意见等法律规定的证据种类，必要时还可以申请证人出庭作证。同时，自诉人和代理律师还应当对被告人及其辩护律师提供的证明被告人无罪或罪轻的证据进行质证。通过举证质证活动，帮助审判组织对案件事实和证据形成客观、全面的认识，进而实现自己的目标。

（四）参加法庭辩论

在法庭辩论阶段，自诉人和代理律师应当与被告人及其辩护人就案件的事实、证据以及法律适用等问题进行辩论。辩论既包括定罪上的辩论，也应当包括量刑上的辩论。在这个阶段，代理律师应协助自诉人充分行使控诉职能，运用证据证明自诉人的指控成立。

（五）参加调解、和解

自诉案件法庭辩论结束后，代理律师可以根据委托人的授权参加法庭调解。在法院宣告判决前，自诉人还可以同被告人自行和解。代理律师要根据案件具体情况和被告人的态度，在维护自诉人合法权益、坚持依法办事的前提下，积极配合法院，根据委托人的授权促成调解或者和解。在调解或和解的过程中，代理律师可以协助自诉人设计方案、提出条件，甚至在明确授权下还可以代为签署调解书或和解协议。

八、庭审后的工作

庭审结束之后，代理律师应当协助自诉人认真审读庭审笔录，如果有遗漏或者错误，可以请求法庭补充、改正，确认无误之后签字。代理律师还应督促人民法院在法定期限内审结案件。自诉案件宣判后，代理律师有权领取判决书、裁定书，应当征求自诉人对审判结果的意见，结合自诉人的态度，就上诉等问题进行交流。如果自诉人对一审判决、裁定不服，可以代理自诉人在上诉期内提出上诉。代理律师办理二审自诉案件，参照本节有关规定进行。

附：本节相关法律规范性文件

1. 法律

《中华人民共和国刑事诉讼法》（2018 年修正）（2018 年 10 月 26 日施行）第 210～213 条、第 227 条、第 229～230 条

2. 规范性文件

最高人民法院《关于适用〈中华人民共和国刑事诉讼法〉的解释》（2021 年 3 月 1 日施行）第 316～334 条、第 378 条、第 380 条

《律师办理刑事案件规范》（2017 年 8 月 27 日施行）第 147～159 条

第三节　担任附带民事诉讼原告人的诉讼代理人

一、委托前的审查

律师接受委托担任附带民事诉讼原告人的诉讼代理人前，应当认真审查以下内容，如果案件本身就不具备提起附带民事诉讼的条件，律师应当评估是否接受代理。

1. 作为提起附带民事诉讼前提的刑事诉讼是否已经提起（不管是公诉案件还是自诉案件，如果案件尚未进入刑事诉讼程序，提起附带民事诉讼就根本无从谈起）；

2. 附带民事诉讼的被告人是否符合法定条件（附带民事诉讼的被告人除刑事被告人外，还包括未被追究刑事责任的其他共同致害人，未成年刑事被告人的监护人，已被执行死刑的罪犯的遗产继承人，审结前已死亡的被告人的遗产继承人，对刑事被告人的犯罪行为依法应当承担民事赔偿责任的单位和个人等）；

3. 被害人的物质损失是否由被告人的犯罪行为所引起（附带民事诉讼的内容只包括被害人因犯罪行为所造成的财产被遗失、损毁的物质损失，不包括精神损失）；

4. 附带民事诉讼提起的时间是否在刑事案件立案之后第一审判决宣告之前（第一审期间未提起附带民事诉讼，在第二审期间提起的，第二审人民法院可以依法进行调解；调解不成的，当事人只能在刑事判决、裁定生效后另行提起民事诉讼）。

二、办理委托手续

（一）委托的主体

根据刑事诉讼法的规定，被害人由于被告人的犯罪行为而遭受物质损失的，在刑事诉讼过程中，有权提起附带民事诉讼。被害人死亡或者丧失行为能力的，被害人的法定代理人、近亲属有权提起附带民事诉讼。

不管是被害人本人还是被害人的法定代理人、近亲属，他们作为附带民事诉讼的原告人，依法有权委托律师作为诉讼代理人。

（二）委托的时间

附带民事诉讼应当在刑事立案后就及时提出。最早在侦查阶段，被害人及其法定代理人、近亲属就有权提起附带民事诉讼，并提出赔偿要求，侦查机关可以组织双方予以调解。但如果要委托律师作为附带民事诉讼原告人的诉讼代理人，则有时间上的要求：

1. 如果是公诉案件，附带民事诉讼原告人必须等到案件移送审查起诉之日，才有权委托诉讼代理人，其在侦查阶段无权委托诉讼代理人。

2. 如果是自诉案件，附带民事诉讼原告人有权随时委托诉讼代理人。

可见，公诉案件的附带民事诉讼原告人和自诉案件的附带民事诉讼原告人有权委托诉讼代理人的时间是不同的，而且司法机关告知有权委托诉讼代理人的时间也是不同的：如果是公诉案件，人民检察院自收到移送审查起诉的案件材料之日起 3 日内，应当告知附带民事诉讼的当事人及其法定代理人有权委托诉讼代理人；如果是自诉案件，人民法院自受理自诉案件之日起 3 日以内，应当告知附带民事诉讼的当事人及其法定代理人有权委托诉讼代理人。

（三）委托的手续

委托律师担任附带民事诉讼原告人的诉讼代理人的委托手续与之前介绍的委托律师担任公诉案件中被害人的诉讼代理人和自诉案件中自诉人的诉讼代理人的委托手续大体相同：一是了解案件情况，达成委托意向；二是签署委托协议；三是要求委托人签署委托书；四是复印能够证明委托人与附带民事诉讼原告人、被害人之间关系的证件，如身份证、结婚证、户口簿；五是律师事务所收取律师费。这里的委托协议和委托书所使用的格式文书与担任被害人的诉讼代理人的相同，不再赘述。

作为附带民事诉讼原告人的诉讼代理人，律师同样需要得到委托人的授权，确定代理权限，尤其是对于撤诉、和解、调解等权限，应当予以明确。

三、了解案件情况

在办理完必要的委托手续后，受委托的律师还应当与委托人及相关人员进行充分的交流，或者通过查阅证据和调查取证了解案件情况，具体内容包括：

1. 附带民事诉讼原告人的基本情况。如附带民事诉讼原告人是否是被害人，与被害人的关系，被害人的年龄、精神和身体健康状况，物质遭受损失的情况，等等。

2. 附带民事诉讼被告人的情况。是否有明确的附带民事诉讼被告人，附带民事诉讼被告人是否是刑事被告人，是否是共同侵权人，与刑事被告人的关系，要求起诉附带民事诉讼被告人的理由是什么，等等。

3. 请求赔偿的具体要求。如附带民事诉讼原告人要求附带民事诉讼被告人承担什么赔偿责任，具体要求赔偿多少损失，等等。

4. 现有的证据材料。如附带民事诉讼原告人提出诉求有哪些证据，请求赔偿金额的依据有哪些，医疗费、误工费、伙食补助费、丧葬费等有无相关票据，等等。

5. 刑事案件的承办情况。如刑事案件所处的诉讼阶段；刑事案件的案件情况；承办人员的联系方式；等等。

四、提起附带民事诉讼

提起附带民事诉讼是律师担任附带民事诉讼原告人的诉讼代理人的一项非常重要的工作，要注意以下内容：

（一）确保案件属于法院受理的范围

在我国刑事诉讼法中，由于被告人的犯罪行为使得被害人遭受物质损失的，才能提起附带民事诉讼，律师代为提起附带民事诉讼，应当确保案件属于人民法院受理的范围。根据法律的规定，案件具有以下情形的，人民法院不予受理：

1. 被害人因受到犯罪侵害，提起附带民事诉讼或者单独提起民事诉讼要求赔偿精神损失的，人民法院不予受理。

2. 被告人非法占有、处置被害人财产的，应当依法予以追缴或者责令退赔。被害人提起附带民事诉讼的，人民法院不予受理。

3. 国家机关工作人员在行使职权时，侵犯他人人身、财产权利构成犯罪，被害人或者其法定代理人、近亲属提起附带民事诉讼的，人民法院不予受理，但应当告知其可以依法申请国家赔偿。

4. 侦查、审查起诉期间，有权提起附带民事诉讼的人提出赔偿要求，经公安机关、人民检察院调解，当事人双方意见达成协议并全部履行，被害人或其法定代理人、近亲属又提起附带民事诉讼，人民法院不予受理，但有证据证明调解违反自愿、合法原则的除外。

（二）确定附带民事诉讼被告人

委托人委托律师提起附带民事诉讼的，应当提出明确的被告人，律师接受委托后，根据分析的案件情况，也可以协助附带民事诉讼原告人选择被告人。一般说来，为了达到获取赔偿的诉讼目的，应当将依法负有赔偿责任的人列为附带民事诉讼被告人，法律规定不应列为被告人的，就不应列人。

1. 附带民事诉讼中依法负有赔偿责任的人

包括：（1）刑事被告人以及未被追究刑事责任的其他共同侵害人；

（2）刑事被告人的监护人；

（3）死刑罪犯的遗产继承人；

（4）共同犯罪案件中，案件审结前死亡的被告人的遗产继承人；

（5）对被害人的物质损失依法应当承担赔偿责任的其他单位和个人。

需要注意的是，虽然法律规定附带民事诉讼被告人的亲友自愿代为赔偿的，人民法院应当准许。但在司法实践中，即便附带民事诉讼被告人的亲友表示自愿代为赔偿，也不能将其列为附带民事诉讼被告人。

2. 不应列为附带民事诉讼被告人的情形

（1）共同犯罪案件，同案犯在逃的，不应列为附带民事诉讼被告人；

（2）共同犯罪案件，被害人或者其法定代理人、近亲属已经从其他共同犯罪人处获得足额赔偿的，即使逃跑的同案犯到案后，也不得再向其提起附带民事诉讼。

（三）确定诉求及整理收集证据

提出请求赔偿的具体要求，代理律师还应当提供相关的证据予以支持，如果举证不能，可能面临败诉的风险。因此，在确定诉求之前，代理律师应当自行或者指导、协助委托人收集证据，展开调查，申请鉴定。

例如被害人遭受人身损害，要求赔偿其就医治疗支出的各项费用以及因误工减少的收入，包括医疗费、误工费、护理费、交通费、住宿费、住院伙食补助费、必要的营养费的，代理律师应当收集支出各项费用的证据，如医院出具的医疗发票，工作单位出具的扣减工资的证明，护理工所在单位出具的收据或者发票，火车票、飞机票、出租车票、住宿宾馆出具的住宿费的发票，等等。

（四）撰写附带民事起诉状

法律明确规定，提起附带民事诉讼应当提交附带民事起诉状。因此，代理律师接受委托后，应代理委托人撰写附带民事起诉状，基本内容包括：

1. 首部

应当写明附带民事诉讼原告人、附带民事诉讼被告人的自然情况，具体包括姓名、性别、出生日期、民族、出生地、文化程度、职业或者工作单位和职务、住址等。律师担任附带民事诉讼原告人的诉讼代理人的，也可以在附带民事诉讼原告人底下写明代理人的姓名、工作单位和职务。

2. 正文

应当写明具体的诉讼请求、基本的事实与理由以及相关的证据材料。“诉讼请求”，应当写明请求附带民事诉讼被告人赔偿的项目和具体数额；“事实”，应当写明因刑事被告人的犯罪行为给被害人造成实际物质损失的情况。“理由”，应当根据有关法律规定，写明附带民事诉讼被告人承担赔偿责任的事实依据和法律依据。“证据材料”，应当列明证据的名称、种类及来源。

3. 尾部

应当写明所致送人民法院的名称、附带民事诉讼原告人的签名或者盖章、具状时间和附带民事起诉状的份数。

格式如下：

附带民事起诉状

附带民事诉讼原告人：姓名、性别、年龄、民族、出生地、文化程度、职业、工作单位、住址、联系方式

诉讼代理人：姓名，××律师事务所律师

附带民事诉讼被告人：姓名、性别、年龄、民族、出生地、文化程度、职业、工作单位、住址、联系方式

诉讼请求

____

____

____

事实与理由

____

____

____

证据及证据来源

____

____

____

此致

________人民法院

附带民事诉讼原告人：________

年　月　日

附：民事起诉状副本　份

（五）申请法院采取保全措施

1. 在起诉前提出

有权提起附带民事诉讼的人因情况紧急，不立即申请保全将会使其合法权益受到难以弥补的损害的，可以在提起附带民事诉讼前，向被保全财产所在地、被申请人居住地或者对案件有管辖权的人民法院申请采取保全措施。如果代理律师发现具有上述紧急情况，也可以建议或协助委托人申请人民法院采取保全措施，查封、扣押或者冻结被告人的财产。

2. 在起诉时或者起诉后提出

在提起附带民事诉讼时或者在提起附带民事诉讼之后，附带民事诉讼原告人认为因被告人的行为或者其他原因，可能使附带民事判决难以执行的，可以申请人民法院采取保全措施，代理律师也可以建议或协助委托人申请。

不论是在什么时候提出财产保全的申请，代理律师最好都要协助委托人撰写书面的财产保全申请书，递交给相关的人民法院。

范文如下：

财产保全申请书

申请人：姓名、性别、年龄、民族、出生地、文化程度、职业、工作单位、住址、联系方式

诉讼代理人：姓名，××律师事务所律师

被申请人：姓名、性别、年龄、民族、出生地、文化程度、职业、工作单位、住址、联系方式

请求事项：（如：申请对被申请人的下列财产进行查询及保全）

____

____

____

事实和理由：

____

____

____

此致

________人民法院

申请人：________

年　月　日

五、参加附带民事诉讼庭审

根据最高人民法院《关于适用〈中华人民共和国刑事诉讼法〉的解释》的规定，附带民事诉讼应当同刑事案件一并审判，只有为了防止刑事案件审判的过分迟延，才可以在刑事案件审判后，由同一审判组织继续审理附带民事诉讼；同一审判组织的成员确实不能继续参与审判的，可以更换。人民法院审理附带民事诉讼案件，除刑法、刑事诉讼法以及司法解释已有规定的以外，适用民事法律的有关规定。

根据《律师办理刑事案件规范》第169条之规定，代理律师在附带民事诉讼庭审中享有以下权利：

1. 经委托人授权可以对本案合议庭组成人员、书记员、公诉人、鉴定人和翻译人员提出回避申请；

2. 陈述案件事实（审判长宣布法庭调查开始后，应当先由公诉人宣读起诉书，再由附带民事诉讼原告人或者其法定代理人、诉讼代理人宣读附带民事起诉状）；

3. 出示、宣读本方证据；

4. 申请法庭通知本方证人出庭作证；

5. 经审判长许可对被告人、证人、鉴定人发问（附带民事诉讼原告人及其法定代理人、诉讼代理人可以就附带民事部分的事实向被告人、证人、鉴定人发问）；

6. 对对方证据提出异议；

7. 对对方代理人的不当发问提出异议；

8. 发表代理意见。（附带民事部分的辩论应当在刑事部分的辩论结束后进行，先由附带民事诉讼原告人及其诉讼代理人发言，后由附带民事诉讼被告人及其诉讼代理人答辩）。

律师代理参加二审附带民事诉讼的，参照一审程序的相关规定办理。

六、参加附带民事诉讼调解

对于附带民事诉讼案件，公安机关、人民检察院和人民法院都可以根据自愿、合法的原则进行调解，除了在侦查阶段的公诉案件，律师均可在附带民事诉讼原告人的授权下参与调解，如果经调解达成协议的，应当制作调解书。调解书经双方当事人签收后，即发生法律效力，人民法院无须再对附带民事部分作出判决、裁定。调解有利于化解矛盾、促进当事人的团结，有利于及时解决当事人纠纷、平息怨气，有利于节约司法资源、减少诉讼，所以代理律师参与调解也是非常必要的。

1. 侦查期间，有权提起附带民事诉讼的人提出赔偿要求，经公安机关调解，当事人双方已经达成协议并全部履行，当事人又提起附带民事诉讼的，人民法院不予受理。这个期间，附带民事诉讼原告人无权委托律师担任诉讼代理人，只能自己参与调解。

2. 审查起诉期间，有权提起附带民事诉讼的人提出赔偿要求，经人民检察院调解，当事人双方已经达成协议并全部履行，当事人又提起附带民事诉讼的，人民法院不予受理。在此期间，附带民事诉讼原告人有权委托律师担任诉讼代理人，代理律师可以在授权下参与调解。

3. 第一审期间，人民法院审理附带民事诉讼案件，可以进行调解，也可以召开庭前会议进行调解，代理律师可以作为附带民事诉讼原告人的诉讼代理人参与调解。

4. 第二审期间，第一审附带民事诉讼原告人增加独立的诉讼请求或者第一审附带民事诉讼被告人提出反诉的，或者附带民事诉讼原告人在第一审期间未提起附带民事诉讼，在第二审期间提起的，第二审人民法院可以依法进行调解，调解不成的，告知当事人另行起诉。代理律师可以作为附带民事诉讼原告人的诉讼代理人参与调解。

七、对附带民事诉讼部分上诉

庭审结束之后，代理律师应当协助附带民事诉讼的原告人认真审读庭审笔录，如果有遗漏或者错误，可以请求法庭补充、改正，在确认无误之后签字。附带民事诉讼案件宣判以后，代理律师有权领取判决书、裁定书，应当征求附带民事诉讼原告人对审理结果的意见，结合其态度就上诉等问题进行交流。如附带民事诉讼原告人对于一审判决、裁定中附带民事诉讼部分不服的，可以代为提起上诉。附带民事诉讼进入二审程序后，律师可以接受附带民事诉讼原告人的委托，担任二审诉讼代理人。律师代理参加二审附带民事诉讼的，参照一审程序的相关规定办理。

代理律师代为上诉的，应当在上诉期限内提起。对附带民事判决、裁定的上诉期限，应当按照刑事部分的上诉期限确定。附带民事部分另行审判的，上诉期限也应当按照刑事诉讼法规定的期限确定。即不服判决的上诉期限为 10 日，不服裁定的期限为 5 日，从接到判决书、裁定书的第二日起算。

附：本节相关法律规范性文件

1. 法律

《中华人民共和国刑事诉讼法》（2018 年修正）（2018 年 10 月 26 日施行）第 101 条

2. 规范性文件

最高人民法院《关于适用〈中华人民共和国刑事诉讼法〉的解释》（2021 年 3 月 1 日施行）第 175～201 条

《律师办理刑事案件规范》（2017 年 8 月 27 日施行）第 163～172 条

第四节　担任附带民事诉讼被告人的诉讼代理人

一、办理委托手续

（一）委托的主体

根据刑事诉讼法的规定，附带民事诉讼被告人有权委托律师作为诉讼代理人。这里的附带民事诉讼被告人是由附带民事诉讼原告人确定的，可能是应当承担赔偿责任的人，也可能是依法不应当承担赔偿责任的人。只要被附带民事诉讼原告人起诉而成为被告人的，均可以委托律师作为诉讼代理人。

（二）委托的时间

附带民事诉讼可能早在刑事立案后就被提起了，但公诉案件的附带民事诉讼被告人只能在案件移送审查起诉之日起，才有权委托诉讼代理人，其在侦查阶段无权委托诉讼代理人；但对于自诉案件的附带民事诉讼被告人，则有权随时委托诉讼代理人。

（三）委托的手续

委托律师担任附带民事诉讼被告人的诉讼代理人的委托手续与委托律师担任附带民事诉讼原告人的诉讼代理人的委托手续大体相同：一是了解案件情况，达成委托意向；二是签署委托协议；三是让委托人签署委托书；四是复印能够证明委托人与附带民事诉讼被告人之间关系的证件，如身份证、结婚证、户口簿；五是律师事务所收取律师费。这里的委托协议和委托书所使用的格式文书与担任被害人诉讼代理人的相同，不再赘述。

作为附带民事诉讼被告人的诉讼代理人，律师同样需要得到委托人的授权，确定代理权限，尤其是应当明确涉及调解、和解、提起反诉、提起上诉等权限。

二、了解案件情况

在办理完必要的委托手续后，受委托的律师还应当与委托人及相关人员进行充分的交流，或者通过查阅证据和调查取证了解案件情况，具体内容包括：

1. 附带民事诉讼被告人的情况。附带民事诉讼的被告人并不限于刑事诉讼中的被告人，因此代理律师必须了解附带民事诉讼被告人的基本情况，包括但不限于附带民事诉讼被告人与刑事被告人的关系，附带民事诉讼被告人是否实施了侵权行为，犯罪和侵权行为给附带民事诉讼原告人造成什么物质损失，对物质损失应当承担什么责任，是否继承了罪犯或者被告人的遗产，继承了多少遗产，是否拿到了附带民事起诉状，等等。

2. 附带民事诉讼原告人的基本情况。附带民事诉讼的原告人即因犯罪行为而遭受物质损失的人，代理律师应尽量查清他的相关情况，如附带民事诉讼原告人与被害人的关系，被害人目前的精神和身体健康状况，物质遭受损失的实际情况，等等。

3. 请求赔偿的具体要求。如附带民事诉讼原告人要求附带民事诉讼被告人承担什么赔偿责任，具体要求赔偿多少损失，等等。

4. 现有的证据材料。如附带民事诉讼被告人不应承担赔偿责任的证据，已经支付给附带民事诉讼原告人赔偿金的证据，被害人自己应对损失承担责任的证据，等等。

5. 刑事案件的承办情况。如刑事案件所处的诉讼阶段；刑事案件的案件情况；承办人员的联系方式；等等。

三、应对附带民事起诉

律师受委托担任附带民事诉讼被告人的诉讼代理人后，应当积极应对附带民事诉讼原告人提起的附带民事诉讼。

（一）审查案件是否符合起诉条件

我国刑事诉讼法对附带民事诉讼规定了明确的起诉条件，代理律师首先应当审查附带民事诉讼原告人提起的附带民事诉讼是否符合如下起诉条件：

1. 起诉人符合法定条件；
2. 有明确的被告人；
3. 有请求的具体要求和事实、理由；
4. 属于人民法院受理附带民事诉讼的范围。

（二）整理和收集反驳和反诉证据

在附带民事诉讼案件中，当事人对自己提出的主张，有义务提供证据。因此，附带民事诉讼被告人和代理律师如果认为被告人依法不应承担赔偿责任的，应当提供相应证据，例如未实施任何侵权行为、不是刑事被告人的监护人、没有继承死刑罪犯或者已死亡刑事被告人的遗产、对被害人的物质损失无任何过错等相关的证据材料。对委托人已经提交的证据，代理律师应当进行整理和归纳，剔除不能证明反驳观点的证据，将能够证明反驳观点的证据制作证据目录，发现需要收集、调取的证据，可以根据相关线索进行收集、调取。

此外，如果代理律师认为附带民事诉讼原告人的行为造成了附带民事诉讼被告人的物质损失，需要提起反诉的，也要积极收集、调取相关的证据，如遭受物质损失的证据，物质损失系附带民事诉讼原告人造成的证据，物质损失与原告人行为之间具有因果关系的证据，等等。

（三）制作附带民事答辩状

人民法院送达附带民事起诉状副本时，应当根据刑事案件的审理期限，确定被告人及其法定代理人提交附带民事答辩状的时间。作为附带民事诉讼被告人的诉讼代理人，律师应当帮助附带民事诉讼被告人撰写答辩状，并在规定的时间内协助被告人提交。附带民事诉讼答辩状的具体内容包括：

1. 首部

应当写明附带答辩人（即附带民事诉讼被告人）的自然情况，具体包括姓名、性别、出生日期、民族、出生地、文化程度、职业或者工作单位和职务、住址等。同时也要在首部写明本答辩状是就什么案件所提出的答辩意见。

2. 正文

应当写明答辩意见、相关证据材料等。答辩意见要具有针对性，应当列明不承担责任的事实并予以充分的论证，或者指出附带民事诉讼原告人所提出的诉讼请求缺乏事实、证据和法律依据的情况，从而形成系统的答辩意见。

3. 尾部

应当写明所致送人民法院的名称、附带民事诉讼被告人的签名或者盖章和具状时间。

格式如下：

附带民事答辩状

答辩人：姓名、性别、年龄、民族、出生地、文化程度、职业、工作单位、住址、联系方式

因________诉答辩人________刑事附带民事诉讼________一案，答辩人现提出答辩意见如下：

____

____

____

____

____

综上所述，恳请人民法院查清案件事实，以法律为准绳，以事实为依据，依法驳回________对答辩人________的诉请，以维护法律的尊严和答辩人的合法权益。

此致

________人民法院

答辩人：________

年　月　日

四、其他工作

律师担任附带民事诉讼被告人的诉讼代理人，可以进行调查、取证，申请鉴定，参加调解，参加庭审，举证质证，进行辩论，发表代理意见，提起上诉。其诉讼权利与附带民事诉讼原告人的律师相同，不再赘述。

人民法院审理附带民事诉讼案件，除了刑法、刑事诉讼法及刑事司法解释已有规定的以外，还需要适用民事法律的有关规定。因此，附带民事诉讼被告人有权提起反诉，代理律师也可以代为提起反诉，但应当在第一审判决宣告前提出。如果是在第二审程序中才提出的，第二审人民法院可以根据自愿、合法的原则进行调解；调解不成的，只能另行提起民事诉讼。

附：本节相关法律规范性文件

最高人民法院《关于适用〈中华人民共和国刑事诉讼法〉的解释》（2021 年 3 月 1 日施行）第 175～201 条

《律师办理刑事案件规范》（2017 年 8 月 27 日施行）第 173～176 条

练习与测试

1. 律师担任公诉案件被害人的诉讼代理人，如何参加第一审程序审理？

2. 在自诉案件中，律师应当如何帮助自诉人搜集证据材料，履行举证责任？

3. 如果律师受委托担任刑事被告人的辩护人，能否再受委托担任附带民事诉讼被告人的诉讼代理人？如果能，律师应当如何参加法庭审理？

4. 如果附带民事诉讼原告人是人民检察检察院，作为被告人的代理律师，应当如何应对？

第十一章

特别程序的律师实务

第一节　未成年人刑事案件诉讼程序

第二节　当事人和解的公诉案件诉讼程序

第三节　犯罪嫌疑人、被告人逃匿、死亡案件违法所得的没收程序

第四节　依法不负刑事责任的精神病人的强制医疗程序

本章要点

本章主要学习律师在2012年《刑事诉讼法》修改时设立的四个特别程序中的实务操作和工作内容，特别程序包括：未成年人刑事案件诉讼程序，当事人和解的公诉案件诉讼程序，犯罪嫌疑人、被告人逃匿、死亡案件违法所得的没收程序，以及依法不负刑事责任的精神病人的强制医疗程序。

第一节　未成年人刑事案件诉讼程序

随着社会的进步和人权观念逐渐深入人心，被追诉人的权利保障越来越受到社会的关注。由于未成年人在生理、心理等方面与成年人有很大的不同，针对未成年人的诉讼行为也应当注重对未成年人合法权益的保护。我国对犯罪的未成年人实行教育、感化、挽救的方针，坚持教育为主、惩罚为辅的原则，以帮助未成年人重新回归社会和融入社会。在基本方针的指引下，2012年《刑事诉讼法》又专门设置了特别程序，将“未成年人刑事案件诉讼程序”独立成章。

一、未成年人刑事案件诉讼程序的解读

未成年人刑事案件诉讼程序不是一个独立的诉讼程序，而是贯穿于整个刑事诉讼程序始终。从侦查程序到审查起诉程序，再到审判程序，甚至包括再审程序，只要是未成年人刑事案件，都可以适用“未成年人刑事案件诉讼程序”所规定的内容。

在“未成年人刑事案件诉讼程序”一章中，规定了办理未成年人刑事案件应当遵守的特别程序，这些程序的设置更有利于保障未成年人行使其诉讼权利，更有利于保障未成年人得到法律帮助。因此，律师在代理未成年人刑事案件时，要特别注意未成年人刑事案件诉讼程序中的规定，依法保障未成年人的合法权益。

二、律师参与未成年人刑事案件的侦查程序

（一）讯问未成年犯罪嫌疑人

讯问犯罪嫌疑人是侦查机关的一种侦查手段，是收集、调取证明犯罪嫌疑人有罪或者无罪、罪轻或者罪重的证据材料的手段之一，我国《刑事诉讼法》第二编第二章对讯问的主体、讯问的时间和地点、讯问的程序、讯问的要求、讯问笔录的制作以及讯问的录音录像，都作了详细的规定。但在讯问未成年犯罪嫌疑人时，除了遵循《刑事诉讼法》第二编第二章的规定以外，还要遵循未成年人刑事案件诉讼程序中的规定。律师作为未成年犯罪

嫌疑人的辩护人时，对这些特别规定要加以重视，如果发现司法机关违反法定程序规定的，可以代为提出申诉或者控告。

1. 应当通知法定代理人或者可以通知其他人员到场

（1）争取法定代理人或者其他人员到场

在讯问未成年犯罪嫌疑人的时候，应当通知未成年犯罪嫌疑人的法定代理人到场。可见，未成年犯罪嫌疑人的法定代理人是优先应当通知的对象。但是，如果出现无法通知法定代理人、法定代理人不能到场或者法定代理人是共犯等情形，也可以通知未成年犯罪嫌疑人的其他成年家属，所在学校、单位、居住地基层组织或者未成年人保护组织的代表到场，并将有关情况记录在案。如果出现法定代理人无法或者不能到场的情况，司法机关可以通知其他人员到场。这里使用的用语是“可以”，换句话说，司法机关也可以不通知其他人员到场。

律师作为未成年犯罪嫌疑人的辩护人，为了保障未成年犯罪嫌疑人的合法权益，应当尽量争取其法定代理人到场，尽量帮助司法机关或者法定代理人排除无法通知或者不能到场的障碍。如果确实出现无法到场的法定情形，在会见未成年犯罪嫌疑人时应当尽量征求未成年犯罪嫌疑人本人的意见，看其是否希望法定代理人以外的、在法律规定范围内的其他人员到场，然后与司法机关进行沟通和交流，争取让司法机关通知未成年犯罪嫌疑人希望到场的人员到场。

（2）协助到场的人员行使诉讼权利和其他权利

根据法律的规定，到场的法定代理人可以代为行使未成年犯罪嫌疑人的诉讼权利。到场的法定代理人或者其他人员认为办案人员在讯问中侵犯未成年犯罪嫌疑人合法权益的，可以提出意见。讯问笔录应当交给到场的法定代理人或者其他人员阅读或者向他宣读。由此可见，到场的法定代理人或者其他人员享有很广泛的权利，既可以代为行使诉讼权利，也可以提出意见，还可以查阅讯问笔录。享有这些权利可以有效地保护未成年犯罪嫌疑人的合法权益。但是，到场的法定代理人或者其他人员可能不具有专业的法律知识，为了能够更好地达到实际效果，律师应当运用自己的法律知识和执业经验，对到场的法定代理人或者其他人员进行法律知识的辅导，如法定代理人可以代为行使未成年犯罪嫌疑人的哪些诉讼权利，在什么情况下属于侵犯未成年犯罪嫌疑人的合法权益，如何查阅讯问笔录以及提出意见，等等。

就查阅讯问笔录来说，律师可以事先告知到场的法定代理人或者其他人员有权阅读讯问笔录，如果他们没有阅读能力，有权要求司法机关向他宣读。如果在场的人员发现侦查人员记载的笔录有遗漏或者差错，可以提出补充或者改正，如果侦查人员不补充或者不改正的，可以不签名确认；也可以告知未成年犯罪嫌疑人不要在笔录上签名，并且可以提出控告。律师通过这些事先的辅导，协助到场的法定代理人或者其他人员行使诉讼权利或者其他权利，有利于保障未成年犯罪嫌疑人的合法权益。

2. 讯问女性未成年犯罪嫌疑人应有女工作人员在场

根据法律的规定，讯问女性未成年犯罪嫌疑人时，除了应由侦查人员负责进行，且不得少于 2 人的要求外，还要求应当有女工作人员在场。《人民检察院刑事诉讼规则》也明确规定，讯问女性未成年犯罪嫌疑人，应当有女性检察人员参加。女性未成年犯罪嫌疑人的辩护律师，应当注意这些规定，告知到场的法定代理人或者其他人员有关法律规定，如果发现没有女工作人员在场的，可以提出要求和意见，以维护女性的合法权益。

3. 讯问未成年犯罪嫌疑人一般不得使用械具

我国刑事诉讼法虽然没有明确规定讯问未成年犯罪嫌疑人一般不得使用械具，但《人民检察院刑事诉讼规则》第 466 条作出了明确的规定："讯问未成年犯罪嫌疑人一般不得使用戒具。对于确有人身危险性，必须使用戒具的，在现实危险消除后，应当立即停止使用。"因此，如果律师发现对未成年犯罪嫌疑人使用械具，可以视情况申请解除。

（二）询问未成年被害人、证人

询问被害人、证人是侦查机关收集、调取证明犯罪嫌疑人有罪或者无罪、罪轻或者罪重的证据材料的另一种手段，如果询问的被害人、证人是未成年人的，也应当有女工作人员在场，也应当通知法定代理人到场，遇到法定代理人无法或者不能到场的情况，也可以通知其他人员到场。到场的法定代理人或者其他人员同样可以代为行使被害人、证人的诉讼权利，可以对于询问中侵犯合法权益的行为提出意见，可以查阅询问笔录等。不管是作为犯罪嫌疑人的辩护律师还是作为被害人的代理律师，都应当熟练掌握上述规定，对于违反规定所取得的被害人陈述或者证人证言提出异议；代理律师对于侵犯被害人合法权益的，还可以提出申诉或者控告。

（三）适用逮捕措施

根据法律规定，对未成年犯罪嫌疑人应当严格限制适用逮捕措施，人民检察院审查批准逮捕，应当讯问未成年犯罪嫌疑人，听取辩护律师的意见。因此，辩护律师代理未成年人刑事案件，在批捕阶段，应当熟练掌握逮捕的条件，尤其是对未成年犯罪嫌疑人严格限制适用逮捕的规定，充分发表法律意见，争取未成年犯罪嫌疑人不被适用逮捕措施。

一般说来，辩护律师应当根据未成年犯罪嫌疑人涉嫌犯罪的事实、主观恶性、有无监护与社会帮教条件等方面综合衡量未成年犯罪嫌疑人的社会危险性，提出是否有逮捕必要、是否需要适用逮捕措施的法律意见。

1. 应当不批准逮捕的情形

对于罪行较轻，具备有效监护条件或者社会帮教措施，没有社会危险性或者社会危险性较小，不逮捕不致妨害诉讼正常进行的未成年犯罪嫌疑人，应当不批准逮捕。对于犯罪嫌疑人的实际年龄难以判断，影响对该犯罪嫌疑人是否应当负刑事责任的认定的，应当不批准逮捕。

2. 可以不批准逮捕的情形

对于罪行比较严重，但主观恶性不大，有悔罪表现，具备有效监护条件或者社会帮教措施，具有下列情形之一，不逮捕不致妨害诉讼正常进行的未成年犯罪嫌疑人，可以不批准逮捕：辩护律师应当根据案件具体情况分析未成年犯罪嫌疑人是否具有应当不批准逮捕或者可以不批准逮捕的情形，从而提出不应适用逮捕措施的法律意见。

（1）初次犯罪、过失犯罪的；

（2）犯罪预备、中止、未遂的；

（3）有自首或者立功表现的；

（4）犯罪后如实交代罪行，真诚悔罪，积极退赃，尽力减少和赔偿损失，被害人谅解的；

（5）不属于共同犯罪的主犯或者集团犯罪中的首要分子的；

（6）属于已满 14 周岁、不满 16 周岁的未成年人或者系在校学生的；

（7）其他可以不批准逮捕的情形。

三、律师参与未成年人刑事案件起诉程序

对于侦查机关移送起诉的案件，人民检察院应当根据审查的情况，作出起诉或不起诉的决定。一般说来，不起诉决定有以下几种情形：（1）法定不起诉：犯罪嫌疑人没有犯罪事实，或者有刑事诉讼法第 15 条规定的情形之一的，人民检察院应当作出不起诉决定。（2）酌定不起诉：对于犯罪情节轻微，依照刑法规定不需要判处刑罚或者免除刑罚的，人民检察院可以作出不起诉决定。（3）存疑不起诉：人民检察院对于二次退回补充侦查的案件，仍然认为证据不足、不符合起诉条件的，经检察长或者检察委员会决定，应当作出不起诉决定。人民检察院对于经过一次退回补充侦查的案件，认为证据不足、不符合起诉条件，且没有退回补充侦查必要的，也可以作出不起诉决定。另外，对于未成年人刑事案件，此次刑事诉讼法修改还增加了一种“附条件不起诉”。

1. 附条件不起诉的条件：对于未成年人涉嫌刑法分则第四章、第五章、第六章规定的犯罪，可能判处 1 年有期徒刑以下刑罚，符合起诉条件，但有悔罪表现的，人民检察院可以作出附条件不起诉的决定。

2. 附条件不起诉的考察：人民检察院作出附条件不起诉决定的，应当同时确定 6 个月以上、1 年以下的考验期，在考验期内，由人民检察院对于被附条件不起诉的未成年犯罪嫌疑人进行监督考察，未成年犯罪嫌疑人的监护人，应当对未成年犯罪嫌疑人加强管教，配合人民检察院做好监督考察工作。

3. 附条件不起诉的法律后果：被附条件不起诉的未成年犯罪嫌疑人，在考验期内有下列情形之一的，人民检察院应当撤销附条件不起诉的决定，提起公诉：（1）实施新的犯罪；（2）发现决定附条件不起诉以前还有其他犯罪需要追诉的；（3）违反治安管理规定，造成严重后果，或者多次违反治安管理规定的；（4）违反考察机关有关附条件不起诉的监督管理规定，造成严重后果，或者多次违反考察机关有关附条件不起诉的监督管理规定的。如果被附条件不起诉的未成年犯罪嫌疑人在考验期内没有上述情形，考验期满，人民

检察院应当作出不起诉的决定。

律师在审查起诉阶段代理未成年人刑事案件，应当提交法律意见，尽量争取让人民检察院作出不起诉决定。在未成年犯罪嫌疑人不具备法定不起诉、酌定不起诉甚至存疑不起诉的条件时，还可以考虑附条件不起诉的情形。与此同时，对于未成年犯罪嫌疑人具备法定不起诉、酌定不起诉甚至存疑不起诉条件，而人民检察院作出附条件不起诉决定的，律师也可以提出异议。具体分析如下：

（一）争取附条件不起诉

律师在审查起诉阶段代理未成年人刑事案件，如果案件存在法定不起诉、酌定不起诉和存疑不起诉的条件，则应当争取直接作出不起诉的决定。如果案件不具备直接作出不起诉决定的条件，则应当争取附条件不起诉。虽然都是不起诉，但产生的法律后果是不同的，律师应当根据所掌握的事实与证据，争取对当事人最有利的不起诉决定。

1. 定性上的辩护

根据法律的规定，未成年人涉嫌刑法分则第四章、第五章和第六章规定的犯罪的，才可能附条件不起诉。因此，辩护律师在代理案件的过程中，如果侦查机关认定未成年人涉嫌的犯罪是《刑法》分则第一章、第二章、第三章、第七章、第八章、第九章和第十章的罪名，则应当根据案件情况分析侦查机关是否存在定性错误。例如，如果未成年犯罪嫌疑人涉嫌的是合同诈骗罪，则不可能适用附条件不起诉，只能是法定不起诉、酌定不起诉或存疑不起诉。但如果其涉嫌的只是普通的诈骗罪，则存在适用附条件不起诉的可能。因此，辩护律师如果要争取附条件不起诉，应当从定性的角度进行辩护，争取使涉嫌的罪名限制在刑法分则第四章、第五章和第六章规定的犯罪中。

2. 量刑上的辩护

附条件不起诉除了在罪名上有范围要求外，在量刑上也有明确的要求：一是可能判处的刑罚在 1 年有期徒刑以下；二是有酌定从轻量刑情节，即有悔罪表现。这两个条件缺一不可。因此，律师在代理未成年人刑事案件时，为了争取附条件不起诉，在提交法律意见时，在量刑上也要做好充分的辩护工作，提出可能判处 1 年以下有期徒刑刑罚的事实和法律依据，包括未成年犯罪嫌疑人具有悔罪表现，如果案件事实和证据很清楚，但未成年犯罪嫌疑人因某种原因没有悔罪表现的，也应当根据案件的具体情况，劝导未成年犯罪嫌疑人积极悔罪。

需要注意的是，人民检察院在作出附条件不起诉的决定前，应当听取公安机关和被害人的意见，因为对于附条件不起诉的决定，公安机关有权要求复议、提起复核，被害人也有权申诉。因此，作为辩护律师，在向人民检察院提出定性和量刑辩护时，尽量先与公安机关交流法律意见，并且尽量争取被害人的谅解。

（二）对附条件不起诉提出异议

律师在审查起诉阶段代理未成年人刑事案件时，如果案件本身就不符合起诉条件，存在法定不起诉、酌定不起诉或存疑不起诉等直接不起诉的条件，但人民检察院作出附条件不起诉决定的，未成年犯罪嫌疑人及其法定代理人有权对附条件不起诉提出异议，辩护律师也应当及时提出法律意见，提出认为案件不适用附条件不起诉的理由和依据，尽量争取直接不起诉的决定。如果人民检察院认为案件符合起诉条件，并作出了起诉的决定，那么辩护律师应当在审判阶段提出未成年被告人不符合起诉条件或者无罪的辩护意见。

四、律师参与未成年人刑事案件审判程序

（一）审判的组织和人员

未成年人刑事案件一般由未成年人案件审判庭审理；如果尚不具备设立独立建制的未成年人案件审判庭的条件，也可以由刑事审判庭内设立的未成年人刑事案件合议庭审理；如果未成年人刑事案件合议庭都没有设立，也应当由专人负责审理未成年人刑事案件。一般说来，审理未成年人刑事案件的审判人员应当相对稳定，律师可以要求人民法院选择由熟悉未成年人身心特点、善于做未成年人思想教育工作的人员担任，合议庭中有人民陪审员的，一般也应由熟悉未成年人身心特点，热心教育、感化、挽救失足未成年人工作，并经过必要培训的共青团、妇联、工会、学校、未成年人保护组织等单位的工作人员或者有关单位的退休人员担任。

我国刑事诉讼法及司法解释将未成年人案件审判庭和未成年人刑事案件合议庭统称为少年法庭，并规定下列案件由少年法庭审理：（1）被告人实施被指控的犯罪时不满 18 周岁，人民法院立案时不满 20 周岁。（2）被告人实施被指控的犯罪时不满 18 周岁，人民法院立案时不满 20 周岁，并被指控为首要分子或者主犯的共同犯罪案件。其他共同犯罪案件有未成年被告人的，或者其他涉及未成年人的刑事案件是否由少年法庭审理，由院长根据少年法庭工作的实际情况决定。

需要注意的是，对于未成年人与成年人共同犯罪的案件，如果是分别起诉到同一人民法院的，可以由同一个审判组织审理，不宜由同一个审判组织审理的，可以分别由少年法庭、刑事审判庭审理；如果是由不同人民法院或者不同审判组织分别审理的，有关人民法院或者审判组织应当互相了解共同犯罪被告人的审判情况，注意全案的量刑平衡。

律师在参与未成年人刑事案件审判程序时，应当熟练掌握上述规定，对于审判组织或者审判人员不符合相关法律规定的，应当提出异议，以保障未成年人的合法权益。

（二）审判制度

1996 年《刑事诉讼法》曾规定：14 周岁以上不满 16 周岁未成年人犯罪的案件，一律不公开审理。16 周岁以上不满 18 周岁未成年人犯罪的案件，一般也不公开审理。换言之，对 16 周岁以上、不满 18 周岁的未成年人犯罪的案件公开审理，并不违反旧刑事诉讼的规定。

但2012年《刑事诉讼法》对这些规定进行了修改，明确规定了“开庭审理时被告人不满十八周岁的案件，一律不公开审理”。修改体现为两个方面：一是是否公开审理，以审判时的年龄为标准，不以犯罪时的年龄为标准；二是不对16周岁以下和16周岁以上进行区别对待，只要审判时不满18周岁，一律不公开审理。这样的修改更有利于保护未成年人的合法权益。此外，从对犯罪的未成年人实行教育、感化、挽救的方针出发，我国刑事诉讼法还对“一律不公开审理”规定了两个例外：

1. 通知法定代理人到场。人民法院审理未成年人刑事案件，在开庭时，应当通知未成年被告人的法定代理人到场。到场的法定代理人认为办案人员在审判中侵犯未成年人合法权益的，可以提出意见。法庭笔录应当交给到场的法定代理人阅读或者向他宣读。

2. 其他人员到场。人民法院审理未成年人刑事案件，除了法定代理人可以到场参加庭审外，还存在其他人员到场的情况，主要包括两种情况：(1) 法定代理人无法通知、不能到场或者是共犯的，人民法院可以通知未成年被告人的其他成年亲属，所在学校、单位、居住地的基层组织或者未成年人保护组织的代表到场，并将有关情况记录在案。这些到场的人员，除了同样享有提出意见和查阅法庭笔录的权利外，经法庭同意，还可以参与对未成年被告人的法庭教育等工作。(2) 法定代理人自己能到场的，在经过未成年被告人及其法定代理人同意的情况下，未成年被告人所在学校和未成年人保护组织可以派代表到场。到场的代表经法庭同意，可以参与对未成年被告人的法庭教育工作，但不享有提出意见和查阅法庭笔录的权利。

需要注意的是，被告人实施被指控的犯罪时不满18周岁，开庭时已满18周岁、不满20周岁的，原则上是公开审理的，但刑事诉讼法司法解释还特别规定了“人民法院开庭时，一般应当通知其近亲属到庭。经法庭同意，近亲属可以发表意见。近亲属无法通知、不能到场或者是共犯的，应当记录在案”，以体现人文关怀的精神。

因此，律师在参与未成年人刑事案件的审判程序时，可以向人民法院提出不公开审理的申请，并说明理由和依据；如果人民法院仍决定公开审理的，也可以向有关部门申诉和控告，以保护未成年人的合法权益。开庭审理时是否需要其他人员在场，也要充分征求未成年被告人本人的意见，并将其意见及时告知人民法院。

（三）开庭前和休庭时的会见

《关于适用〈中华人民共和国刑事诉讼法〉的解释》第570条规定：“开庭前和休庭时，法庭根据情况，可以安排未成年被告人与其法定代理人或者合适成年人会见。”这个规定突破了以往家属在判决生效前无法会见被告人的一贯做法，有利于让法定代理人或者其他成年亲属、代表共同参与到对未成年被告人感化和教育的工作，有利于让未成年被告人早日回归社会。律师作为未成年被告人的辩护人，也可以向法庭提出申请和要求，根据未成年被告人和家属的意愿，根据案件的实际情况，积极争取未成年被告人能够会见到其法定代理人或者其他成年亲属、代表。

（四）械具的使用

前面我们提到，讯问未成年犯罪嫌疑人一般不得使用械具。对于确有人身危险性，必须使用械具的，在现实危险消除后，应当立即停止使用。那么在法庭审理的过程中对未成年被告人是否使用械具？最高人民法院的司法解释有明确的规定，明确禁止在法庭上对未成年被告人使用械具，但未成年被告人人身危险性大，可能妨碍庭审活动的除外。即便是必须使用械具的，在现实危险消除后，也应当立即停止使用。律师作为未成年被告人的辩护人，如果发现法庭违法使用械具的，应当提出异议，要求停止使用。

（五）法庭语言

法庭审理过程中，审判人员应当根据未成年被告人的智力发育程度和心理状态，使用适合未成年人的语言表达方式。如果辩护律师发现有对未成年被告人诱供、训斥、讽刺或者威胁等情形的，应当提出抗议，要求审判长予以制止。

（六）量刑建议

律师代理未成年人刑事案件，可以向法庭提出对未成年被告人判处管制、宣告缓刑等量刑建议，在提出这些量刑建议的同时，还应当向法庭提供有关未成年被告人能够获得监护、帮教以及对所居住社区无重大不良影响的书面材料，以便作为法庭教育和量刑的参考。

（七）最后陈述

任何刑事案件的被告人都享有最后陈述的权利，对于未成年人刑事案件，在未成年被告人做完最后陈述后，其法定代理人还可以进行补充陈述，法庭也应当询问其法定代理人是否补充陈述。这是对未成年人刑事案件的一种特殊规定。需要注意的是，可以补充陈述的只能是未成年被告人的法定代理人，其他成年家属或者其他人员包括辩护律师都无权补充陈述。但由于法定代理人可能不是专业法律人士，律师作为未成年被告人的辩护人，应当帮助法定代理人把握住最后的机会，通过事先对法定代理人的补充陈述进行辅导的方法，达到维护未成年被告人的合法权益的目的。

（八）宣告判决

对未成年人刑事案件宣告判决应当公开进行，但不得采取召开大会等形式。对于依法应当封存犯罪记录的案件，宣判时不得组织人员旁听；有旁听人员的，应当告知其不得传播案件信息。

定期宣告判决的未成年人刑事案件，未成年被告人的法定代理人无法通知、不能到庭或者是共犯的，法庭可以通知《刑事诉讼法》第 281 条第 1 款规定的其他成年亲属、代表到庭，并在宣判后向未成年被告人的成年亲属送达判决书。

律师对于人民法院宣告判决违反未成年人刑事案件诉讼程序的，有权提出抗议，在接收判决书后，应当与被告人和委托人进行充分的沟通和解释。

五、未成年人刑事案件的其他特殊规定

（一）辩护制度

根据《刑事诉讼法》第278条的规定，未成年犯罪嫌疑人、被告人没有委托辩护人的，人民法院、人民检察院、公安机关应当通知法律援助机构指派律师为其提供辩护。该条规定和旧刑事诉讼法相比：一是增加了指定辩护的义务主体，从人民法院扩展到了人民检察院和公安机关；二是将指定辩护扩展到刑事诉讼全程，原来只有在审判阶段未成年犯罪嫌疑人的未成年被告人才能享受指定辩护，现在扩展到了侦查阶段和审查起诉阶段未成年犯罪嫌疑人也可以享受指定辩护，从而全面保护未成年人的合法权益。因此，律师参与未成年人刑事案件，既可能是接受未成年人及其法定代理人、近亲属的委托，也可能是接受法律援助机构的指派。

（二）社会调查制度

我国少年司法改革中采用的社会调查报告制度，指的是在办理未成年人刑事案件过程中，由特定的调查主体就未成年犯罪嫌疑人、被告人的性格特点、家庭情况、社会交往、成长经历、在校情况以及实施被指控的犯罪前后的表现等情况作全面、细致的调查，并制作出书面调查报告，为司法机关公正处理和教育、感化、挽救未成年犯罪嫌疑人、被告人提供重要参考依据。《刑事诉讼法》第279条规定：公安机关、人民检察院、人民法院办理未成年人刑事案件，根据情况可以对未成年犯罪嫌疑人、被告人的成长经历、犯罪原因、监护教育等情况进行调查。

1. 公安机关对未成年犯罪嫌疑人的成长经历、犯罪原因、监护教育等情况进行调查，如果制作了调查报告，在提请批准逮捕、移送审查起诉时，应当结合案情综合考虑，并将调查报告与案卷材料一并移送人民检察院。

2. 对于公安机关移送的社会调查报告，人民检察院应当进行审查，必要时可以进行补充调查。如果公安机关没有移送社会调查报告，人民检察院也可以根据情况对未成年犯罪嫌疑人的情况进行调查，甚至委托有关组织和机构进行，所制作的社会调查报告，作为办案和教育的参考，应当随案移送人民法院。

3. 对于人民检察院移送的社会调查报告，人民法院应当审查并听取控辩双方意见。如果人民检察院没有移送社会调查报告，人民法院也可以委托有关社会团体组织就未成年被告人的情况进行调查或者自行进行调查，调查的结果或者调查报告可以作为法庭教育和量刑的参考。

律师在代理未成年人刑事案件的过程中，在查阅案卷时要注意公安机关、人民检察

院、人民法院是否对未成年犯罪嫌疑人、被告人的成长经历、犯罪原因、监护教育等情况进行了调查，有无制作社会调查报告。如果有，应当根据调查报告的内容提出质证意见，从而提出量刑建议；如果没有或者仍不全面，则应当自行调查取证。尤其是提出对未成年被告人判处管制、宣告缓刑等量刑建议的，律师应当调取有关未成年被告人能够获得监护、帮教以及对所居住社区无重大不良影响的书面材料。

（三）犯罪记录封存制度

根据刑事诉讼法及相关司法解释的规定，犯罪的时候不满 18 周岁、被判处 5 年有期徒刑以下刑罚的，应当对相关犯罪记录予以封存。犯罪记录被封存的，不得向任何单位和个人提供，也不得提供未成年人有犯罪记录的证明，但司法机关为办案需要或者有关单位根据国家规定进行查询的除外。司法机关或者有关单位需要查询犯罪记录的，应当向封存犯罪记录的司法机关提出申请，被许可依法进行查询后，查询的单位也应当对被封存的犯罪记录的情况予以保密。

《人民检察院刑事诉讼规则》中还对于如何封存犯罪记录作出了明确规定，要求人民检察院应当将拟封存的未成年人犯罪记录、卷宗等相关材料装订成册，加密保存，不予公开，并建立专门的未成年人犯罪档案库，执行严格的保密制度。关于犯罪记录封存的规定，还需要注意以下三个问题：

1. 封存的范围：一般说来，对于犯罪的时候不满 18 周岁、被判处 5 年有期徒刑以下刑罚的相关犯罪记录才应当予以封存。如果案件在审查起诉阶段就已经被人民检察院作出不起诉决定的，也应当对相关记录予以封存。律师作为未成年被告人的辩护人，应当注意要求人民法院或人民检察院及时对相关犯罪记录予以封存。

2. 封存的解除：未成年人的犯罪记录被封存后，仍然存在被解除的可能性，被封存犯罪记录的未成年人，如果发现漏罪，且漏罪与封存记录之罪数罪并罚后被决定执行 5 年有期徒刑以上刑罚的，应当对其犯罪记录解除封存。

3. 溯及力：犯罪记录封存制度是从 2013 年 1 月 1 日新刑事诉讼法实施之日起开始实施的，对于 2012 年 12 月 31 日以前就已经审结的案件，如果符合犯罪时不满 18 周岁、被判处 5 年有期徒刑以下刑罚或免除刑事处罚的条件，相关犯罪记录也应当封存，具有一定的溯及力。

与犯罪记录封存相对应的还有一个规定，就是《关于适用〈中华人民共和国刑事诉讼法〉的解释》第 559 条的规定："审理涉及未成年人的刑事案件，不得向外界披露该未成年人的姓名、住所、照片以及可能推断出未成年人身份的其他资料。查阅、摘抄、复制的案卷材料，涉及未成年人的，不得公开和传播。被害人是未成年人的刑事案件，适用前两款的规定。"律师作为未成年被告人的辩护人或者未成年被害人的诉讼代理人代理此类案件时应当特别注意保密，对相关内容不得对外界披露，不得公开和传播。

附：本节相关法律规范性文件

1. 法律

《中华人民共和国刑事诉讼法》（2018 年修正）（2018 年 10 月 26 日施行）第 277～286 条。

2. 规范性文件

最高人民法院《关于适用〈中华人民共和国刑事诉讼法〉的解释》（2021 年 3 月 1 日施行）第 546～579 条

最高人民检察院《人民检察院刑事诉讼规则》（2019 年 12 月 30 日施行）第 458～490 条

《律师办理刑事案件规范》（2017 年 8 月 27 日施行）第 206～220 条

第二节　当事人和解的公诉案件诉讼程序

在 1996 年《刑事诉讼法》中，只有自诉案件存在当事人和解，公诉案件存在取得被害人谅解，但并未提出当事人和解的概念。2012 年《刑事诉讼法》修改，增加了当事人和解的公诉案件诉讼程序，解决的是在公诉案件中的当事人和解问题。同未成年人刑事案件诉讼程序一样，当事人和解的公诉案件诉讼程序不是一个独立的诉讼程序，而是贯穿于整个刑事诉讼过程中，包括侦查、审查起诉和审判阶段。律师在公诉案件中不管是作为犯罪嫌疑人、被告人一方的辩护人还是作为被害人一方的诉讼代理人，都应当正确适用当事人和解程序，为犯罪嫌疑人、被告人争取从轻处罚或者为被害人一方争取更多的赔偿。

一、当事人和解的公诉案件诉讼程序的适用条件

我国刑事诉讼法及相关司法解释，对于当事人和解的公诉案件诉讼程序适用的范围有明确的规定，律师应当准确掌握这些规定，为启动当事人和解程序创造条件，以便维护当事人的合法权益。

（一）适用的公诉案件的范围

1. 当事人和解的公诉案件诉讼程序适用的自然是公诉案件，自诉案件则按照自诉案件的和解程序处理。

2. 不是所有的公诉案件都适用当事人和解程序，我国刑事诉讼法对公诉案件的范围在犯罪引发的原因、定罪的罪名以及可能判处的刑罚方面都有明确的限制，概括起来主要包括两类：

（1）因民间纠纷引起，涉嫌刑法分则第四章、第五章规定的犯罪案件，可能判处 3 年

有期徒刑以下刑罚的。这一类公诉案件要掌握三个要素，三者缺一不可：一是因民间纠纷引起的，如果有下列情形的，不属于因民间纠纷引起的犯罪案件：1）雇凶伤害他人的；2）涉及黑社会性质组织犯罪的；3）涉及寻衅滋事的；4）涉及聚众斗殴的；5）多次故意伤害他人身体的；6）其他不宜和解的。二是涉嫌的罪名是刑法分则第四章和第五章规定的罪名，即侵犯公民人身权利、民主权利罪和侵犯财产罪。三是可能判处的刑罚是3年有期徒刑以下，说明犯罪的情节一般比较轻。

（2）除渎职犯罪以外的可能判处7年有期徒刑以下刑罚的过失犯罪案件。这一类公诉案件也要掌握三个要素：一是过失犯罪，二是可能判处的刑罚是在7年有期徒刑以下，三是渎职犯罪除外。这三个要素也是缺一不可。

律师在代理公诉案件的过程中，为了启动当事人和解程序，首先要看案件是否符合适用的范围，如果司法机关指控的罪名不在适用范围内，或者有其他认为不符合适用条件理由的，律师可以从定罪和量刑等角度入手，提出案件可以适用当事人和解程序的辩护意见或者法律意见。

（二）适用的其他条件的要求

我国刑事诉讼法除了对公诉案件的范围进行限制以外，还分别对犯罪嫌疑人、被告人以及被害人的态度作出要求，要求同时符合以下条件的，双方当事人才可以和解：

1. 犯罪嫌疑人、被告人真诚悔罪，通过向被害人赔偿损失、赔礼道歉等方式获得被害人谅解

这是对犯罪嫌疑人、被告人一方的要求，除了要求犯罪嫌疑人、被告人真诚悔罪，向被害人赔偿损失、赔礼道歉等，还要求实际获得被害人谅解，即被害人明确表示对犯罪嫌疑人、被告人予以谅解。

2. 被害人自愿和解

要求被害人和解必须出于自愿，不能违反自愿和合法原则。如果犯罪嫌疑人、被告人真诚悔罪，也向被害人赔偿损失、赔礼道歉了，但被害人不愿和解的，也不能适用当事人和解程序。如果犯罪嫌疑人、被告人或者其亲友等以暴力、威胁、欺骗或者其他非法方法强迫、引诱被害人和解，或者在协议履行完毕之后威胁、报复被害人的，应当认定和解协议无效。

（三）适用的例外

上述公诉案件即使同时具备以上条件，但如果犯罪嫌疑人、被告人在5年以内曾经故意犯罪的，也不得适用当事人和解程序。这里需要掌握三个要素：一是犯罪嫌疑人、被告人实施的是故意犯罪，过失犯罪不受影响；二是这里的故意犯罪是一个客观事实，不论该故意犯罪是否已经追究或者是否已经追究完毕；三是时间上的要求是5年以内，超过5年的不受影响。

二、当事人和解的公诉案件诉讼程序的主体

（一）双方当事人

作为公诉案件双方当事人的被害人与被追诉人（即犯罪嫌疑人、被告人），可以在自愿的前提下进行和解。双方当事人既可以自行达成和解，也可以经人民调解委员会、村民委员会、居民委员会、当事人所在单位或者同事、亲友等组织或者个人调解后达成和解，还可以在人民法院的主持下经协商达成和解。

（二）当事人的法定代理人、近亲属

一般情况下，和解由案件双方当事人进行，但在以下情况下，当事人的法定代理人也可以与对方进行和解或者代为和解。如果法定代理人不在或者无法联系，也可以由其近亲属代为和解。这里的近亲属是指夫、妻、父、母、子、女、同胞兄弟姊妹。

1. 被害人一方

（1）被害人死亡的，其法定代理人、近亲属可以与犯罪嫌疑人、被告人和解。近亲属有多人的，达成和解协议，应当经处于同一继承顺序的所有近亲属同意。

（2）被害人系无行为能力或者限制行为能力人的，其法定代理人可以代为和解。

2. 被追诉人一方

（1）犯罪嫌疑人、被告人系限制行为能力人的，其法定代理人可以代为和解。

（2）犯罪嫌疑人、被告人在押的，其法定代理人、近亲属可以代为和解。

由此可见，犯罪嫌疑人、被告人或者被害人为限制行为能力人时，只有法定代理人可以代为和解，其近亲属无权代为和解。需要注意的是，犯罪嫌疑人、被告人的法定代理人、近亲属依照法律规定代为进行和解的，和解协议约定的赔礼道歉、赔偿损失等事项，仍应当由犯罪嫌疑人、被告人本人履行，而不是由法定代理人、近亲属履行。

三、当事人和解的公诉案件诉讼程序和解的事项

双方当事人或者其法定代理人、近亲属可以就赔偿损失、赔礼道歉等民事责任事项进行和解，并且可以就被害人及其法定代理人或者近亲属是否要求或者同意公安机关、人民检察院、人民法院对犯罪嫌疑人、被告人依法从宽处理进行协商，但不得对案件的事实认定、证据采信、法律适用和定罪量刑等依法属于公安机关、人民检察院、人民法院职权范围的事宜进行协商。

四、司法机关参与当事人和解的公诉案件诉讼程序

（一）公安机关

1. 公安机关负责人批准

符合当事人和解程序的适用条件，还必须经县级以上公安机关负责人批准，才可以依法作为当事人和解的公诉案件办理。

2. 对和解进行审查

双方当事人和解的，公安机关应当进行审查，审查的内容包括：案件事实是否清楚，被害人是否自愿和解，是否符合规定的条件。公安机关审查时，应当听取双方当事人的意见，并记录在案；必要时，可以听取双方当事人亲属、当地居民委员会或者村民委员会人员以及其他了解案件情况的相关人员的意见。

3. 制作和解协议书

达成和解的，公安机关应当主持制作和解协议书，并由双方当事人及其他参加人员签名。当事人中有未成年人的，未成年当事人的法定代理人或者其他成年亲属应当在场。

和解协议书应当包括以下内容：（1）案件的基本事实和主要证据；（2）犯罪嫌疑人承认自己所犯罪行，对指控的犯罪事实没有异议，真诚悔罪；（3）犯罪嫌疑人通过向被害人赔礼道歉、赔偿损失等方式获得被害人谅解；涉及赔偿损失的，应当写明赔偿的数额、方式等；提起附带民事诉讼的，由附带民事诉讼原告人撤回附带民事诉讼；（4）被害人自愿和解，请求或者同意对犯罪嫌疑人依法从宽处罚。

和解协议应当及时履行。

4. 提出从宽处理的建议

对于达成和解协议的案件，经县级以上公安机关负责人批准，公安机关将案件移送人民检察院审查逮捕或者审查起诉时，可以提出从宽处理的建议，人民检察院应当充分考虑公安机关的建议。例如，人民检察院对于公安机关提请批准逮捕的案件，双方当事人达成和解协议的，可以作为有无社会危险性或者社会危险性大小的因素予以考虑，经审查认为不需要逮捕的，可以作出不批准逮捕的决定。

（二）人民检察院

1. 告知权利、义务

人民检察院对于符合适用当事人和解程序条件的公诉案件，可以建议当事人进行和解，并告知相应的权利、义务，必要时可以提供法律咨询。

2. 对和解进行审查

双方当事人和解的，人民检察院应当对和解进行审查，听取双方当事人和其他有关人

员对和解的意见，告知刑事案件可能从宽处理的法律后果和双方的权利、义务，并制作笔录附卷。审查的内容重点包括：(1) 双方当事人是否自愿和解；(2) 犯罪嫌疑人是否真诚悔罪，是否向被害人赔礼道歉、经济赔偿数额与其所造成的损害和赔偿能力是否相适应；(3) 被害人及其法定代理人或者近亲属是否明确表示对犯罪嫌疑人予以谅解；(4) 是否符合法律规定；(5) 是否损害国家、集体和社会公共利益或者他人的合法权益；(6) 是否符合社会公德。

3. 制作和解协议书

经审查认为双方自愿和解，内容合法，且符合适用的范围和条件的，人民检察院应当主持制作和解协议书。

和解协议书的主要内容包括：(1) 双方当事人的基本情况；(2) 案件的主要事实；(3) 犯罪嫌疑人真诚悔罪，承认自己所犯罪行，对指控的犯罪没有异议，向被害人赔偿损失、赔礼道歉等；赔偿损失的，应当写明赔偿的数额、履行的方式、期限等；(4) 被害人及其法定代理人或者近亲属对犯罪嫌疑人予以谅解，并要求或者同意公安机关、人民检察院、人民法院对犯罪嫌疑人依法从宽处理。和解协议书应当由双方当事人签字，可以写明和解协议书系在人民检察院主持下制作。但检察人员不在当事人和解协议书上签字，也不加盖人民检察院印章。和解协议书一式 3 份，双方当事人各持一份，另一份交人民检察院附卷备查。

4. 和解协议书的履行

和解协议书约定的赔偿损失内容，应当在双方签署协议后立即履行，至迟在人民检察院作出从宽处理决定前履行。确实难以一次性履行的，在被害人同意并提供有效担保的情况下，也可以分期履行。

5. 作出不起诉决定

人民检察院对于公安机关移送审查起诉的案件，双方当事人达成和解协议的，可以作为是否需要判处刑罚或者免除刑罚的因素予以考虑，符合法律规定的不起诉条件的，可以决定不起诉。在作出不起诉决定前，人民检察院应当听取双方当事人对和解的意见，并且查明犯罪嫌疑人是否已经切实履行和解协议、不能即时履行的是否已经提供有效担保，将其作为是否决定不起诉的因素予以考虑。

6. 提起公诉

对于依法应当提起公诉的，人民检察院可以向人民法院提出从宽处罚的量刑建议。

7. 当事人反悔或者和解协议被认定无效

(1) 当事人在不起诉决定作出之前反悔的，可以另行达成和解。不能另行达成和解的，人民检察院应当依法作出起诉或者不起诉决定。

(2) 当事人在不起诉决定作出之后反悔的，人民检察院不撤销原决定，但有证据证明和解违反自愿、合法原则的除外。

(3) 和解协议被认定为无效时，已经作出不起诉决定的，人民检察院根据案件情况可以撤销原决定，对犯罪嫌疑人提起公诉。

（三）人民法院

1. 主持和解

对于符合法定条件的公诉案件，事实清楚、证据充分的，人民法院应当告知当事人可以自行和解；当事人提出申请的，人民法院可以主持双方当事人协商以达成和解，还可以根据案件情况邀请人民调解员、辩护人、诉讼代理人、当事人亲友等参与，促成双方当事人和解。

2. 对和解进行审查

对于公安机关、人民检察院主持制作的和解协议书，当事人提出异议的，人民法院应当审查。经审查，和解自愿、合法的，予以确认，无须重新制作和解协议书；和解不具有自愿性、合法性的，应当认定无效。如果双方当事人在审判期间和解的，人民法院应当听取当事人及其法定代理人等有关人员的意见。双方当事人在庭外达成和解的，人民法院应当通知人民检察院，并听取其意见。经审查，和解自愿、合法的，应当主持制作和解协议书。

3. 制作和解协议书

人民法院主持制作和解协议书有两种情况：一种是原和解协议被认定无效后，双方当事人重新达成和解的，人民法院应当主持制作新的和解协议书；另一种是双方当事人在审判期间或者庭外达成和解，且和解系自愿、合法的，人民法院应当主持制作和解协议书。

和解协议书应当包括以下内容：（1）被告人承认自己所犯罪行，对犯罪事实没有异议，并真诚悔罪；（2）被告人通过向被害人赔礼道歉、赔偿损失等方式获得被害人谅解；涉及赔偿损失的，应当写明赔偿的数额、方式等；提起附带民事诉讼的，由附带民事诉讼原告人撤回附带民事诉讼；（3）被害人自愿和解，请求或者同意对被告人依法从宽处罚。

和解协议书应当由双方当事人和审判人员签名，但不加盖人民法院印章。和解协议书一式3份，双方当事人各持一份，另一份交人民法院附卷备查。对于和解协议中的赔偿损失内容，双方当事人要求保密的，人民法院应当准许，并采取相应的保密措施。

4. 和解协议的履行

和解协议约定的赔偿损失内容，被告人应当在协议签署后即时履行。和解协议已经全部履行，当事人反悔的，人民法院不予支持，但有证据证明和解违反自愿、合法原则的除外。

5. 达成和解协议的案件处理

对于达成和解协议的案件，人民法院应当对被告人从轻处罚；符合非监禁刑适用条件的，应当适用非监禁刑；判处法定最低刑仍然过重的，可以减轻处罚；综合全案认为犯罪情节轻微，不需要判处刑罚的，可以免除刑事处罚。共同犯罪案件中，部分被告人与被害人达成和解协议的，可以依法对该部分被告人从宽处罚，但应当注意全案的量刑平衡。达成和解协议的，裁判文书应当作出叙述，并援引刑事诉讼法的相关条文。

五、律师参与当事人和解的公诉案件诉讼程序

（一）律师参与的作用

《刑事诉讼法》及其司法解释对公诉案件中的和解作出了明确的规定，只要符合法定条件，在侦查、审查起诉和审判等诉讼阶段，当事人都可以在自愿的前提下进行和解。这为当事人在公诉案件中进行和解提供了法律基础，也为律师参与公诉案件的和解程序提供了很大的空间。

在司法实践中，案件双方当事人一方面由于缺乏法律知识，另一方面由于情绪上有很强的对抗性，有时很难进行冷静、理性、有效的沟通，不利于和解协议的达成。而律师作为专业法律人士，不易受情绪干扰，在司法机关的主持下，在双方当事人之间进行斡旋和调解，有利于协调双方当事人的关系，化解双方之间的对抗情绪，从而促成和解协议的达成。律师不论是作为犯罪嫌疑人、被告人的辩护人，还是作为被害人的诉讼代理人，参与当事人和解的公诉案件诉讼程序，都能起到非常重大的作用。

1. 对犯罪嫌疑人、被告人而言

根据刑事诉讼法及其司法解释的规定，对于达成和解协议的案件，不论是在侦查阶段、审查起诉阶段还是在审判阶段，相应的司法机关都可以提出从宽处罚的建议或者直接根据案件情况作出不起诉的决定或者作出从宽处罚的裁判。因此，律师作为犯罪嫌疑人、被告人的辩护人，对于符合法定条件的公诉案件，应当积极促成双方当事人达成和解协议，为更有效的量刑辩护增加筹码。

2. 对被害人而言

根据刑事诉讼法及其司法解释的规定，和解协议书一旦签署，其约定的赔偿损失内容应当立即一次性履行，确实难以一次性履行的，在被害人同意并且犯罪嫌疑人、被告人提供有效担保的情况下，才可以分期履行。可见，促成和解协议的达成，有利于被害人及时获取物质赔偿和赔礼道歉，既可以弥补被害人的物质损失，也可以安抚被害人的情绪。因此，律师作为被害人的诉讼代理人，应当根据被害人一方的意愿，积极促成和解协议的达成，以维护当事人的合法权益。

（二）律师参与的工作

在接受当事人的委托后，律师应当尽快了解案件情况，对案件的具体细节进行分析和评估，对于可以进行和解的案件，尽快与当事人及办案机关取得联系，促成和解协议的达成。

1. 与自己的当事人充分交流

对于可以进行和解的公诉案件，律师应当与当事人就和解的程序、要求、法律后果进

行交流，告知相应的权利、义务，提供必要的法律咨询；然后，再与当事人协商是否与对方进行和解。在整个沟通的过程中，既要向当事人解释清楚法律关系，也要尊重当事人的意愿。例如，有的当事人宁可不要任何赔偿，也不会谅解行为人，更不希望由于自己的谅解而让行为人获得轻判，如果当事人坚持不予谅解，律师也不得强求。又如有的犯罪嫌疑人坚持自己没有实施犯罪行为，不存在悔罪的问题，律师也不能为了达成谅解协议，强迫犯罪嫌疑人认罪。总之，律师在与自己的当事人进行充分沟通和交流之后，根据当事人的选择和确定的方案安排下一步的工作。

2. 与对方当事人进行沟通

律师在与自己的当事人交流，确定进行和解后，应当协助当事人或者其法定代理人、近亲属与对方当事人或者其法定代理人、近亲属或者律师进行接触、协商，了解对方是否愿意和解、对方有什么条件和要求，通过解读法律条文、解释法律关系、告知法律后果等途径，促成和解意向。辩护律师可以转达犯罪嫌疑人、被告人真诚悔罪的态度，转达其愿意赔偿损失、赔礼道歉的意愿，分析被害人一方提出的赔偿要求是否正当、合理，然后根据犯罪嫌疑人、被告人及其家属的实际赔付能力，商定赔偿的数额、支付赔偿的方式，等等。代理律师可以了解行为人的认罪态度，根据损害的情况计算赔偿数额，然后根据案件具体情况和行为人的认罪态度，向对方当事人提出确定索赔的具体数额、支付方式以及赔礼道歉的方式，必要时可以向对方当事人解释确定数额和方式的依据，等等。

3. 与承办机关进行沟通

根据我国刑事诉讼法及相关司法解释的规定，对于符合和解条件的公诉案件，案件的承办机关可以向当事人建议和解或者告知当事人可以自行和解。律师接受委托后，不论是作为辩护人还是作为诉讼代理人，也可以及时与承办机关进行沟通，反映当事人的意愿，促成承办机关介入和解程序，促成在司法机关的主持下达成和解协议，必要时，还可以向有关机关申请主持和解程序。申请文书格式如下：

主持和解程序申请书

申请人：________律师事务所________律师

通信地址或联系方式：______________________________

申请事项：申请主持被告人（犯罪嫌疑人）与受害人的和解程序。

申请理由：犯罪嫌疑人________涉嫌________一案，现申请人作为（被告人、犯罪嫌疑人、被害人）委托的（辩护人或诉讼代理人），通过了解案件情况，认为本案有______________________________的情节，符合和解条件，根据《中华人民共和国刑事诉讼法》第二百八十八条、二百八十九条的规定，特此申请贵单位主持双方当事人的和解程序。

此致

____

申请人：

年　月　日

4. 促成和解协议的达成

在和解程序启动之后，律师应当积极地参与和解协议内容的协商，代表本方当事人与对方当事人就赔偿损失、赔礼道歉等民事责任事项进行协商，还可以就被害人及其法定代理人或者近亲属是否要求或者同意公安机关、人民检察院、人民法院对犯罪嫌疑人、被告人依法从宽处理进行协商。需要注意的是，不论是在哪个阶段，和解协议一般都是在司法机关的主持下制作的，律师可以代理当事人参与对和解协议内容的协商和确定，运用专业法律知识促成和解协议的达成。

5. 向司法机关提出法律意见

如果律师作为犯罪嫌疑人、被告人的辩护人，当事人双方达成和解协议的，辩护律师应当向有关机关提出对犯罪嫌疑人、被告人不起诉、从宽处罚或者免予处罚的法律建议。如果律师是被害人的代理人，也可以就和解协议及和解协议履行的情况向司法机关反映，并说明情况，提出处理建议。下面根据实际情况，仅就辩护律师提出的法律意见进行阐述。

（1）侦查阶段

1）审查批准逮捕时提出不批准逮捕的法律意见。根据《人民检察院刑事诉讼规则》的规定，双方当事人达成和解协议的，人民检察院在审查批准、决定逮捕时可以作为无社会危险性或者社会危险性较小的依据，从而可以作出不批准逮捕的决定。据此，辩护律师应当在审查批准逮捕时及时与人民检察院进行交流，说明和解的情况，提出不批准逮捕的法律意见。

2）侦查终结时提出对犯罪嫌疑人从宽处理的法律意见。根据《公安机关办理刑事案件程序规定》的规定，对于达成和解协议的案件，经县级以上公安机关负责人批准，公安机关将案件移送人民检察院审查起诉时，可以提出从宽处理的建议。也即公安机关侦查终结时，可以在起诉意见书中向人民检察院提出对犯罪嫌疑人从宽处理的建议。因此，辩护律师可以在侦查终结时递交的法律意见书中说明和解的情况，向公安机关提出对犯罪嫌疑人从宽处理的建议。

（2）审查起诉阶段

当事人之间达成的和解协议，可以作为犯罪嫌疑人的社会危害性较小的有力论证。在审查起诉阶段，犯罪事实已经基本查清，辩护律师应当结合案件的具体情况，向检察机关提出以下三种法律意见：

1）变更强制措施：对于双方当事人达成和解协议但被批准逮捕的案件，在审查起诉阶段，辩护律师仍然可以以此为由提出变更强制措施的法律意见。

2）作出不起诉的决定：双方当事人达成和解协议可以作为是否需要判处行为人刑罚

或者免除刑罚的因素予以考虑，如果犯罪嫌疑人符合法律规定的不起诉条件的，辩护律师应当提出对犯罪嫌疑人不起诉的法律意见。

3）从宽处罚的建议：对于人民检察院认为有必要提起公诉的案件，辩护律师也应当根据和解的情况向公诉机关说明情况，依法提出从轻、减轻或免予处罚的量刑建议。

（3）审判阶段

根据最高人民法院《关于适用〈中华人民共和国刑事诉讼法〉的解释》第596条的规定，双方当事人和解的案件中，人民法院应当对被告人从轻处罚。辩护律师可以根据案件实际情况以及和解的情况，提出或者适用非监禁刑或者减轻处罚或者免除处罚或者从宽处罚的辩护意见。

（三）律师参与的注意事项

1. 被害人不谅解的，律师不得威胁、恐吓或者强迫被害人予以谅解

在刑事和解程序中，和解程序启动的最重要的一个原则就是自愿和解原则，即使案件属于刑事和解的案件范围，犯罪嫌疑人、被告人也真诚悔过、赔礼道歉并赔偿损失，但是被害人及其近亲属对犯罪嫌疑人、被告人仍然不予谅解的，律师应该尊重被害人及其近亲属的意愿，不能启动刑事和解程序。律师不得威胁、恐吓或者强迫被害人予以谅解，不得指使犯罪嫌疑人、被告人本人及其近亲属对被害人及其近亲属进行威胁、恐吓或强迫，使其接受和解。

2. 和解协议的内容不得违反法律、法规，不得侵犯其他人的合法权益

律师在参与和解协议的内容商定时，应该审查和解协议是否符合法律规定，是否损害国家、集体和社会公共利益或者他人的合法权益，是否符合社会公德，以保证和解协议内容合法、形式有效，能够顺利地即时履行，维护本方当事人的合法的权益。和解协议的内容不得违反法律、法规，不得侵犯他人合法的权益。

3. 监督公安、司法机关在刑事和解中的正当性，防止不启动和解、强迫和解、和解后不作轻缓处理等情形的发生

在刑事和解的程序中，作为一方当事人的辩护人或诉讼代理人的律师，要以维护当事人的合法权益为宗旨。公安、司法机关在刑事和解程序中是中立的一方，不能偏袒任何一方，律师应当监督公安、司法机关在刑事和解程序中的公正性，防止公安、司法机关应该建议启动和解程序而不建议、不告知，或者强迫和解达成或者达成和解协议后并没有从宽处理的情形，以维护当事人的合法权益。

4. 协调和解过程应当避免干扰办案机关工作

律师在参与和解程序的过程中，应当注意不要对案件的事实认定、证据采信、法律适用和定罪量刑等依法属于公安机关、人民检察院、人民法院职权范围的事宜进行协商，避免干扰办案机关的正常工作。

附：本节相关法律规范性文件

1. 法律

《中华人民共和国刑事诉讼法》（2018 年修正）（2018 年 10 月 26 日施行）第 288～290 条

2. 规范性文件

最高人民法院《关于适用〈中华人民共和国刑事诉讼法〉的解释》（2021 年 3 月 1 日施行）第 496～506 条

最高人民检察院《人民检察院刑事诉讼规则》（2013 年 1 月 1 日施行）第 587～597 条

《律师办理刑事案件规范》（2017 年 8 月 27 日施行）第 221～224 条

第三节　犯罪嫌疑人、被告人逃匿、死亡案件违法所得的没收程序

一、逃匿、死亡案件违法所得的没收程序设置的意义

随着中国经济、社会的快速发展，刑事司法实践中出现了很多新情况和新变化。当前，我国反腐败和反恐怖斗争形势日益严峻，一些犯罪分子在犯罪后直接携款外逃，逃避法律追究，更有甚者以自杀手段逃避应负的刑事责任。因为根据刑事诉讼法第 15 条的规定，当事人无法到案或者已经死亡的，正常刑事诉讼程序就无法全面展开，违法所得也就无法通过正常的司法途径予以追回。这样的话，既无法回应社会公众对于打击贪污腐败的呼声，也无法满足国家打击暴力恐怖活动的需要，成为公安、司法机关办理这类案件时面临的一大难题。鉴于此，2012 年《刑事诉讼法》，在“特别程序”一章增设了犯罪嫌疑人、被告人逃匿、死亡案件违法所得的没收程序。

《刑事诉讼法》从第 298 条到第 301 条共用 4 个条文，对没收程序进行了框架性规定。这一规定结合国际公约的要求，总结其他国家的实际经验，构建了相对完备的被追诉人逃匿、死亡案件违法所得及其他涉案财产的没收程序。这一制度的设立可以改变我国目前刑事司法对特定类型犯罪所得追缴不力、难以展开国际合作的现状，在维护国家利益、保护利害关系人的权益、消除犯罪影响、削减再犯能力等方面，都将发挥重大作用。

二、逃匿、死亡案件违法所得的没收程序的适用范围

（一）犯罪嫌疑人、被告人逃匿案件

根据刑事诉讼法的规定，逃匿案件适用违法所得没收程序要求必须同时满足以下条件：

1. 条件一：限于贪污贿赂犯罪、恐怖活动犯罪等重大犯罪案件。

（1）贪污贿赂犯罪，即指刑法分则第八章规定的犯罪；

（2）恐怖活动犯罪，主要指《刑法》第120条规定的“组织、领导、参加恐怖组织罪”和第120条之一规定的“资助恐怖活动罪”；

（3）其他重大犯罪，一般是指社会危害程度与贪污贿赂犯罪和恐怖活动犯罪相当的犯罪。《关于适用〈中华人民共和国刑事诉讼法〉的解释》对其他重大犯罪的认定标准作出了明确规定，具有以下情形之一的，即可认定为“重大犯罪案件”：1）犯罪嫌疑人、被告人可能被判处无期徒刑以上刑罚的；2）案件在本省、自治区、直辖市或者全国范围内有较大影响的；3）其他重大犯罪案件。

2. 条件二：限于犯罪嫌疑人、被告人逃匿，在通缉1年后不能到案。

（1）犯罪嫌疑人、被告人实施贪污贿赂犯罪、恐怖活动犯罪等重大犯罪后逃匿，包括在逃和脱逃两种情况。

（2）公安、司法机关对犯罪嫌疑人、被告人发布了通缉令，进行追捕。

（3）公安、司法机关进行通缉已经超过1年，且犯罪嫌疑人、被告人仍不能到案的。

3. 条件三：依照刑法规定应当追缴其违法所得及其他涉案财产。

这里的“违法所得及其他涉案财产”包括：（1）犯罪嫌疑人、被告人实施犯罪行为所取得的财物及其孳息；（2）犯罪嫌疑人、被告人非法持有的违禁品；（3）供犯罪所用的犯罪嫌疑人、被告人本人的财物。

（二）犯罪嫌疑人、被告人死亡案件

根据刑事诉讼法的规定，死亡案件适用违法所得没收程序要求必须同时满足以下条件：

1. 条件一：犯罪嫌疑人、被告人实施犯罪后死亡。

（1）犯罪嫌疑人、被告人死亡的案件在罪名、量刑和影响上都没有特殊要求，不限于贪污贿赂、恐怖活动犯罪等重大犯罪。

（2）犯罪嫌疑人、被告人死亡既可以发生在进入刑事诉讼之前，也可以发生在进入刑事诉讼之后；既可以发生在侦查阶段、审查起诉阶段，也可以发生在审判阶段。

2. 条件二：依照刑法规定应当追缴其违法所得及其他涉案财产。这里的“违法所得及其他涉案财产”的范围与逃匿案件中的相同，不再赘述。

三、公安、司法机关启动逃匿、死亡案件违法所得的没收程序

（一）侦查机关（包括公安机关和人民检察院的侦查部门）

1. 进行调查和采取措施

对于公安机关受理立案侦查的案件或者人民检察院直接受理立案侦查的案件，如果出

现犯罪嫌疑人逃匿或者死亡的情形，符合法定适用条件的，应当启动违法所得没收程序进行调查，查明犯罪嫌疑人涉嫌的犯罪事实，犯罪嫌疑人逃匿、被通缉或者死亡的情况，以及犯罪嫌疑人的违法所得及其他涉案财产的情况，并可以对违法所得及其他涉案财产依法进行查封、扣押、查询、冻结。

2. 写出没收违法所得意见书

对于符合适用条件的案件，侦查机关应当写出没收违法所得意见书。没收违法所得意见书应当包括以下内容：（1）犯罪嫌疑人的基本情况；（2）犯罪事实和相关的证据材料；（3）犯罪嫌疑人逃匿、被通缉或者死亡的情况；（4）犯罪嫌疑人的违法所得及其他涉案财产的种类、数量、所在地；（5）查封、扣押、冻结的情况等。

3. 移送人民检察院

（1）公安机关应当将没收违法所得意见书连同相关证据材料一并移送同级人民检察院。公安机关将没收违法所得意见书移送人民检察院后，如果在逃的犯罪嫌疑人自动投案或者被抓获的，公安机关应当及时通知同级人民检察院。

（2）人民检察院的侦查部门应当将没收违法所得意见书连同案卷材料一并移送有管辖权的人民检察院侦查部门，并由有管辖权的人民检察院侦查部门移送本院公诉部门。

（二）人民检察院的公诉部门

1. 审查没收违法所得意见书

人民检察院的公诉部门审查公安机关或者本院侦查部门移送的没收违法所得意见书时，应当查明以下内容：（1）是否属于本院管辖；（2）是否符合刑事诉讼法第280条第1款规定的条件；（3）犯罪嫌疑人身份状况，包括姓名、性别、国籍、出生年月日、职业和单位等；（4）犯罪嫌疑人涉嫌犯罪的情况；（5）犯罪嫌疑人逃匿、被通缉或者死亡的情况；（6）违法所得及其他涉案财产的种类、数量、所在地，以及查封、扣押、冻结的情况；（7）与犯罪事实、违法所得相关的证据材料是否随案移送，不宜移送的证据的清单、复制件、照片或者其他证明文件是否随案移送；（8）证据是否确实、充分；（9）相关利害关系人的情况。

在审查公安机关移送的没收违法所得意见书的过程中，在逃的犯罪嫌疑人、被告人自动投案或者被抓获的，人民检察院应当终止审查，并将案卷退回公安机关处理。

2. 作出是否提出没收违法所得申请的决定

人民检察院公诉部门应当在接到公安机关或者本院侦查部门移送的没收违法所得意见书后30日以内作出是否提出没收违法所得申请的决定；30日以内不能作出决定的，经检察长批准，可以延长15日。对于移送的没收违法所得案件，经审查认为不符合刑事诉讼法第280条第1款规定条件的，应当作出不提出没收违法所得申请的决定，并向移送的公安机关或者本院的侦查部门书面说明理由；认为需要补充证据的，应当书面要求公安机关或者本院侦查部门补充证据，必要时也可以自行调查。公安机关或者人民检察院侦查部门补充证据的时间不计入人民检察院办案期限。

3. 制作没收违法所得申请书

如果公诉部门作出提出没收违法所得申请决定的，应当制作没收违法所得申请书。没收违法所得申请书的主要内容包括：

（1）犯罪嫌疑人、被告人的基本情况，包括姓名、性别、出生年月日、出生地、户籍地、身份证号码、民族、文化程度、职业、工作单位及职务、住址等；

（2）案由及案件来源；

（3）犯罪嫌疑人、被告人的犯罪事实；

（4）犯罪嫌疑人、被告人逃匿、被通缉或者死亡的情况；

（5）犯罪嫌疑人、被告人的违法所得及其他涉案财产的种类、数量、所在地及查封、扣押、冻结的情况；

（6）犯罪嫌疑人、被告人近亲属和其他利害关系人的姓名、住址、联系方式及其要求等情况；

（7）提出没收违法所得申请的理由和法律依据。

4. 向人民法院提出没收违法所得申请

（1）在公安机关或者人民检察院侦查部门侦查过程中，侦查机关向人民检察院移送没收违法所得意见书，人民检察院公诉部门审查后，对于符合适用条件的，向人民法院提出没收违法所得申请。

（2）在人民检察院审查起诉过程中，对于符合适用条件的，人民检察院公诉部门可以直接向人民法院提出没收违法所得的申请。

（3）人民法院在审理案件过程中，因被告人死亡而裁定终止审理，或者因被告人脱逃而裁定中止审理的，人民检察院可以依法另行向人民法院提出没收违法所得的申请。

（三）人民法院

1. 审查没收违法所得的申请

对于没收违法所得的申请，人民法院应当在7日内审查完毕，并按照下列情形分别处理：（1）不属于本院管辖的，应当退回人民检察院；（2）材料不全的，应当通知人民检察院在3日内补送；（3）属于违法所得没收程序受案范围和本院管辖，且材料齐全的，应当受理。

2. 对于申请没收的财产采取强制措施

人民检察院尚未查封、扣押、冻结申请没收的财产或者查封、扣押、冻结期限即将届满，涉案财产有被隐匿、转移或者毁损、灭失危险的，人民法院可以查封、扣押、冻结申请没收的财产。

3. 受理申请后发出公告

人民法院决定受理没收违法所得的申请后，应当在15日内发出公告。

（1）公告的期限：公告期为6个月。

（2）公告的内容：1）案由；2）犯罪嫌疑人、被告人通缉在逃或者死亡等基本情况；3）申请没收财产的种类、数量、所在地；4）犯罪嫌疑人、被告人的近亲属和其他利害关系人申请参加诉讼的期限、方式；5）应当公告的其他情况。

（3）公告的方式：公告应当在全国公开发行的报纸或者人民法院的官方网站刊登，并在人民法院公告栏张贴、发布；必要时，可以在犯罪地、犯罪嫌疑人、被告人居住地、申请没收的不动产所在地张贴、发布。

（4）公告的告知：人民法院已经掌握犯罪嫌疑人、被告人的近亲属和其他利害关系人的联系方式的，应当采取电话、传真、邮件等方式直接告知其公告内容，并记录在案。

4. 确定审理的方式

公告期满后，人民法院应当组成合议庭对于申请没收违法所得的案件进行审理。

（1）利害关系人申请参加诉讼的，人民法院应当开庭审理。利害关系人接到通知后无正当理由拒不到庭，或者未经法庭许可中途退庭的，可以转为不开庭审理，但还有其他利害关系人参加诉讼的除外。

（2）没有利害关系人申请参加诉讼的，可以不开庭审理。

5. 开庭审理的程序

（1）审判长宣布法庭调查开始后，先由检察员宣读申请书，后由利害关系人、诉讼代理人发表意见。

（2）法庭应当依次就犯罪嫌疑人、被告人是否实施了贪污贿赂犯罪、恐怖活动犯罪等重大犯罪并已经通缉 1 年不能到案，或者是否已经死亡，以及申请没收的财产是否依法应当追缴进行调查；调查时，先由检察员出示有关证据，后由利害关系人发表意见、出示有关证据，并进行质证。

（3）法庭辩论阶段，先由检察员发言，后由利害关系人及其诉讼代理人发言，并进行辩论。

6. 审理后的处理

对于申请没收违法所得的案件，人民法院审理后，应当按照下列情形分别处理：

（1）案件事实清楚，证据确实、充分，申请没收的财产确属违法所得及其他涉案财产的，除依法返还被害人的以外，应当裁定没收；

（2）不符合《关于适用〈中华人民共和国刑事诉讼法〉的解释》第 609、611 条规定的条件的，应当裁定驳回申请。

7. 对上诉、抗诉案件的处理

对于没收违法所得或者驳回申请的裁定，犯罪嫌疑人、被告人的近亲属和其他利害关系人或者人民检察院可以在 5 日内提出上诉、抗诉。对不服第一审没收违法所得或者驳回申请裁定的上诉、抗诉案件，第二审人民法院经审理，应当按照下列情形分别作出裁定：

（1）原裁定正确的，应当驳回上诉或者抗诉，维持原裁定。

（2）原裁定确有错误的，可以在查清事实后改变原裁定；也可以撤销原裁定，发回重新审判。

（3）原审违反法定诉讼程序，可能影响公正审判的，应当撤销原裁定，发回重新审判。

8. 犯罪嫌疑人、被告人到案后的处理

（1）尚未作出没收违法所得裁定的处理

在审理申请没收违法所得案件的过程中，在逃的犯罪嫌疑人、被告人到案的，人民法院应当裁定终止审理。人民检察院向原受理申请的人民法院提起公诉的，可以由同一审判组织审理。

（2）没收违法所得裁定生效后的处理

没收违法所得裁定生效后，犯罪嫌疑人、被告人到案并对没收裁定提出异议，人民检察院向原作出裁定的人民法院提起公诉的，可以由同一审判组织审理。人民法院经审理，应当按照下列情形分别处理：1）原裁定正确的，予以维持，不再对涉案财产作出判决；2）原裁定确有错误的，应当撤销原裁定，并在判决中对有关涉案财产一并作出处理。

四、律师参与逃匿、死亡案件违法所得的没收程序

（一）委托律师参加没收程序

1. 委托的法律依据

根据《刑事诉讼法》第299条的规定，人民法院受理没收违法所得的申请后，犯罪嫌疑人、被告人的近亲属和其他利害关系人有权申请参加诉讼，也可以委托诉讼代理人参加诉讼。这是律师介入没收程序的法律依据。

2. 委托的时间

律师受委托担任诉讼代理人后参加诉讼只能在人民法院受理没收违法所得的申请后，换言之，在公安机关或者人民检察院提出没收违法所得的意见或者没收违法所得的申请，但人民法院受理之前，利害关系人不能委托律师担任诉讼代理人。

3. 委托的主体

有权委托律师作为诉讼代理人参加没收程序诉讼的，可以是犯罪嫌疑人、被告人的近亲属，也可以是其他利害关系人。这里的“其他利害关系人”是指对于申请没收的财产主张所有权的人。

（二）律师参与没收程序的前期准备

律师接受委托人的委托后，应当与委托人签订委托协议，并向委托人介绍刑事诉讼法关于没收程序的规定。律师应尽可能从委托人处了解犯罪嫌疑人、被告人所涉的案件情况，了解涉案财产的性质及是否被采取了查封、扣押、冻结措施，是否有其他利害关系人等。律师在前期准备工作中，应当将工作的重心放在对财产以及利害关系人的分析上，寻

找对委托人有利的切入点。

（三）律师参与没收程序的开庭审理

由于利害关系人申请参加诉讼的，人民法院都应当开庭审理，所以律师接受委托担任诉讼代理人后，应当积极准备，参加开庭审理，提出意见，为委托人提供法律服务。

1. 开庭阶段

同公诉案件的审理程序一样，律师作为诉讼代理人在没收程序的开庭审理阶段，可以确定开庭时间是否符合法律规定，确定旁听人员是否符合法律规定，申请回避以及提出管辖异议。

2. 法庭调查阶段

（1）听取检察员宣读申请书

代理律师应当认真听取检察员宣读没收违法所得申请书，注意检察员宣读的申请书的内容与诉讼代理人收到的申请书的内容是否一致，人民检察院申请没收违法所得的范围、理由和证据是否发生变化，如果不一致或者发生变化的，代理律师可以要求给予必要的准备时间。

（2）听取利害关系人发表意见

在检察员宣读申请书后，犯罪嫌疑人、被告人的近亲属或者其他利害关系人有权发表意见，律师作为他们的代理人应当在庭前商定是由利害关系人自己发表意见还是由律师代为发表意见。如果商定由利害关系人发表意见的，代理律师也应当在庭前进行辅导，在利害关系人发表意见时应当认真听取，注意利害关系人的观点和意见有无发生变化，以便及时调整代理方案。

（3）代理律师发表意见

除了利害关系人有权发表意见，律师作为诉讼代理人也有权发表意见。代理律师应当从案件是否符合没收程序的适用条件、利害关系人与申请没收的财产之间的利害关系、人民检察院的举证责任是否完成以及是否达到了确实、充分的标准等角度介入。

（4）对检察员出示的证据进行质证

在法庭调查阶段，法庭将依次就犯罪嫌疑人、被告人是否实施了贪污贿赂犯罪、恐怖活动犯罪等重大犯罪并已经通缉 1 年不能到案，或者是否已经死亡，以及申请没收的财产是否依法应当追缴进行调查。检察员应当针对需要调查的事实出示有关证据，律师作为诉讼代理人，应当针对检察员出示的证据发表质证意见。质证的方式同其他审判程序的质证，不再赘述。

（5）利害关系人或者诉讼代理人出示证据

在检察员举证完毕后，利害关系人也可以出示有关证据，证明犯罪嫌疑人、被告人没有实施犯罪或者实施的不是贪污贿赂犯罪、恐怖活动犯罪等重大犯罪，证明犯罪嫌疑人、被告人没有被通缉或者通缉尚不到 1 年，证明犯罪嫌疑人、被告人尚未死亡，证明申请没收的财产依法不应当追缴等。律师作为诉讼代理人，也可以代为出示相关证据。

（6）其他工作

在法庭审理过程中，律师作为诉讼代理人还有权申请通知新的证人到庭、调取新的物证，申请重新鉴定或者勘验。如果由此需要延期审理的，也可提出延期审理的申请。

3. 法庭辩论阶段

（1）听取检察员发言

法庭辩论阶段先由检察员发言，律师应认真听取检察员如何论证案件符合没收程序的适用条件，如何论证申请没收的财产依法应当追缴，如何论证其举证证据体系的完整性和严密性。诉讼代理人应当从检察员的发言中寻找漏洞和突破口，并根据检察员的发言以及庭审的情况对原拟定的意见进行调整、修改、充实以及补充。

（2）听取利害关系人发言

律师虽然是利害关系人的诉讼代理人，但利害关系人也有权独立发言，在其发言时，律师也应当认真听取。

（3）诉讼代理人发表意见

在利害关系人发表意见之后，律师作为诉讼代理人应当根据检察员的发言和法庭调查的情况发表意见。发表意见应当围绕案件本身，围绕代理目标，不宜冗长、重复。

（4）双方进行辩论

在检察员与利害关系人和诉讼代理人分别发言后，双方还可以针对焦点问题进行辩论，着重针对新问题、新观点进行辩驳，不纠缠细枝末节，突出重点，避免重复。

（四）律师参与没收程序的庭后工作

1. 提交法律意见书

为了更好地履行自己的职责，达到代理目标，在庭审结束后，律师应当向法庭递交书面的法律意见。法律意见书应当紧紧围绕争议的事实、争议的证据和争议的焦点展开，做到条理清晰、结构严谨、论证充分。

2. 监督审理期限

人民法院对于申请没收违法所得的案件也有审理的期限，审理期限参照公诉案件第一审普通程序和第二审程序的审理期限执行，公告期间和请求刑事司法协助的时间不计入审理期限。在司法实务中，律师应当根据上述规定监督人民法院的审理期限，并注意审查人民法院是否有超期、逾期判决的现象。

3. 代为提出上诉

人民法院审理申请没收违法所得案件，要么裁定予以没收，要么裁定驳回申请，解除查封、扣押、冻结措施。对于人民法院依法作出的裁定，诉讼代理人应当向利害关系人进行分析，利害关系人决定上诉的，可以代为撰写上诉状，并告知利害关系人应在收到裁定书后 5 日内提出上诉。

4. 代为申诉

如果二审维持了一审裁定，但利害关系人认为生效的没收裁定确有错误，律师可以代为申请，通过启动审判监督程序予以纠正，最终达到代理目标：已经没收的财产，应当及时返还；财产已经上缴国库的，由原没收机关从财政机关申请退库，予以返还；原物已经出卖、拍卖的，应当退还价款；造成犯罪嫌疑人、被告人以及利害关系人财产损失的，应当依法赔偿。

附：本节相关法律规范性文件

1. 法律

《中华人民共和国刑事诉讼法》(2018 年修正)(2018 年 10 月 26 日施行) 第 298～301 条

2. 规范性文件

最高人民法院《关于适用〈中华人民共和国刑事诉讼法〉的解释》(2021 年 3 月 1 日施行) 第 609～628 条

最高人民检察院《人民检察院刑事诉讼规则》第 512～533 条

最高人民法院、最高人民检察院、公安部、国家安全部、司法部、全国人大常委会法制工作委员会《关于实施刑事诉讼法若干问题的规定》第 38～39 条

《律师办理刑事案件规范》(2017 年 8 月 27 日施行) 第 225～230 条

第四节　依法不负刑事责任的精神病人的强制医疗程序

一、强制医疗程序的设置意义

精神病人犯罪已经日益成为影响社会治安的重大隐患，在我国，精神病人实施的杀人、伤害等暴力性案件时有发生，并且逐渐呈上升趋势。据统计，最近每年精神病人实施的刑事犯罪案件超过 1 万件，其中 30%是杀人、伤害等严重暴力案件；平均每名被监管的精神病患者杀死 1.85 人，最多的杀死七十余人。[①] 虽然我国刑法第 18 条作出对于依法不负刑事责任的精神病人，“应当责令他的家属或者监护人严加看管和医疗；在必要的时候，由政府强制医疗”的规定，但在实践中，精神病人的家属或者监护人有的是不愿意，有的确实也没有能力履行监管和医疗义务，而对于政府强制医疗，我国又没有细化的法律规定和操作程序，导致大量精神病人被放任不管，对社会安全与秩序产生严重威胁。因此，我国在 2012 年刑事诉讼法的修改中，对于依法不负刑事责任的精神病人专节设置了强制医疗程序，弥补了这一法律上的空白。

《刑事诉讼法》从第 302 条到第 307 条共用六个条文，对强制医疗程序进行了框架性规定。这一特别程序的增设对于保障社会公众安全、维护社会和谐有序、及时妥善医治精

---

① 汪海燕，王迎龙．我国刑事强制医疗程序研究．江淮论坛，2012 (5)．

神病人都将发挥重大作用。与此同时，该程序的设置还可以最大限度地防止权力机关滥用强制医疗程序侵犯公民合法权益，杜绝将上访者、轻微违法者认定为精神病人进行强制医疗的情况发生。由此可见，精神病人强制医疗特别程序的设置体现了法律对社会安全和精神病人健康及其他合法利益的双重关怀。

二、强制医疗程序的适用条件

根据《刑事诉讼法》第302条的规定，实施暴力行为，危害公共安全或者严重危害公民人身安全，经法定程序鉴定依法不负刑事责任的精神病人，有继续危害社会可能的，可以予以强制医疗。可见，要适用强制医疗程序，必须同时符合以下条件：

（一）医学条件

强制医疗程序适用的对象必须是患有精神病的人，对于没有患精神病的人不能适用强制医疗程序。

（二）司法条件

1. 精神病人实施了暴力行为。如果精神病人实施的犯罪行为是非暴力行为，如盗窃、诈骗等行为，不能适用强制医疗程序。

2. 精神病人实施的暴力行为危害公共安全或者严重危害公民人身安全。如果精神病人实施自残自虐行为，并没有危害到公共安全或者严重危害到公民人身安全，只能由其近亲属或者监护人妥善看管、照顾，也不能适用强制医疗程序。

3. 必须是经法定程序鉴定依法不负刑事责任的精神病人。根据我国刑法的规定，精神病人在不能辨认或者控制自己行为的时候造成危害结果，经法定程序鉴定确认的，才不负刑事责任。间接性精神病人在精神正常的时候犯罪或者尚未完全丧失辨认或者控制自己行为能力的精神病人犯罪，都应当承担刑事责任。对于依法应当承担刑事责任的精神病人，不能适用强制医疗程序。需要注意的是，精神病人是否依法不负刑事责任，还必须经过法定程序鉴定确认。没有经过法定程序鉴定的，也无法启动强制医疗程序。

（三）社会条件

可以予以强制医疗的精神病人还必须有继续危害社会的可能性。如果精神病人在实施暴力行为后，不能继续危害社会，如已经丧失了行为能力，则无须予以强制医疗。

三、司法机关启动强制医疗程序

（一）公安机关

1. 对犯罪嫌疑人进行精神病鉴定

公安机关发现实施暴力行为，危害公共安全或者严重危害公民人身安全的犯罪嫌疑人，可能属于依法不负刑事责任的精神病人的，应当对其进行精神病鉴定。

2. 写出强制医疗意见书

对于经法定程序鉴定依法不负刑事责任的精神病人，有继续危害社会可能，符合强制医疗条件的，公安机关应当在 7 日以内写出强制医疗意见书。

3. 移送同级人民检察院

经县级以上公安机关负责人批准，将强制医疗意见书连同相关证据材料和鉴定意见一并移送同级人民检察院。

4. 采取临时的保护性约束措施

对于实施暴力行为的精神病人，在人民法院决定强制医疗前，经县级以上公安机关负责人批准，公安机关可以采取临时的保护性约束措施。必要时，公安机关还可以将其送精神病医院接受治疗。

采取临时的保护性约束措施时，应当对精神病人严加看管，并注意约束的方式、方法和力度，以避免和防止危害他人与精神病人的自身安全为限度。对于精神病人已没有继续危害社会可能，解除约束后不致发生社会危险性的，公安机关应当及时解除保护性约束措施。

（二）人民检察院

1. 审查强制医疗意见书

对于公安机关移送的强制医疗意见书，人民检察院应当予以审查，具体由公诉部门办理。人民检察院审查公安机关移送的强制医疗意见书，应当查明：（1）是否属于本院管辖；（2）涉案精神病人身份状况是否清楚，包括姓名、性别、国籍、出生年月日、职业和单位等；（3）涉案精神病人实施危害公共安全或者严重危害公民人身安全的暴力行为的事实；（4）公安机关对涉案精神病人进行鉴定的程序是否合法，涉案精神病人是否依法不负刑事责任；（5）涉案精神病人是否有继续危害社会的可能；（6）证据材料是否随案移送，不宜移送的证据的清单、复制件、照片或者其他证明文件是否随案移送；（7）证据是否确实、充分；（8）采取的临时保护性约束措施是否适当。

2. 作出是否提出强制医疗申请的决定

人民检察院应当在接到公安机关移送的强制医疗意见书后 30 日以内作出是否提出强制医疗申请的决定。对于公安机关移送的强制医疗案件，经审查认为不符合刑事诉讼法第 284 条规定条件的，应当作出不提出强制医疗申请的决定，并向公安机关书面说明理由；认为需要补充证据的，应当书面要求公安机关补充证据，必要时也可以自行调查。经审查认为符合《刑事诉讼法》第 302 条规定条件的，应当作出向人民法院提出强制医疗申请的决定。

3. 制作强制医疗申请书

人民检察院决定向人民法院提出强制医疗申请的，应当制作强制医疗申请书。强制医疗申请书的主要内容包括：（1）涉案精神病人的基本情况，包括姓名、性别、出生年月日、出生地、户籍地、身份证号码、民族、文化程度、职业、工作单位及职务、住址，采取临时保护性约束措施的情况及处所等；（2）涉案精神病人的法定代理人的基本情况，包括姓名、住址、联系方式等；（3）案由及案件来源；（4）涉案精神病人实施危害公共安全或者严重危害公民人身安全的暴力行为的事实，包括实施暴力行为的时间、地点、手段、后果等及相关证据情况；（5）涉案精神病人不负刑事责任的依据，包括有关鉴定意见和其他证据材料；（6）涉案精神病人继续危害社会的可能；（7）提出强制医疗申请的理由和法律依据。

4. 向人民法院提出强制医疗的申请

对于实施暴力行为，危害公共安全或者严重危害公民人身安全，已经达到犯罪程度，经法定程序鉴定依法不负刑事责任的精神病人，有继续危害社会可能的，人民检察院应当向人民法院提出强制医疗的申请。

强制医疗的申请由被申请人实施暴力行为所在地的基层人民检察院提出；由被申请人居住地的人民检察院提出更为适宜的，可以由被申请人居住地的基层人民检察院提出。

（三）人民法院

1. 审查人民检察院提出的强制医疗申请

对于人民检察院提出的强制医疗申请，人民法院应当审查以下内容：（1）是否属于本院管辖；（2）是否写明被申请人的身份，实施暴力行为的时间、地点、手段，所造成的损害等情况，并附相关证据材料；（3）是否附有法医精神病鉴定意见和其他证明被申请人属于依法不负刑事责任的精神病人的证据材料；（4）是否列明被申请人的法定代理人的姓名、住址、联系方式；（5）需要审查的其他事项。

2. 受理申请后组成合议庭

对于人民检察院提出的强制医疗申请，人民法院应当在 7 日内审查完毕，并按照下列情形分别处理：（1）不属于本院管辖的，应当退回人民检察院；（2）材料不全的，应当通知人民检察院在 3 日内补送；（3）属于强制医疗程序受案范围和本院管辖，且材料齐全的，应当受理。

受理人民检察院的强制医疗申请后，人民法院应当组成合议庭审理强制医疗案件。

3. 确定开庭方式

人民法院审理强制医疗案件，一般来说，应当开庭审理，但是，被申请人的法定代理人请求不开庭审理，并经人民法院审查同意的，可以不开庭审理。

4. 开庭审理的程序

开庭审理申请强制医疗的案件，按照下列程序进行：

（1）审判长宣布法庭调查开始后，先由检察员宣读申请书，后由被申请人的法定代理人、诉讼代理人发表意见；

（2）法庭依次就被申请人是否实施了危害公共安全或者严重危害公民人身安全的暴力行为、是否属于依法不负刑事责任的精神病人、是否有继续危害社会的可能进行调查，调查时，先由检察员出示有关证据，后由被申请人的法定代理人、诉讼代理人发表意见、出示有关证据，并进行质证；

（3）法庭辩论阶段，先由检察员发言，后由被申请人的法定代理人、诉讼代理人发言，并进行辩论。

被申请人要求出庭，人民法院经审查其身体和精神状态，认为可以出庭的，应当准许。出庭的被申请人，在法庭调查、辩论阶段，可以发表意见。

检察员宣读申请书后，被申请人的法定代理人、诉讼代理人无异议的，法庭调查可以简化。

5. 审理后的处理

对于申请强制医疗的案件，人民法院审理后，应当按照下列情形分别处理：

（1）符合刑事诉讼法第284条规定的强制医疗条件的，应当在1个月以内作出对被申请人强制医疗的决定。

（2）被申请人属于依法不负刑事责任的精神病人，但不符合强制医疗条件的，应当作出驳回强制医疗申请的决定；被申请人的行为已经造成危害结果的，应当同时责令其家属或者监护人严加看管和医疗。

（3）被申请人具有完全或者部分刑事责任能力，依法应当追究刑事责任的，应当作出驳回强制医疗申请的决定，并退回人民检察院依法处理。

6. 送交强制医疗

人民法院决定强制医疗的，应当在作出决定后5日内，向公安机关送达强制医疗决定书和强制医疗执行通知书，由公安机关将被决定强制医疗的人送交强制医疗。

7. 对申请复议的处理

被决定强制医疗的人、被害人及其法定代理人、近亲属对强制医疗决定不服的，可以自收到决定书之日起5日内向上一级人民法院申请复议，复议期间不停止执行强制医疗的决定。

对于不服强制医疗决定的复议申请，上一级人民法院应当组成合议庭审理，并在一个月内，按照下列情形分别作出复议决定：（1）被决定强制医疗的人符合强制医疗条件的，应当驳回复议申请，维持原决定；（2）被决定强制医疗的人不符合强制医疗条件的，应当撤销原决定；（3）原审违反法定诉讼程序，可能影响公正审判的，应当撤销原决定，发回原审人民法院重新审判。

8. 对于申请解除强制医疗的处理

（1）审查诊断评估报告

强制医疗机构提出解除强制医疗意见，或者被强制医疗的人及其近亲属申请解除强制医疗的，人民法院应当审查是否附有对被强制医疗的人的诊断评估报告。1）强制医疗机构提出解除强制医疗意见，未附诊断评估报告的，人民法院应当要求其提供。2）被强制医疗的人及其近亲属向人民法院申请解除强制医疗，强制医疗机构未提供诊断评估报告的，申请人可以申请人民法院调取。必要时，人民法院可以委托鉴定机构对被强制医疗的人进行鉴定。

（2）组成合议庭进行审理

强制医疗机构提出解除强制医疗意见，或者被强制医疗的人及其近亲属申请解除强制医疗的，人民法院应当组成合议庭进行审查，并在1个月内，按照下列情形分别处理：

1）被强制医疗的人已不具有人身危险性，不需要继续强制医疗的，应当作出解除强制医疗的决定，并可责令被强制医疗的人的家属严加看管和医疗；

2）被强制医疗的人仍具有人身危险性，需要继续强制医疗的，应当作出继续强制医疗的决定。

（3）送达决定书

人民法院应当在作出决定后5日内，将决定书送达强制医疗机构、申请解除强制医疗的人、被决定强制医疗的人和人民检察院。决定解除强制医疗的，应当通知强制医疗机构在收到决定书的当日解除强制医疗。

（4）人民检察院提出纠正意见后的审理

人民检察院认为强制医疗决定或者解除强制医疗决定不当，在收到决定书后20日内提出书面纠正意见的，人民法院应当另行组成合议庭审理，并在1个月内作出决定。

需要注意的是，上面主要介绍了人民法院审查人民检察院提出的强制医疗申请的程序。在司法实践中，人民法院在审理第一审程序案件或者第二审程序案件的过程中，如果发现被告人可能符合强制医疗条件的，也可以适用强制医疗程序，对案件进行审理。对于第一审案件，人民法院审理后按照下列情形分别处理：A. 被告人符合强制医疗条件的，应当判决宣告被告人不负刑事责任，同时作出对被告人强制医疗的决定。B. 被告人属于依法不负刑事责任的精神病人，但不符合强制医疗条件的，应当判决宣告被告人无罪或者不负刑事责任；被告人已经造成危害结果的，应当同时责令其家属或者监护人严加看管和医疗。C. 被告人具有完全或者部分刑事责任能力，依法应当追究刑事责任的，应当依照普通程序继续审理。对于第二审案件，人民法院审理后既可以依照强制医疗程序对案件作出处理，也可以裁定发回原审人民法院重新审判。

四、律师参与强制医疗程序

（一）律师参与的时间和方式

根据《刑事诉讼法》第304条的规定，人民法院审理强制医疗案件，应当通知被申请人或者被告人的法定代理人到场。被申请人或者被告人没有委托诉讼代理人的，应当通知法律援助机构指派律师为其提供法律帮助。

由此可见，律师可以通过接受委托和法律援助两种方式作为被申请人或者被告人的诉讼代理人参与强制医疗程序，享有法律赋予诉讼代理人的权利，履行诉讼代理人的义务。一般说来，律师参与强制医疗程序的时间是在人民法院审理期间。

（二）律师参与的前期准备

律师不论是接受委托还是接受指派，都应当向被申请人或者被告人或者其法定代理人介绍刑事诉讼法关于强制医疗程序的相关规定，尽可能从委托人或者其他人员处了解被申请人涉及的案件情况，了解被申请人、被告人的精神状况、是否经过法定鉴定程序以及是否被采取了临时的保护性约束措施等情况。必要时，律师业可以会见被申请人或者被告人。

（三）律师参与的开庭审理

人民法院审理强制医疗案件，一般都应当开庭审理，除非被申请人、被告人的法定代理人请求不开庭审理。律师不论是接受委托还是接受指派担任诉讼代理人后，都应当积极准备，参加开庭审理，提出意见，为被申请人或者被告人提供法律帮助。

1. 开庭阶段

同公诉案件的审理程序一样，律师作为诉讼代理人在强制医疗程序的开庭审理阶段，可以确定开庭时间是否符合法律规定、确定旁听人员是否符合法律规定、申请回避以及提出管辖异议。

2. 法庭调查阶段

（1）听取检察员宣读申请书

代理律师应当认真听取检察员宣读强制医疗申请书，注意检察员宣读的申请书的内容与收到的申请书的内容是否一致、人民检察院申请强制医疗的理由和证据是否发生变化。如果不一致或者发生变化的，代理律师可以要求给予必要的准备时间。

（2）听取被申请人的法定代理人发表意见

在检察员宣读申请书后，被申请人的法定代理人也有权发表意见。律师作为诉讼代理人可以在庭前与法定代理人商定是否需要由法定代理人发表意见，如果法定代理人要发表意见的，代理律师也可以在庭前进行辅导，在法定代理人发表意见时认真听取，注意法定代理人的观点和意见有无发生变化。

（3）代理律师发表意见

除了法定代理人有权发表意见，律师作为诉讼代理人也有权发表意见，代理律师应当从被申请人是否符合强制医疗条件、强制医疗程序的启动是否符合法律规定、人民检察院的举证责任是否完成以及是否达到了确实、充分的标准等角度介入。

（4）对检察员出示的证据进行质证

在法庭调查阶段，法庭将依次就被申请人是否实施了危害公共安全或者严重危害公民人身安全的暴力行为、是否属于依法不负刑事责任的精神病人、是否有继续危害社会的可能进行调查。检察员应当针对需要调查的事实出示有关证据，律师作为诉讼代理人，应当针对检察员出示的证据发表质证意见，质证的方式同其他审判程序的质证，不再赘述。

（5）法定代理人、诉讼代理人出示证据

在检察员举证完毕后，法定代理人也可以出示有关证据，证明被申请人没有实施危害公共安全或者严重危害公民人身安全的暴力行为，证明被申请人不属于依法不负刑事责任的精神病人，证明被申请人不具有继续危害社会的可能等。律师作为诉讼代理人，也可以代为出示相关证据。

（6）其他工作

在法庭审理过程中，律师作为诉讼代理人还有权申请通知新的证人到庭、调取新的物证、申请重新鉴定或者勘验，如果由此需要延期审理的，也可提出延期审理的申请。

3. 法庭辩论阶段

（1）听取检察员发言

法庭辩论阶段先由检察员发言，律师应认真听取检察员如何论证被申请人符合强制医疗的条件，如何论证其举证证据体系的完整性和严密性。诉讼代理人应当从检察员的发言中寻找漏洞和突破口，并根据检察员的发言以及庭审的情况对原拟定的意见进行调整、修改、充实以及补充。

（2）听取被申请人及其法定代理人发言

在法庭辩论阶段，被申请人的法定代理人可以发言，如果被申请人被准许出庭的，也可以独立发表意见，在被申请人或者其法定代理人发言时，律师作为诉讼代理人应当认真听取，以便及时调整自己发言的内容，避免重复和遗漏。

（3）诉讼代理人发表意见

在被申请人或者其法定代理人发表意见之后，律师作为诉讼代理人应当根据检察员、被申请人及其法定代理人的发言和法庭调查的情况发表意见。发表意见应当围绕案件本身，围绕代理目标，不宜冗长、重复。

（4）双方进行辩论

在检察员与被申请人、法定代理和诉讼代理人分别发言后，双方还可以针对焦点问题进行辩论，着重针对新问题、新观点进行辩驳，不纠缠细枝末节，突出重点。

（四）律师参与的庭后工作

1. 提交法律意见书

为了更好地履行自己的职责，达到代理目标，在庭审结束后，律师应当向法庭递交书面的法律意见。法律意见书应当紧紧围绕争议的事实、争议的证据和争议的焦点展开，做到条理清晰、结构严谨、论证充分。

2. 代为提出复议申请

对于申请强制医疗的案件，人民法院审理后，要么作出对被申请人强制医疗的决定，要么作出驳回强制医疗申请的决定。被决定强制医疗的人、被害人及其法定代理人、近亲属对强制医疗决定不服的，可以申请复议。律师作为诉讼代理人可以就决定书的内容向有关人员进行分析，相关人员决定申请复议的，律师可以代为撰写复议申请书，并告知有关人员应自收到决定书之日起 5 日内向上一级人民法院申请复议。

3. 代为申请解除强制医疗

根据《刑事诉讼法》第 306 条的规定，强制医疗机构应当定期对被强制医疗的人进行诊断评估，对于已不具有人身危险性、不需要继续强制医疗的，应当及时提出解除意见，报决定强制医疗的人民法院批准。被强制医疗的人及其近亲属也有权申请解除强制医疗。律师作为诉讼代理人，也可以代为申请解除强制医疗。如果强制医疗机构没有提供诊断评估报告的，申请人或者代理律师可以申请人民法院调取。必要时，申请人或者代理律师也可以委托鉴定机构对被强制医疗的人进行鉴定。

附：本节相关法律规范性文件

1. 法律

《中华人民共和国刑事诉讼法》(2018 年修正)(2018 年 10 月 26 日施行) 第 302～306 条

2. 规范性文件

最高人民法院《关于适用〈中华人民共和国刑事诉讼法〉的解释》(2021 年 3 月 1 日施行) 第 630～649 条

最高人民检察院《人民检察院刑事诉讼规则》(2019 年 12 月 30 日施行) 第 534～548 条

《律师办理刑事案件规范》(2017 年 8 月 27 日施行) 第 231～235 条

练习与测试

1. 律师应当如何充分利用附条件不起诉制度为未成年犯罪嫌疑人提供法律帮助?
2. 律师应当如何帮助犯罪嫌疑人、被告人寻求和解?
3. 律师应当如何参与违法所得没收程序?
4. 律师应当如何为强制医疗程序中的委托人提供法律服务?

第十一章

结　案

本章要点

本章主要介绍刑事诉讼中案件结案后的具体操作规则，主要内容包括结案的类型和案卷整理，包括案卷材料的收集、整理、排序、立卷编目、装订、归档。

第一节 结案类型

一、完成委托事项或者委托期限到期

委托人与律师事务所签订委托协议后，律师事务所应当指派律师在委托期限内勤勉尽职地完成委托事项。如果委托事项终结或者委托期限到期，委托协议终结，律师事务所依照协议收取律师费和工作费用，委托人依照协议约定享受法律服务。

二、委托人单方提前解除委托协议

在委托协议履行的过程中，可能会出现因为律师的原因或者委托人自己的原因，而导致委托人在合同尚未到期或者委托事项尚未完成的情况下，单方提前解除委托协议。比如律师的原因有：未按照合同约定勤勉尽职地完成委托事项，导致委托人不满；违反规定同时担任同一案件其他当事人的辩护人或者诉讼代理人；盲目承诺结果，却没有取得让委托人满意的结果。委托人的原因有：签订协议后找到了更适合的律师；签订协议后认为律师费过高不合适；律师的表现让委托人不满，等等。

一般说来，如果是因为律师违反合同约定或者法律、法规规定的行为导致委托人单方提前解除委托协议的，律师事务所和律师将面临退费甚至赔偿的风险，情节严重的，甚至可能面临处罚的风险。如果是因为委托人自身的原因而导致委托人单方提前解除委托协议的，律师事务所和律师可以按照合同约定收取律师费或者酌情退回部分律师费。

案例分析

丁律师接受某金融诈骗案件犯罪嫌疑人家属的委托，作为辩护人全程提供法律帮助，并一次性签订全部诉讼程序的委托协议。侦查的过程中，犯罪嫌疑人的近亲属迫切需要了解已被逮捕羁押的犯罪嫌疑人的近况，遂委托律师去会见犯罪嫌疑人并捎带了其家人的关心。在会见犯罪嫌疑人的过程中，犯罪嫌疑人要求丁律师给其一张纸，他要给家人写几句话，并要求丁律师捎带。丁律师以违反看守所规定为由予以拒绝。随后，犯罪嫌疑人要求借用丁律师手机与家人通话，丁律师继而又以违反看守所规定为由予以拒绝。犯罪嫌疑人当场发火，怒声道："我家请你是给我提供辩护的，你这些小事都不能做，还当什么律师，我要解雇你。"随后，犯罪嫌疑人向其家人表示要换律

师。犯罪嫌疑人的家属得知此事后，要求解除委托协议。但由于丁律师并未违反相关规定，最后双方协商一致同意，律师事务所收取侦查阶段的律师费用，将审查起诉、审判阶段的费用退还给委托人，然后委托协议终结。

三、律师单方提前解除委托协议

《律师法》第32条第2款规定：“律师接受委托后，无正当理由的，不得拒绝辩护或者代理。但是，委托事项违法、委托人利用律师提供的服务从事违法活动或者委托人故意隐瞒与案件有关的重要事实的，律师有权拒绝辩护或者代理。”换句话说，律师与委托人签订委托协议后，如果没有正当理由，是不得单方提前解除委托协议的，除非与委托人协商解除。但是，如果出现以下情形之一的，律师可以拒绝辩护或者代理，也可以单方解除委托协议，且可以按照合同约定不退费或者不承担任何的违约责任：（1）委托事项违法；（2）委托人利用律师提供的服务从事违法活动；（3）委托人故意隐瞒与案件有关的重要事实。

附：本节相关法律规范性文件

《律师执业行为规范（试行）》（2018年12月13日施行）第59～62条

第二节　案卷整理

律师承办的刑事业务结案时，应撰写、制作办案总结，同时将案件办理过程中取得的法律文书，如起诉意见书、起诉书、出庭通知书、撤案通知书、不起诉决定书、判决书、裁定书等，装订成册，整理归档。卷宗内的材料必须齐全，包括立案审批表、委托协议、律师费发票复印件、诉讼裁判文书、会见笔录、阅卷笔录、庭审笔录、质证意见、辩护词、法律意见书等。案卷材料应当反映律师接受委托办理案件过程全貌。办案中提前解除委托关系的，律师应写办案总结，说明原因，并附上相关手续，整理案卷归档。

业务档案是律师提供法律服务的真实记录。管理好业务档案，不仅能给律师提供法律服务提供便利，还对于委托事项完成后的工作经验总结具有重要意义。按照《律师业务档案立卷归档办法》（1991年9月11日由司法部颁布，现行有效）、《律师业务档案管理办法》（1991年9月11日由司法部颁布，现行有效）的相关规定，刑事实务中案卷归档的内容和程序为：

一、案卷材料的收集

律师在接受委托并开始承办法律事务时，即应同时注意收集保存有关材料，为结案后的立卷归档工作做好准备。在法律事务办理完毕后，应当立即全面整理、检查办理该项法律事务的全部文书材料，要补齐遗漏的材料，去掉不必立卷归档的材料。

（一）应当立案归档的案卷材料

（1）委托代理协议。（2）收费凭证复印件。（3）起诉意见书、起诉书。（4）阅卷笔录。（5）会见被告人、委托人、证人笔录。（6）调查笔录。（7）出庭通知书。（8）辩护词。（9）庭审笔录。（10）判决书。（11）上诉书、抗诉书。（12）法律意见书。（13）对于已经提交人民法院、仲裁机构或有关部门的证据材料，应将其副本或复印件入卷归档；对于不能附卷归档的实物证据，可将其照片及证物的名称、数量、规格、特征、保管处所、质量检查证明等记载或留存附卷后，分别保管。（14）其他认为有必要存档的材料。

由于各律师事务所对档案管理的要求不尽相同，所以其他认为有必要存档的材料的范围也不尽相同，但通常都包括委托人身份证件、承办律师执业证复印件、法律手续复印件等，视案件情况还可能包括延期审理通知书等程序性文书，以及媒体对案件的报道、反映案件社会影响的材料等。

（二）不必立卷归档的案卷材料

（1）委托律师办理法律事务前有关询问如何办理委托手续的信件、电文、电话记录、谈话记录以及复函等；（2）没有参考价值的信封；（3）其他律师事务所（法律顾问处）委托代查的有关证明材料的草稿；（4）未经签发的文电草稿，历次修改草稿（定稿除外）。

在具体的实务操作过程中，案件承办律师应当结合司法部的规定和律师事务所档案管理办法，综合考虑案件的实际情况，对于案件中获取的各类文书材料有所取舍，将无关材料和已经失去价值的材料剔除，为案件留下精简但足够充分的档案记录。对于被剔除的文书材料，应当进行合理销毁，防止案件或者当事人的信息泄露。

二、案卷材料的整理与排列

案卷材料应按照案卷封面、卷内目录、案卷材料、备考表、卷底的顺序排列。案卷内的档案材料应按照诉讼程序的客观进程或时间顺序进行排列，具体顺序为：（1）律师事务所批办单；（2）收费凭证；（3）委托书或指定书；（4）阅卷笔录；（5）会见被告人、委托人、证人笔录；（6）调查材料；（7）承办人提出的辩护或代理意见；（8）集体讨论记录；（9）起诉书、上诉书；（10）辩护词或代理词；（11）出庭通知书；（12）裁定书、判决书；（13）上诉书、抗诉书；（14）办案小结。

对于在收集和整理文书材料的过程中获取的上述目录编号之外的材料，案件承办律师应当根据材料获取、制作的日期或者其发挥作用的诉讼程序阶段，将其编入对应的位置。

对于终止委托业务的情形，承办律师仍应按上述各类业务排列顺序归档，将委托人要求终止委托的书面文字材料或承办律师对终止委托原因的记录收入卷中，排在全部文书材料之后。

三、案卷材料的立卷编目和装订

律师业务档案应当使用阿拉伯数字逐页编号，以达到编号迅速、清晰的目的。最好能够使用自动号码机等设备，使文书材料的页号更为规范。文书材料中，两面有字的材料要两面编页号，单面有字的则只需要在有字的一面编上页号，无字页不需要编号。根据《律师业务档案立卷归档办法》，页号位置应当正面在右上角，背面在左上角。

立卷人应当逐页逐项填写案卷封面和卷内目录。填写案卷封面上的承办案件日期以委托书签订日期或人民法院指定日期为准；结案日期以收到判决书（裁定书、调解书）之日为准。有关卷内文书材料的说明材料，应逐项填写在备考表内。

在案卷装订之前，立卷人应当进一步对案卷材料进行整理，对破损的材料要修补或复制，复制件放在原件后面。对于字迹难以辨认的材料应当附上抄件。主要外文材料要翻译成中文附后。因为卷面大小为 A4 纸张大小，窄于或小于卷面的材料，要用纸张加衬底；大于卷面的材料，要按卷面大小折叠整齐。需附卷的信封要打开平放，邮票应当保留完整。文书材料上的金属物要全部剔除干净。

根据 1991 年《律师业务档案立卷归档办法》的相关规定，案卷装订一律使用棉线绳，三孔钉牢。在线绳活结处需贴上律师事务所封签，并在骑缝线上加盖立卷人的姓名章。但是随着时代的发展，出现了更好的可代替棉线绳的装订工具，例如弯脚型原子夹等，或者可以直接使用胶装机对案卷材料进行胶装。立卷人在实际装订案卷的过程中，可以结合律师事务所的实际情况选择装订的工具与方式。

四、案卷材料的归档

律师业务文书材料应在结案或事务办结后 3 个月内整理立卷，装订成册后由承办人根据司法部、国家档案局制定的《律师业务档案管理办法》的有关规定提出保管期限，经律师事务所主任审阅盖章后，移交档案管理人员，并办理移交手续。档案管理人员接收档案时应进行严格审查，凡不符合立卷规定要求的，一律退回立卷人重新整理；全部合格后，方可办理移交手续。涉及国家机密和个人隐私的律师业务案卷均应列为密卷，确定密级，在归档时应在档案封面右上角加盖密卷章。随卷归档的录音带、录像带、录像光盘等声像档案，应在每盘磁带或光盘上注明当事人的姓名、内容、档案编号、录制人、录制时间等，逐盘登记，造册归档。

附：本节相关法律规范性文件

《律师业务档案立卷归档办法》（1991 年 9 月 11 日施行）

《律师业务档案管理办法》(1991 年 9 月 11 日施行)
《律师办理刑事案件规范》(2017 年 8 月 27 日施行)

练习与测试

1. 刑事案件结案有哪些类型及其法律后果?
2. 刑事案件结案应如何进行案卷整理和归档?

参考书目

1. 田文昌主编．律师制度．北京：中国政法大学出版社，2007

2. 李益民主编．律师制度与实务．北京：法律出版社，2003

3. 王建东，罗思荣主编．律师学：制度与实务．杭州：浙江大学出版社，2005

4. 顾永忠主编．刑事辩护技能与技巧培训学习指南．北京：法律出版社，2010

5. 中华全国律师协会编．律师执业基本素养．北京：北京大学出版社，2009

6. 陈永学，余斌主编．刑事辩护技巧．北京：中国民主法制出版社，2012

7. 李贵方主编．刑事辩护指南．长春：吉林人民出版社，2003

8. 徐宗新主编．刑事辩护实务操作技能与执业风险防范．北京：法律出版社，2012

9. 陈卫东主编．中国律师学．北京：中国人民大学出版社，2008

10. 贾海洋主编．律师法学．北京：高等教育出版社，2007

11. 胡志民主编．律师制度与律师实务．上海：立信会计出版社 ，2006

12. 顾永忠主编．律师制度与律师实务．北京：北京师范大学出版社，2010

13. 高金波主编．中国律师实务文书．北京：法律出版社，2008

14. 北京育法苑经济与法学研究中心编．中国律师文书格式样本．北京：中国工商出版社，2004

15. 门金玲主编．刑事辩护实务操作指南：尚权刑辩经验与风险提示．北京：法律出版社，2011

16. 莫洪宪主编．死刑辩护——加强中国死刑案件辩护技能培训．北京：法律出版社，2011

17. 马松建．死刑司法控制研究．北京：法律出版社，2006

18. 杨宇冠主编．死刑案件的程序控制．北京：中国人民公安大学出版社，2010

19. 刘树德．死刑片论——死刑复核权收归之际的思考．北京：人民法院出版社，2007

20. 赵秉志．死刑改革探索．北京：法律出版社，2006

21. 赵秉志主编．死刑改革研究报告．北京：法律出版社，2007

图书在版编目（CIP）数据

刑事诉讼律师基础实务/钱列阳，娄秋琴著．—2版．—北京：中国人民大学出版社，2017.11
（中国律师实训经典·基础实务系列）
ISBN 978-7-300-25111-0

Ⅰ.①刑… Ⅱ.①钱… ②娄… Ⅲ.①刑事诉讼法-基本知识-中国 ②律师业务-基本知识-中国
Ⅳ.①D925.204 ②D926.54

中国版本图书馆 CIP 数据核字（2017）第 274548 号

中国律师实训经典·基础实务系列
总主编　徐　建　龙翼飞
刑事诉讼律师基础实务（第二版）
钱列阳　娄秋琴　著
Xingshi Susong Lüshi Jichu Shiwu

出版发行	中国人民大学出版社		
社　　址	北京中关村大街 31 号	**邮政编码**	100080
电　　话	010－62511242（总编室）		010－62511770（质管部）
	010－82501766（邮购部）		010－62514148（门市部）
	010－62515195（发行公司）		010－62515275（盗版举报）
网　　址	http：//www.crup.com.cn		
经　　销	新华书店		
印　　刷	固安县铭成印刷有限公司	**版　　次**	2014 年 9 月第 1 版
规　　格	185 mm×260 mm　16 开本		2017 年 11 月第 2 版
印　　张	17.75 插页 2	**印　　次**	2023 年 2 月第 3 次印刷
字　　数	383 000	**定　　价**	45.00 元

中国律师实训经典——锻造中国律师实战的“西点军校”

中国律师实训经典·美国法律判例故事系列

环境法故事　　　　ISBN：978-7-300-17451-8
作　　者：[美] 理查德·拉撒路斯　　定价：¥39.80　　出版时间：2013-06-30
宪法故事（第二版）　　ISBN：978-7-300-15548-7
作　　者：[美] 迈克尔·C. 道夫　　定价：¥49.80　　出版时间：2012-08-31
审判故事　　　　ISBN：978-7-300-15004-8
作　　者：[美] 迈克尔·E. 泰戈　　定价：¥49.80　　出版时间：2012-03-31
刑事程序故事　　　　ISBN：978-7-300-14807-6
作　　者：[美] 卡罗尔·S. 斯泰克　　定价：¥59.00　　出版时间：2012-03-31
证据故事　　　　ISBN：978-7-300-14661-4
作　　者：[美] 理察德·伦伯特　　定价：¥39.80　　出版时间：2012-03-31

中国律师实训经典·庭辩技巧系列

美国庭审宝典（第四版）　　ISBN：978-7-300-16274-4
作者：[美] 詹姆斯·W. 麦克尔哈尼
定价：¥88.00　　出版时间：2012-10-31
庭审制胜（第七版）　　ISBN：978-7-300-14782-6
作者：[美] 托马斯·A. 马沃特
定价：¥88.00　　出版时间：2012-05-30
对方证人——芝加哥著名刑辩律师论交叉询问与人生的经验教训
作者：[美] 史蒂文·F. 莫罗　　ISBN：978-7-300-15154-0
定价：¥49.00　　出版时间：2013-04-24

中国律师实训经典·律师职场系列

律师的职业责任与规制（第二版）

ISBN：978-7-300-17357-3

作者：［美］黛博拉·L. 罗德

定价：¥39.80　　出版时间：2013-05-31

践行正义：一种关于律师职业道德的理论

ISBN：978-7-300-16985-9

作者：［美］威廉·西蒙

定价：¥30.00　　出版时间：2014-05-01

中国律师实训经典·高端业务系列

公司兼并与收购教程　　ISBN：978-7-300-19028-0

主　　编：肖　微　　定价：¥68.00

出版时间：2014-04-30

中国企业境内首次公开发行及上市业务教程

ISBN：978-7-300-19027-3

主　　编：靳庆军　　定价：¥58.00

出版时间：2014-04-30

中英商务合同精选与解读　　ISBN：978-7-300-15196-0

作　　者：林克敏　　定价：¥42.00

出版时间：2012-03-31

中国律师实训经典·基础实务系列

律师执业基础	黄士林主编	出版时间：2014-04-30
刑事诉讼律师基础实务	钱列阳主编	出版时间：2014-04-30
行政诉讼律师基础实务	吕立秋主编	出版时间：2014-04-30
民事诉讼律师基础实务	翟雪梅主编	出版时间：2014-04-30
非诉讼业务律师基础实务	李大进主编	出版时间：2014-04-30
商事仲裁律师基础实务	韩　健主编	出版时间：2014-04-30
公司业务律师基础实务	龚志忠主编	出版时间：2014-04-30
房地产业务律师基础实务	李晓斌主编	出版时间：2014-04-30
企业法律风险管理基础实务	徐永前主编	出版时间：2014-04-30
劳动法律师基础实务	姜俊禄主编	出版时间：2014-04-30
知识产权业务律师基础实务	温　旭主编	出版时间：2014-04-30
婚姻家庭与继承律师基础实务	王　芳主编	出版时间：2014-04-30
合同业务律师基础实务	吴江水　著	出版时间：2014-04-30
侵权责任法律师基础实务	杨立新等著	出版时间：2014-04-30